冷链物流知识体系与运营

王国利　张长峰　于怀智　范志强　著

科学出版社

北　京

内 容 简 介

为适应“互联网+”新经济市场需求，本书由国家农产品现代物流工程技术研究中心、山东省农产品贮运保鲜技术重点实验室创新团队以冷链物流理论知识架构为基础，集成创新形成农产品温控供应链集成产业技术体系。本书共六章，第一章重点阐述冷链物流行业现状与发展趋势；第二章属于冷链物流基础知识，重点分析各类冷链物流技术；第三章面向产业化，阐述各类冷链物流产业知识；第四章聚焦冷链物流操作流程，详述冷链物流岗位职责与要求；第五章属于冷链物流标准化，着重分析我国冷链物流的基础性标准；第六章结合冷链物流行业，呈现了多种类型的冷链物流运营案例。

本书综合性强，内容丰富，涵盖多学科，既可作为冷链物流从业人员的培训指导用书，也可作为在校大学生冷链物流专业用书或相关研究人员、技术人员用书。

图书在版编目（CIP）数据

冷链物流知识体系与运营/王国利等著. —北京：科学出版社，2020.11

ISBN 978-7-03-066802-8

Ⅰ. ①冷… Ⅱ. ①王… Ⅲ. ①冷冻食品-物流管理 Ⅳ. ①F252.8

中国版本图书馆 CIP 数据核字(2020)第 220962 号

责任编辑：姚庆爽　李　娜 / 责任校对：王　瑞

责任印制：吴兆东 / 封面设计：蓝　正

科 学 出 版 社 出版

北京东黄城根北街 16 号

邮政编码：100717

http://www.sciencep.com

北京凌奇印刷有限责任公司印刷

科学出版社发行　各地新华书店经销

*

2020 年 11 月第　一　版　开本：720 × 1000　1/16

2025 年 8 月第四次印刷　印张：17

字数：350 000

定价：118.00 元

（如有印装质量问题，我社负责调换）

序

近年来，国家高度重视农产品冷链物流，中国农产品冷链物流技术与装备研发能力得到了长足的提升，取得了一系列可转化为应用的技术成果和产品，对我国冷链物流产业的成长和进步起到了有力的推动作用。随着国家“一带一路”、“乡村振兴”、“经略海洋”和“新旧动能转换”等的倡议与规划，以及电子商务、新零售等业态的发展，农产品冷链物流已成为经济发展，尤其是区域经济发展的瓶颈。

农产品冷链物流是一个跨产业、跨学科、多业态、多环节的产业，涉及冷链装备、品控工艺、信息技术和物流供应链管理等方面的研究和集成，而目前的科研团队往往都集中于单品类、单环节和单项技术的研发，交叉集成技术的研究和科研团队还有待进一步培育。长期以来，王国利研究员、张长峰教授等带领的生鲜农产品冷链物流研究团队，以实现“精准物流、放心消费和打造农产品透明供应链”为总体目标，以果蔬、畜禽、水产等品类为重点研究对象，以冷链工程技术、物流智能信息技术和品质与安全控制技术三大物流科学技术集成为支撑，针对生鲜农产品冷链物流在产、加、贮、运、销各环节存在的问题，为企业、行业冷链物流工程提供一揽子解决方案；不断探索分类农产品冷链、温控、品控物流的基础理论构建和集成技术体系工程化的实现路径，从知识理论创新、技术创新、模式创新和产业创新方面，形成了独特的农产品冷链物流创新体系；在打造冷链物流的“知识标准”、“人才标准”和“产业标准”三大标准体系方面，填补国内空白，推动重大创新成果的转化和产业化，促进农产品冷链物流行业生产力发展等方面做出了较大成绩和贡献。

随着城乡居民对优质农产品消费需求的日益旺盛，我国鲜活农产品产地预冷、分级分选、保鲜包装等设施严重缺乏，产后鲜活农产品损耗大、流通成本高，乡镇以下问题尤为突出，已成为乡镇产业振兴的突出短板，极大地影响农民增收和脱贫。为贯彻落实中央政治局关于实施城乡冷链物流设施建设等补短板工程的部署要求，根据《中共中央国务院关于抓好“三农”领域重点工作确保如期实现全面小康的意见》以及中央经济工作会议、中央农村工作会议精神，拟在五年启动实施“农产品仓储保鲜冷链物流设施建设工程”，强化农产品产地骨干冷链物流基地和村镇田头仓储保鲜设施建设，从源头加快解决农产品出村进城“最先一公里”问题。

本书的作者都是长期在农产品加工和冷链物流领域科研和产业一线工作的科技工作者，有着较深厚的理论知识和实践经验，所选的案例都来自相关企业产业实践。在当前国家对冷链物流业日益重视的大背景下，本书的出版对推动我国农产品冷链物流产业创新发展，提高冷链和供应链集成物流产业整体水平，具有重要的指导和参考意义。

国家“万人计划”青年科技创新领军人才

园艺产品冷链物流工艺与装备国家地方联合工程实验室主任

2020 年 4 月

前　　言

自从人类有了食物剩余，就有了对食物贮藏保鲜和品控的技术需求。随着商品交换时空跨度的扩大和速度的提高，为保障农产品贮运移动价值的实现，人类从未停止技术探求。由于农产品、食品冷链物流和温控供应链是一个跨产业、跨学科、多业态、多环节的边缘性学科，基础研究及工程技术体系研发相对薄弱，单学科、单环节研究居多。现有的从业人员岗位设置和知识结构不足以支撑和服务我国巨大的农产品、食品冷链物流市场需求，对存在问题的表面现象研究多，对深层次原因的研究欠缺，往往是找到了“痛点”，除不了“病根”。

目前，我国还没有形成科学、完整的研究框架和强大的专家队伍，导致“知识标准”、“人才标准”、“产业标准”这三大标准体系发展滞后，并制约着产业的健康、快速发展，亟须建立一个边缘交叉学科的复合型专家人才队伍和科学完整的理论、工程技术体系。这也是政产学研用“五位一体”，一二三产业融合发展与复合型人才培养过程，对实现国家农产品、食品产业供应链战略、食品安全和乡村振兴有着重要意义和作用。要实现三大标准体系的良性循环，首先要建立“知识标准”体系的研究架构，如品类、时空、装备、工艺、信息、供应链环节业态要素关系的共性、基础和分类研究。只有建立了相对完善的“知识标准”体系，才能有效促进复合型人才专业技能水平的不断提升；人才掌握了相对科学、完善的知识，才能正确、高效地服务产业。“产业标准”体系在实践中逐步得到完善的进程中，可对“知识标准”体系进一步修正、补充和提升。三大标准体系通过否定之否定，进而实现良性循环和迭代，最终形成具有我国特色的科学的冷链物流基础理论体系和集成技术体系。

当前，我国正处于增速趋缓、结构调整、动能转换的重要拐点，也是人民群众对食品安全与质量要求更高，消费全面升级的重要阶段。不论是传统商贸冷链、温控物流，还是电子商务的品控物流，最终都要回归到优质优价商业价值的实现。农产品商业价值的实现，最终要回归到不同品类的品质、卖相和品牌提升，技术、装备和管理都是为了实现其时空移动和贮运交易价值的保障手段。因此，农产品、食品的优质优价是冷链物流的需求基础，透明供应链是优质优价的实现基础，互联网、大数据、云计算、政策环境、消费理念，提供了实现安全和温控“双追溯”支撑的透明供应链装备技术及生态基础。作者相信，冷链物流的快速发展必将促进我国“无害消费向品质消费”的跨越，这也是科教工作者面对新时代、新经济的责任和担当，由此，人们对美好生活和安全优质食品的向往，就是我们永远的奋斗目标。

本书由王国利研究员提出基本构架，编写组相关技术和产业人员参与完成各部分的撰写。前言由王国利、张长峰撰写；第一章由姜沛宏、于怀智、郭风军、刘飞撰写；第二章由张玉华、郭风军、黄宝生、于怀智、陈东杰、张长峰撰写；第三章由郭风军、黄宝生、姜沛宏、张玉华、张长峰、陈东杰、于怀智、田军伟撰写；第四章由黄宝生、姜沛宏、陈东杰、范志强撰写；第五章由陈东杰、范志强、郭风军、于怀智、张长峰撰写；第六章由郭风军、姜沛宏、于怀智、范志强、黄宝生、张玉华、陈东杰、张长峰撰写；全书由姜沛宏、陈东杰统稿，王国利、张长峰审定。对上述参与撰写的同志一并致谢。

尽管作者花费了较多的精力，但因书中内容涉及面广，而作者经验、水平有限，书中不足之处在所难免，恳请读者给予批评指正。

作　者

2020 年 4 月于济南

目　　录

第一章　冷链物流行业现状与发展趋势

第一节　冷链物流行业现状

近年来，随着居民生活水平的逐步改善，全社会对优质、优价产品的认知也不断提高，冷链物流需求日趋旺盛，基础设施条件显著改善，市场规模逐步扩大，电子商务等企业商业模式不断创新，行业处在全面快速发展的起步阶段，冷链物流市场具有巨大的发展空间和潜力。据中国物流与采购联合会(以下简称中物联)调研统计，2018 年我国冷链物流需求总量达 18870 万 t，比 2017 年增长 4120 万 t，同比增长约 27.9%。据中国物流与采购联合会冷链物流专业委员会和北京中轻联认证中心(Certification Center of Light Industry Council，CCLC)车辆认证平台统计，2018 年全国冷藏车总量达到 18 万台，全年增加 4 万台。

冷库建设正由传统的土建单体多层冷库向现代化的钢结构单体拼装库转型，制冷工艺从传统的高温、低温型向预冷、气调、超低温、速冻等多种类型发展。冷链运输车辆也在向高温、低温和蓄冷保温各细分温区发展，恒温控制运输和真空预冷技术迅速得到推广。农产品出口企业实施危害分析的临界控制点(hazard analysis critical control point，HACCP)体系、良好作业规范(good manufacture practice，GMP)等管理技术，基本实现了全程低温控制，冷链物流国际标准、行业标准逐步得到推行。从山东省物流与采购协会调查的样本企业看，100%的冷库装有实时温度监测设备，90%以上的冷链运输车辆装有全球定位系统(global positioning system，GPS)，可实现车辆定位、油耗记录、温度数据记录等。

第三方冷链物流企业快速崛起，通过强化与上下游战略合作与资源整合，积极探索建立了与国际先进水平接轨的冷链设施和管理体系。加工企业、产地批发市场、商业零售终端等传统主体积极建设完善冷链物流配送网络，网络化、标准化、规模化的发展态势逐步形成。

近年来，国务院和有关部委出台多项文件强调要加快冷链物流系统建设，并出台了一系列扶持政策。

我国已经颁布执行且与农产品冷链物流服务和操作相关的标准达 200 多项。《物流企业冷链服务要求与能力评估指标》(GB/T 31086—2014)[1]、《水产品冷链

执笔人：姜沛宏、于怀智、郭风军、刘飞

物流服务规范》(GB/T 31080—2014)[2]等国家标准先后颁布实施，依据《物流企业冷链服务要求与能力评估指标》(GB/T 31086—2014)执行的国家星级冷链物流企业评估工作已于2015年7月1日起全面启动。

第二节　冷链物流行业存在的问题

随着企业经营理念的更新、硬件设施设备的升级换代，以及人民群众对冷链物流需求的不断提升，近年来我国冷链物流体系建设取得了显著成效。尤其自2016年中央冷链物流重点扶持政策下发以来，全国冷链物流行业以信息化、标准化建设和人才培训为发力点，不断积极探索农产品冷链流通全程温控“不断链”模式。

(1) 冷链物流基础设施建设结构性矛盾较为突出。

冷库建设存在重视肉类冷库建设，忽视果蔬冷库建设；重视销地冷库建设，忽视产地加工型冷库建设；重视存储型冷库建设，忽视流通加工型冷库建设等现象。这些现象导致用于储存畜禽类、肉类、水产类的冷冻库比例高，而用于果蔬等农产品的冷藏库、产地预冷库、生产流通加工型冷库比例低。以温区划分，用于储存水产品、肉类的低温库数量多，而用于储存蔬菜、水果的恒温库数量较少，冷库在温区结构上存在供需失衡。很多企业用不具备制冷功能的保温车厢代替冷藏车开展冷链物流业务，还有部分冷链运输车采用国际海运报废或即将报废的海运冷藏集装箱改造而成，难以控制产品损耗，无法保障产品质量。

(2) 冷链物流行业的标准化进程缓慢。

国内冷链物流行业起步晚，各环节的设施、装备、温控和操作规范标准不统一。企业贯彻冷链物流行业的标准积极性不高，大部分企业都在执行自己的企业标准，尚未形成完整的冷链标准体系。目前，国内引进HACCP体系的冷链物流企业占比较低，企业内部管理缺乏规范性。

(3) 第三方冷链物流企业发展相对滞后。

冷链物流企业规模小、服务水平低、服务标准不对称，没有形成区域化、规模化、产业化的服务网络。第三方冷链物流发展落后，食品加工企业大多自建冷链物流体系，规模较小的企业和零售批发商，主要是靠拥有3～5辆运输车的个体商户配送货物。行业发展集中度低，服务网络不健全，运营成本高，缺少实力雄厚、创新带动力强的冷链物流企业。

(4) 冷链物流信息化、技术化水平有待提高。

冷库信息化、自动化水平低，生鲜农产品产地预冷和低温环境下的分级、加工、包装、仓储、运输、订单管理等信息化管理系统未普及，很多冷库仅实现对温度、湿度指标的实时监控，并未实现数据的记录、上传、保存和综合利用，缺少覆盖冷链物流链条的监控手段。虽然冷链运输车辆安装了 GPS，但车辆定位、温度监控等信息化设备应用不足，无法满足鲜活农产品的在途质量和时效。

(5) 冷链物流管理人才缺乏。

冷链物流运营供应链长，上下游环节多，跨多个行业，管理者除了需要具备一定的物流知识，还需要了解冷链工程、品控工艺、信息技术和供应链管理等多学科知识，复合型人才供给不足导致冷链物流体系建设迫切需要加强人才队伍建设和专业人员的培养。

第三节 冷链物流发展趋势

1) 消费者对优质、优价产品需求不断提升

国家发展改革委《关于印发农产品冷链物流发展规划的通知》(发改经贸〔2010〕1304 号)指出：农产品冷链物流的重要性进一步被消费者认识，全社会对优质、优价农产品的需求不断增长。农产品生产企业期盼的是优质、优价；消费者需求的是物美价廉；政府要求的是既保物价平稳又保食品安全，是不伤民也不伤农的最佳产销模式。随着国民经济全面转型升级、互联网和物联网发展，以及基础设施的进一步完善，冷链物流需求保持快速增长，服务质量和创新能力有望进一步提升，冷链一体化建设将进入全面服务社会生产和人民生活的新阶段。

2) 城市居民食品消费对农产品物流需求越来越大

城市居民食品消费水平的提高为农产品物流的发展提供了持续动力，消费需求是物流产业发展的前提。城市居民食品消费作为农产品的主要销售渠道，需求量越大，越能刺激农产品物流规模的扩大。食品支出是我国城市居民消费支出的重点，并由此影响农产品现代物流尤其是冷链物流和精准物流的市场需求。城市居民食品消费水平的提升将为冷链物流业的发展提供基本动力，我国冷链物流业将进入一个快速发展时期。

城市居民食品消费结构的升级促使对农产品物流需求质的提升。目前，我国城市居民食品消费结构发生了重大变化，主要表现：随着居民食品消费水平的提高和结构升级，对粮食等满足基本生活需要的食品需求量逐步下降，而对于水产品、瓜果及肉禽制品等生鲜食品的需求量迅速上升，食品加工技术和单位产品的商品价值不断增加。

多品种、少数量、高质量、快运输的消费模式，不仅要求食品行业提供优质、多样、优价的产品，还要求农产品物流行业提供高效、快捷的服务。因此，农产品物流的需求更多地体现在物流服务多样化和高效率方面，即缩短物流时间的同时保证物流准确性、降低物流成本、提高物流效率。运输和仓储已不再是物流需

求的主要内容，对冷链物流和信息技术的需求日益增长，农产品现代物流所占的比重也日渐提升。

3) 冷链物流的发展提升城市居民的消费体验

农产品物流具有引导生产、消费和经济运行的先导作用。农产品物流的发展促进城市居民食品消费需求的满足感。农产品物流的发展通过食品品质、物流周期及价格等因素影响消费者的满意度：首先，物流技术是流通环节食品品质的决定因素，农产品物流体系越完善，冷链技术越发达，经由物流环节所提供的食品品质就越能得到保证，从而越能提升消费者的满意度；其次，物流环节的劳动耗费量是消费品成本的重要组成部分，从而影响消费品价格，农产品物流体系越完善，效率越高，不仅可以降低物流成本，还可以降低食品在物流环节的损失率，间接降低消费品价格；最后，压缩物流周期可以有效缩短消费者的等待时间及食品的储藏时间，从而最大限度地保证食品品质，提高消费者满意度。离开现代物流体系的支撑，城市居民食品消费需求无法得到真正的实现和满足。

农产品物流对城市居民食品消费结构具有引导作用。在消费者的食品需求中，除基本生活必需品外，其他层次的需求具有较强的选择性和随意性，因而物流产业的发展对于城市居民食品消费结构可以发挥其引导作用。这主要表现在：农产品物流的商品结构影响城市居民食品消费需求的满意度；农产品物流的技术、空间和规模制约城市居民食品消费需求的实现程度；农产品物流通过影响食品价格进而调节购买力的投向，并最终引导城市居民食品消费结构的形成和变化。

4) 冷链物流门槛高，优质冷链资源将迎来春天

随着新食品安全法的颁布实施和标准化建设的逐步完善，未来几年冷链物流产业将有一个非常快的发展期，物流边际成本性价比的竞争也将越来越激烈，温控供应链和品牌竞争将成为主流。目前，冷链物流企业特别是陆、海、江多式联运的冷运企业，国内几乎是空白的，因此面临着很好的发展机遇，地方企业应该抓住机遇，打造具有核心竞争力的冷链物流企业品牌。

目前，我国冷链资源分布不均，沿海地区资源多，中西部地区资源少，发达地区尤其北、上、广、深等一线城市冷库资源稀缺。首先政府加强监管力度，对违建冷库实行拆除；其次城市中物流用地批复减少或无冷库建设用地；最后冷链市场需求的增加。因此，多方面因素导致冷库资源紧张，必然推动冷库租金上涨。第一代储存型冷库建设将逐步减少，集仓储、加工、分拣、包装、办公等多功能为一体的现代化配送中心成为发展趋势，数字化、智能化、节能化是冷库升级和改造的关注点。

5) 政府将进一步加强冷链物流行业的监管与消费教育

国务院办公厅《关于加快发展冷链物流保障食品安全促进消费升级的意见》(国办发〔2017〕29 号)中提出，将冷藏保温车辆作为专用货运车辆加强管理，并

将温度监控设备性能要求作为冷藏保温车辆投入运营的基本条件。对于不符合相关标准要求的，不允许投入冷链物流市场。引导高耗能、低效率、不合规的冷藏保温车辆加快退出市场。依据相关法律法规、强制性标准和操作规范，健全冷链物流监管体系，在生产和贮藏环节重点监督保质期、温控等，在销售终端重点监督冷藏、冷冻设施和贮存温控等，加强对冷链各环节温控记录、产品品质的监督和不定期抽查。将配备温度监测装置作为冷藏运输车辆出厂的强制性要求，在车辆进入营运市场、年度审验等环节加强监督管理。充分发挥行业协会、第三方征信机构和各类现有信息平台的作用，完善冷链物流企业服务评价和信用评价体系。

在食品消费者教育中，政府部门应承担基础性的教育工作、统领和组织工作，社会应承担知识补漏、最新知识提供以及信息传播等责任。我国《消费者权益保护法》《食品安全法》明确规定各地消费者协会有进行消费者教育的职责，其主要原因在于：第一，在我国，各地消费者协会可直接设定这些主体在消费者教育方面的义务，可以对其他消费者组织采取激励的方式与侵权行为斗争；第二，消费者协会在开展消费者教育的对象方面存在便利；第三，由于信息优势，消费者协会通过消费者教育提供的消费信息具有更强的针对性和及时性；第四，在功能上，消费者协会开展的消费者教育与政府、媒体等开展的消费者教育互补，从而构成有效的消费者教育体系。

6) 市场对第三方冷链物流企业需求不断扩大

随着消费水平的提高，人们对冷链商品的需求量越来越大，从而带动冷链业务的快速增长。随着新型零售和餐饮业的发展，企业更加注重消费者体验，消费者对商品品质的高要求，促使企业对冷链建设更加重视。近年来，生鲜产品成为网络交易中电商平台的必争之地，冷链则是生鲜电商发展的基础。线上、线下融合的新零售、新餐饮模式，为冷链物流行业提出了更高的要求。因此，对第三方冷链服务也提出了更明确、更严格的要求。

据中国物流与采购联合会冷链物流专业委员会统计，截至2017年，我国冷链物流业需求总量达1.25亿t，规模性冷链仓储或运输企业近4000家。预计未来5～10年是冷链物流行业的发展机遇期。在发展的过程中，冷链物流行业洗牌在所难免，网络化、集约化、规范化将成为行业的发展趋势。因此，提供冷藏加工、运输、配送等全流程系列化、专业化、个性化和信息化冷链服务的第三方物流成为发展趋势，市场对第三方冷链物流的需求也日益扩大。

随着节能环保的推进和政府对城市配送的管理，冷藏运输车辆城市通行依旧困难，对冷链城市配送提出更多挑战，倒逼冷链物流行业不断创新。另外，新零售、冷链宅配、同城冷链需求快速增长，订单向小批量、多频次和个性化发展，电动冷藏车、冷链包装、社区微仓等新技术和新模式也进入快速发展期。

第二章　冷链物流基础知识

第一节　冷链物流概念与分类

一、冷链物流基本概念

1. 冷链

冷链是根据物品特性，为保持其品质而采用的从生产到消费的过程中始终处于低温状态的物流网络。

2. 冷链物流

冷链物流是以冷冻工艺为基础、制冷技术为手段，使冷链物品从生产、流通、销售到消费者的各环节中始终处于规定的温度环境下，以保证冷链物品质量，减少冷链物品损耗的物流活动。

3. 冷链物流从业人员

冷链物流从业人员是从事与冷链物流作业和管理有关的操作人员及管理者的统称。

4. 水产冷链物流

水产冷链物流是水产品从供应地向接收地有温控的实体流动过程。根据实际需要，将运输、储存、装卸、搬运、包装、流通加工、配送、信息处理等基本功能的实施进行有机结合。

5. 冷藏食品

冷藏食品是在物流过程中，中心温度维持在 8℃以下，冻结点以上，并最大限度地保持原有品质和新鲜度的食品。

6. 冷冻食品

冷冻食品是以可食用农、畜、禽、水产品等为主原料，经加工处理、速冻、包装等工序，在−18℃以下储运与销售的食品(《冷藏冷冻食品物流包装、标志、运输和储存》(GB/T 24616—2019))[3]。

执笔人：张玉华、郭风军、黄宝生、于怀智、陈东杰、张长峰

二、冷链物流分类

1. 按温区分

冷链物流按温区可分为超低温物流-50℃及以下，冷冻物流-18℃，冰温物流-2～2℃，冷藏物流 0～10℃，其他冷链物流 10～25℃。

2. 按品类分

在《冷链物流分类与基本要求》(GB/T 28577—2012)的分类基础上，做出进一步细分。

(1) 肉类：主要指畜类、禽类等初级产品及其加工制品，如猪肉、羊肉、鸡肉等。

(2) 水产品类：主要指鱼类、甲壳类、贝壳类、海藻类等鲜品及其加工制品。

(3) 冷冻饮品类：主要指以饮用水、乳品、甜味料、果品、豆品、食用油脂等为主要原料，添加适量的香料、着色剂、稳定剂、乳化剂等，经配料、灭菌、凝冻、包装等工序而制成的食品，如冰淇淋、雪糕、雪泥、冰棍、食用冰、甜味冰等。

(4) 乳品类：主要指以生鲜牛(羊)乳及其加工制品为主要原料，经加工制成的产品，如液态奶及其乳制品等。

(5) 速冻食品类：主要指以米、面、杂粮等为主要原料，以肉类、蔬菜等为辅料，经加工制成各类烹制或未烹制的主食品后，立即采用速冻工艺制成并可以在冻结条件下运输储存及销售的各类主食品，如速冻包子、速冻饺子、速冻汤圆、速冻馒头、速冻花卷、速冻春卷等。

(6) 果蔬类：主要指瓜、水果、蔬菜等初级产品及其物理加工制品，如甜瓜、蓝莓、菠菜等。

(7) 谷物类：主要指能得到含淀粉的种子且适于加工成食物的植物籽实，如大米、小麦、小米、大豆等及其他杂粮。

(8) 蛋类：主要指鲜禽蛋，冷藏鲜鸡蛋、鸭蛋、鹅蛋、鹌鹑蛋和鸽蛋等。

第二节 冷链物流管理知识

一、冷链物流企业的功能

相对于常温物流，冷链物流具有投资大、运营成本高、技术含量高、监控困难、时效性强等特点。冷链物流建设投资一般是库房和干货车辆的 3～5 倍，电费和油费是维持冷链的必要投入，为了确保生鲜果蔬等在流通各环节中始终处于规定的低温条件下，必须安装温控设备、使用冷藏车或低温仓库、采用先进的信息系统等。

冷链管理不是单点的管理，也不能依靠某一点来进行控制，而必须从产品的生产、储存、运输、销售等诸多环节进行控制。冷链的运作需要严格的管理制度，操作人员的素质也是保证冷链的重要因素。

冷链物流企业的主要功能主要有货物流通及中转运输、物流集散、综合服务、信息功能等。具体来说，冷链物流企业主要应具有冷链物流加工、冷链物流贮运、冷链信息平台、检验检测四大功能。

(一) 冷链物流加工

冷链物流加工又称为冷链流通加工，是指需要冷链的物品在从生产地到使用地的过程中，根据需要施加包装、分割、计量、分拣、刷标志、拴标签、组装等简单作业的总称。冷链物流加工主要是为了提高原材料利用率、方便客户生产或消费、提高加工效率和设备利用率及降低物流成本。

(二) 冷链物流贮运

冷链物流贮运的主要功能是对冷链货物的保管、运输及配送。冷链物流企业要能够面向客户提供各种温区设施服务，如–32℃速冻、–18℃冷冻、冷藏服务、常温贮藏等。根据功能，通常会建设气调保鲜库、预冷库、速冻库、冷冻冷藏库、恒温库、低温包装车间、制冰车间等。

(三) 冷链信息平台

冷链信息平台是面向企业并提供交易撮合、物流在线支付、供应链金融、保险、冷链物流行情指数发布、冷链知识等服务的综合性平台。

冷链信息平台要成为厂家和商家面向物流供应商的网络物流集中采购渠道、物流供应商面向厂家和商家的网络营销渠道、物流供应商之间的同行网络共赢合作渠道。例如，冷链马甲，该平台在货源、车源、物流招投标、专线搜索、商业供求信息发布与查询功能的基础上，不断结合市场需求，为冷链物流企业、生产企业、商贸企业、专业市场、货车司机等量身定做产品和服务，完善优化服务功能，推出网上商铺、资源库、诚信指数、价格指数、手机定位、货物跟踪查询、三证验证、在线投保、短信订阅、网上银行、金融支付等实用功能和增值服务。

(四) 检验检测

检验检测是保障冷链物流过程中食品安全的最后防线，主要承担与食品安全性能相关的食品质量检测以及部分食品品质甄别、性能评价等工作。随着国家对食品安全监督与监管力度的不断加大，检验检测服务范围与规模也逐步扩大，通常要满足以下需求：微生物检测承担食品及其相关产品的卫生学以及病原学项目的检测工作；理化检测主要承担各类食品的理化指标及安全指标检测任务；气相色谱检测主要承担有机磷、有机氯、菊酯类农药残留的检测；液相色谱-质谱检测主要承担食品及其相关产品中食品添加剂以及违法添加物的检测；元素分析检测主要承担各类食品中残留元素的分析检测工作；感官分析主要承担各类食品的感官指标评定工作。

二、冷链物流的成本控制

(一) 成本控制含义

成本控制就是在成本形成的过程中(可能性空间中)，对各项成本活动进行监控，及时发现偏差，采取纠正措施，保证目标成本的实现。

成本控制有广义和狭义之分。狭义的成本控制，是指日常成本控制或过程控制，是在成本形成的过程中，根据事先制定的目标成本，遵循一定的原则对企业各责任中心实际发生的各项成本进行严格的计量、监督，揭示实际成本和目标成本之间的差异及其成因，并及时采取有效措施纠正不足，以保证原定的目标成本得以实现的管理活动。

广义的成本控制包括事前控制、事中控制和事后控制。事前控制也称为前馈控制，是在产品投产之前进行产品成本的规划，通过成本决策选择最佳成本方案，规划未来时期的目标成本、编制预算，便于控制。事中控制也称为过程控制，是在费用发生过程中进行成本控制。事后控制也称为反馈控制，是在成本形成之后进行的综合分析与考核，目的是对实际成本脱离目标成本的原因进行深入的分析，查明其差异的主、客观原因，为下一步成本控制工作提出改进意见。

(二) 冷链物流企业成本控制

冷链物流企业具有企业的共同性质，因而其成本控制必然具有企业一般成本控制的特征；同时，冷链物流企业从事的主要业务是物流业务，故其成本控制必然具有企业物流成本控制的特点；冷链物流企业的流体是农产品，因而其成本控制又具有自身的特点，与普通物流企业的成本控制在目标上、方法上有所不同。

冷链物流企业的成本控制理论与方法的理论基础是企业成本控制理论、企业物流成本控制理论、物流企业成本控制理论，而其本身又具有独特性，其关系是特殊与一般的关系。因而，企业成本控制理论、企业物流成本控制理论、物流企业成本控制理论的一般性原则和方法对于冷链物流企业的成本控制理论与方法具有适用性，而后者由于明确的流体限制，在成本控制理论与方法上具有和前者不同的理论方法。

考虑到农产品具有性质各异的类别，研究冷链物流企业成本控制理论与方法有三种思路：一是在原有普适性的理论方法的基础上，具体应用于冷链物流企业，设计具体的控制方法；二是从冷链物流企业的特殊性出发，探索不同于一般性的成本(物流成本)控制理论与方法；三是更为具体地从某种特定的冷链物流(如花卉、粮食、蔬果、奶类等)出发，探索冷链物流企业针对具体农产品的物流成本或这类专门的冷链物流企业的成本控制理论与方法，如花卉物流企业、粮食物流企业、食品物流企业、某特定遵循该思路的农业企业等。

(三) 冷链物流成本控制方法

作业成本管理对所有作业进行动态反映，始终追踪现金流入与流出的全过程。一方面物流成本计算系统把资源的消耗和作业联系起来，进而把作业和成本对象联系起来；另一方面，把物流内部一系列作业提供给客户的价值和企业的收入联系起来，而作业提供给客户的最终价值的形成过程和通过作业成本计算所掌握的相应的资源消耗，又都纳入企业管理体系，以促进企业生产经营的各环节协调一致，共同实现企业整体利益的最大化。

作业成本控制的基本原理：通过作业成本分析，挖掘成本动因，改变作业实施的方式，不断提高企业作业的效率和水平。

冷链物流企业的成本结构是一个多维的成本结构，包括项目类别物流成本、范围类别物流成本(对具有流通加工性质及流通型冷链物流企业)、支付形态类别物流成本、客户服务类别物流成本、产品类别物流成本、地理位置类别物流成本、资源类别物流成本和流程类别物流成本等。

对冷链物流企业的成本控制是一个全面的、整体的成本控制，冷链物流企业中涉及农产品的多样性、异质性，客户的高服务要求和涉及地理范围的广阔，使得冷链物流企业产生多样的服务产品及其组合，冷链物流企业中直接成本较低，间接成本较高，如何科学地分配间接成本，准确把握各产品的实际成本和盈利能力，是冷链物流企业实行成本控制的前提。

三、构建冷链物流体系的目的与要素

(一) 构建冷链物流体系的目的

近年来，随着农业结构调整和居民消费水平的提高，生鲜农产品的产量和流通量逐年增加，全社会对生鲜农产品的安全和品质提出了更高的要求。

按照全面贯彻落实科学发展观、推进社会主义新农村建设和构建和谐社会的要求，紧紧围绕构建农业增产增效和农民持续增收的长效机制，适应城乡居民生活水平提高和保障居民食品安全的需要，以市场为导向、以企业为主体，加快冷链物流技术、规范、标准体系建设，完善冷链物流基础设施，培育冷链物流企业，建设一体化的冷链物流服务体系，从而降低农产品产后损失和流通成本、促进农民增收、确保农产品品质和消费安全，对于促进农民持续增收和保障消费安全具有十分重要的意义。

(二) 构成冷链物流体系的要素

冷链物流是一项复杂的系统工程，也是一个动态的相对平衡的系统，其要求易腐保鲜食品从供应、生产、销售直至消费者手中的整个过程都保持在恒定的低温下，以保证食品的质量和鲜度。在构建冷链物流体系时，必须以把温度控制在一定的低温下为首要条件。冷链物流体系也可以看成由功能要素、流动要素、资源要素、网络要素四大主要要素共同组成。

1. 功能要素

根据《物流术语》(GB/T18354—2006)[4]对物流的定义可看出，物流是由运输、储存、装卸、搬运、包装、流通加工、配送、信息处理八个基本功能组成的。

冷链物流不仅要具备物流所具备的八个基本功能，还应具备收获、生产、销售和温控的功能，因为冷链物流的服务对象——易腐保鲜食品，从供应者手中到消费者手中所涉及的所有实体流动过程都是在一定的低温环境下完成的，食品的收获、生产、运输、储存、装卸、搬运、包装、流通加工、配送各功能都是在低温下实现的，只有当各功能都满足在低温环境下实现时，才能达到冷链物流保鲜保质的功能。然而冷链物流控温功能是掺插在其他九个功能之中的，是依靠实现其他功能所需配备的特殊装置(制冷、恒温、控温设施)或技术来实现的。温度的控制从冷链物流的起始端到供应商再延伸到消费者，唯有这样才能保持食品的质量和鲜度，给消费者乃至最终的食用者带来放心、安全的食品。

2. 流动要素

冷链物流系统与所有物流系统一样，也是由五个流动要素，即流体、载体、流向、流量、流程，依靠一定的技术(如信息技术)整合而成的。冷链物流的流体是一些易腐保鲜食品，其根据流通加工的温度带不同又可分为冷冻食品和冷藏食品。冷链物流的载体是冷链物流的流体借以流动的设施和设备。第一类载体为基础设施，如铁路、公路、水路、农贸批发市场、厂房、港口、机场、冷藏库等基础设施，它们大多是固定的，是组成冷链物流网络的基本元素；第二类载体是指设备，即以第一类载体为基础，直接承载并运送流体的设备，如冷藏车辆、船舶、飞机、冷藏集装箱、装卸搬运设备等，它们大多是可以移动的设备。由于冷链物流流体的特殊性，对这两类载体中的大部分载体有特殊的要求。冷链物流的流向是流体从起点到终点的流动方向，通过载体的流体在一定流向上的数量表现为流量，行驶路径的数量表现为流程。冷链物流的流体、载体、流向、流量和流程五个流动要素之间有极强的内在联系，存在相互影响、相互制约的辩证关系，例如，流体的自然属性决定了载体的类型和规模，流体的社会属性决定了流向和流量；流向的具体运行路线、流量的大小也决定了载体的类型和规模；反过来载体对流向和流量有制约作用，载体的状况对流体的自然属性和社会属性均会产生影响。

3. 资源要素

物流资源包括信息、预测、存货、运输、仓库、搬运和包装。这是根据物流系统的功能角度进行划分的。实现物流系统每项功能都需要一定的设施设备、工作人员、资金等，而想高质量、高水平地实现物流系统的功能，还需要其他一些辅助的资源，如工作人员的管理经验、管理制度、操作行为准则、质量标准等。如果不考虑物流活动与其他经济活动的特殊性，可以将其需要的资源大体分为人力、财力、物力等。同理，冷链物流的资源要素也可以大体分为人力、财力、物力三种基本的资源。

(1) 人力。目前，我国冷链物流行业高素质人才比重偏低，既缺乏熟悉现代冷链技术的基层操作人才，又缺乏理解现代物流理念的高层物流管理人才，这大大限制了冷链物流行业的快速发展。但是冷链物流体系人的资源要素，不仅包括冷链物流运行过程中的工作人员，而且包括冷链物流网络的终端客户——易腐食品的最终使用者。冷链物流运行成功与否、易腐食品是否变质变味，不仅取决于冷链物流的工作人员，也取决于食品的消费者。冷链物流最薄弱的环节是一头一尾两个环节，例如，蔬菜类冷藏食品，如果在生产环节，蔬菜采摘后不及时预冷，那么蔬菜在后续的冷链物流中易出现腐败现象；若在使用环节，消费者不及时冷藏或使用，蔬菜也会由于脱离冷链而腐败变质。冷链物流是生产者、批发者、零售者、消费者等相关人员互动的过程，只要有一个环节的人员出错，则整条冷链无效，给生产者、销售者和消费者都带来一定的损失。因此，也要使消费者加深对冷藏食品冷藏温度的了解，增强其对冷藏食品需冷藏储存的意识。只有不断地提高人员的素质和认识，才能促进我国低温流通的发展。

(2) 财力。冷链物流的投入高，并且投资回报期长，使得许多第三方物流企业对冷链物流望而却步。第三方物流企业可以利用境内外资本市场融资或集资，以扩充资本，积累资金，构建冷链物流所需设备设施等。物流企业间还可以通过并购扩大财力，增强企业的冷链物流的实力。

(3) 物力。冷链物流的物力除冷链物流的载体之外，还应包括一些管理制度、操作规范、质量标准和冷冻冷藏技术、信息技术等。冷冻冷藏技术的发展极大地提高了国内冷冻冷藏设备的品质和技术水平，因而冷链物流中所需的冷冻冷藏设备可以直接购买、使用国产设备，大大降低了冷链物流的投资成本和进入门槛，提高了冷链物流服务水平，推动了我国冷链物流的发展。

人力、财力、物力三种资源是冷链物流资源中的基本要素，只有合理配置资源，才能构建完整的冷链物流。目前，我国这三种资源都存在不同程度的不足，给我国冷链物流体系的搭建带来了困难。冷链物流的人才匮乏、网点不足、冷链物流设备落后、管理制度落后、质量标准不完善、消费者的消费观念落后等种种因素制约着我国冷链物流的发展。

4. 网络要素

1) 冷链物流的点与线

物流系统的网络由两个基本要素组成，即点与线。在物流过程中供流动的商品储存、停留以便进行相关后续物流作业的场所称为点，如工厂、商店、仓库、配送中心、车站、码头等，也称为节点，点是物流基础设施比较集中的地方。连接物流网络中节点的路线称为线，或者称为连线，物流网络中的线是通过一定的资源投入而形成的。冷链物流的网络也不例外，也是由点、线这两个基本要素组成的。

冷链物流在线路上与其他一般物流没什么区别，主要是由铁路线、公路线、航空线、水路线等组成的，以铁路线和公路线为主，航空线、水路线为辅。相对而言，冷链物流在节点上比一般物流要求得严格，其需要保证每个节点上易腐保鲜食品都处在适宜的温度下生产、加工、贮藏，以保障食品的质量和鲜度。冷链物流的主要节点有冷链物流的上游：养殖或种植基地、冷藏仓库、生产加工基地(如屠宰场)、冷冻冷藏食品生产企业等；冷链物流的中间环节：冷藏仓库、物流中心(农产品产地批发市场和销地批发市场)、配送中心、中间商和供应商等。

冷链物流的下游：农贸市场、超市(如连锁超市、生鲜超市等)、零售商、酒店、餐馆、家庭等。冷链物流的效率取决于冷链物流各节点的有效衔接。在我国冷链物流的下游和上游养殖、种植基地、生产加工基地或物流中心(农产品产地批发市场和销地批发市场)没有很好地衔接起来，区域内农产品综合物流配送体系尚未成型，网络分布不够均衡，造成了巨大的损失。

2) 冷链物流的网络模式。

物流网络有四种基本的形式：一对一、多对一、一对多、多对多的形式。冷链物流的网络模式也有如下三种情况：

(1) 单个经济体的网络模式。单个经济体的网络模式多为一体化模式。一体化模式可以提高冷链物流的效率，降低食品的损耗，但由于冷链物流的投入成本高，一体化模式只适合于一些大型的连锁超市或大型的冷藏食品生产企业，从食品的角度来说，一体化模式只适合于一些只需轻度加工的冷藏食品，如果蔬、冷却肉等。

(2) 区域内的网络模式。冷链物流中所涉及的冷藏食品主要为农产品，如生鲜果蔬、水产品、禽肉、蛋类及一些初加工产品和低温保鲜奶及其制品，而且冷藏食品相互之间的替代性很强，所以在一定的区域内能形成自给自足的区域内的网络模式。在我国，除了一些大型的连锁超市自建配送中心，有冷藏食品区之外，在配送中心这一环节上还是处于真空地带，尚未建立专门适合于冷链物流的配送中心。我国现有的冷链物流网络缺乏配送中心这一关键环节，造成冷链物流断链、脱节现象，农产品批发市场与连锁、食品、生鲜、综合等超市的冷藏食品区之间不能有效衔接，冷藏食品的冷链物流还没有出现。

(3) 跨区域的网络模式。农业生产的一切活动都是在一定的区域内进行的，而各地的自然条件、社会经济条件和技术条件各不相同，致使农业生产在地理分布上呈现出明显的地域差异。各个区域的主打农产品又是不同的，例如，号称我国“三大果园”的辽南丘陵、山东丘陵和珠江三角洲三大水果生产基地的主要产品就有所不同：辽南丘陵是我国最大的苹果生产基地；山东丘陵以苹果、梨、枣为主要产品；珠江三角洲有“水果之乡”之称，尤以荔枝、柑橘、香蕉、菠萝品质最佳、数量最多。我国农产品不仅在生产上存在区域差异化，在销售上也存在区域差异化。因而，应因地制宜，在我国建立全国范围内跨区域的冷链物流网络，以满足我国庞大的冷藏食品的市场需求，保证物畅其流的同时能够保证易腐食品的质量和鲜度，让顾客随时随地都能够买到放心、省心的安全食品。跨区域的冷链物流比区域内的冷链物流范围广、流量大、冷链物流网络更复杂、管理控制难度更高。该冷链物流网络是由相联系的几个区域的区域内冷链物流网络无缝衔接而形成的，多数是从本区域内农产品的产地批发市场转入下一区域农产品的销地批发市场，进而打入该区域内的冷链物流体系的。

上述跨区域的冷链物流网络是我国冷链物流中区域之间冷藏食品加工流通的一般情况，是在生鲜食品的产品和销地各建农产品批发市场，促进不同区域及不同季节的生鲜食品的调剂和互补。

四、冷链物流绩效评价指标体系

(一) 冷链物流绩效评价指标体系构建原则

通过建立一套完整的绩效评价指标体系，衡量农产品冷链物流系统实际的运行状况，有助于对农产品冷链物流进行合理的规划和有效的控制，有助于准确反映农产品冷链物流系统的合理化状况和评价改善的潜力与效果。

在构建冷链物流绩效评价指标体系时，除了应遵循科学性、客观性、目的性和可比性这些基本原则外，还应遵循以下原则。

1. 共性与个性相结合的原则

冷链物流在储藏流通温度、产品耐藏性等方面比常温供应链系统要求高，也更复杂。所以，在构建冷链物流绩效评价指标体系时，应采用共性与个性相结合的原则，既要保证评价的普遍性，又要兼顾特殊性。

2. 定量与定性相结合的原则

定量指标比较客观，所以对于可量化的指标通常采用定量指标；但是定量指标不能包含所有要评价的信息，所以只采用定量指标而忽略定性指标显然是不全面的。绩效评价中定性分析是基础，定量分析是目标。因此，在确定冷链物流绩效评价指标体系时，应采取定量与定性相结合的原则，以定量指标为主，定性指标为辅，以保证评价结果更加客观、合理、公平、准确。

3. 经济性与效果性相结合的原则

经济性是指以最低的资源耗费获得一定数量和质量的产出，也就是节省的程度。效果性是指设定的指标能否反映绩效评价的目的。经济性和效果性是实现绩效评价目的的两个基本要素，因此在确定冷链物流绩效评价指标体系时，应采取经济性与效果性相结合的原则。

4. 长期目标与中短期目标相结合的原则

长期目标是指采用最有效率的实现目标的方式，以最低的成本最大限度地满足竞争力强劲的、可持续发展的需要；中短期目标是指在较短时间内所能达到的结果或目标。长期目标与中短期目标相结合的目的是避免供应链管理者及供应链上节点企业只关注眼前利益、忽略长远利益，只关注局部利益、忽略全局利益，导致供应链失去活力和竞争力，无法实现供应链的战略目标。

(二) 冷链物流绩效评价指标体系的构建

食品冷链物流绩效评价指标体系包含如下指标：两个系统层指标，即冷链价值指标和顾客价值指标。

八个状态层指标，即投入产出指标、财务状况指标、竞争力和未来发展指标、成员间的合作水平指标、柔性指标、可靠性指标、价格指标和质量指标。

四十个变量层指标。其主要包括投入产出指标，投入产出指标又包含人力成本、资产成本、物流成本、信息成本、冷链总收入、利润和经济附加价值七个变量层指标；财务状况指标，包含总资产报酬率、总资产周转率、库存周转率、销售增长率、利润增长率、净资产收益率和资本保值增值率七个变量层指标；竞争力和未来发展指标，包含信息传递的速度、信息传递的质量、信息共享的深度(定性指标)、研究与开发的投入回报率、新产品销售收入百分比、新产品推出平均周期、产品柔性、平均参与年数、平均交易重要性、激励机制的有效性(定性指标)十个变量层指标；成员间的合作水平指标，包含冷链节点企业的产销率、节点企业间产需率、节点企业间准时交货率、节点企业产品合格率四个变量层指标；柔性指标，包含响应速度、交货柔性和数量柔性三个变量层指标，前两个指标反映的是时间柔性；可靠性指标，包含失去销售百分比、准时交货比例、顾客抱怨比例三个变量层指标，它反映的是冷链履行承诺的能力，可靠性的高低会影响顾客对食品冷链的信赖程度，进而影响顾客对食品冷链的忠诚度；价格指标，包含同比平均价格优势和平均单品促销频率两个变量层指标，它是影响顾客评价食品冷链的重要因素；质量指标，包含食品质量标准(定性指标)、市场占有率、产销速度、未售出率四个变量层指标。由于食品冷链上的产品是易腐生鲜产品，所以质量是影响顾客选择的关键因素。

五、温控供应链管理与趋势

传统供应链的形成是由供应商、渠道商、物流商和采购商四个线下主体形成的。传统供应链是一个“人、场、货”的时空模式，即人要到一个空间里去进行购物和采购，物流是为渠道商服务的，他把商品送到渠道商某个场地的空间里(如商超或批发市场)进行交易，这就是人找货传统供应链的模式。这种模式采购人不关心物流成本和速度，因为物流成本含在商品价格里，这就是常说的传统的商贸流通体系。

现在的电子商务供应链，也称为平台供应链，是一个什么模式呢？电子商务供应链是现代供应链的重要组成部分，它是一个“货、流、人”的时空模式，也就是商品通过快递物流去“找人”的模式，所以采购者非常关心物流的价格、速度和质量。它的商品流通渠道变成了线上网商平台，快递物流商成为主要的线下服务主体。例如，京东，它的平台是自己的，商品是自己的，物流服务也是自己的，渠道商自营商品和物流服务。这种模式有点像美国的亚马逊，消费者的体验是比较好的，尤其是生鲜类产品。再如，淘宝和天猫，它提供的是渠道(平台、线上二房东)，供应商在网上开店，它的物流服务大多是由“三通一达”等第三方完成的。

现代的温控供应链，也就是电子商务和传统供应链正在向线上渠道和线下渠道相结合的方向发展，也就是供应链离线商务(online to offline，O2O)模式。线下的渠道商也在极力地打造自己的线上平台或与大平台商合作。线上的平台商，也在积极地与线下的渠道商进行合作，相向而行。例如，盒马鲜生，既有“人、场、货”模式，也有“货、流、人”模式，把“货找人”和“人找货”融为一体，成为新零售的供应链模式。物流商也在融合，很多园区既有传统物流，也有网仓物流。从干线整车物流、零担物流，到商家对顾客(business to customer，B2C)的快递物流，现在也在融合。因为很多大宗商品(如苹果、香蕉)，在向某一个大城市调配时，往往也是整车大批量单品种运到一个分拨仓中，再进行 B2C 的生鲜配送。所以，今后渠道商和物流商与供应商的关系，已经是一个优选择的依赖性的关系，也就是说为供应商专业服务的能力与质量，尤其是冷链物流的专业要求更高，决定了供应商对冷链服务商、渠道商的信任度和依赖度。电子商务有 B2C 的一端，所以采购商既可能是法人，也可能是自然人。渠道商和物流商为采购商服务的质量和采购商的体验，决定了对渠道商和物流商的信任度和依赖度(黏性)。所以，将来供应链绝对不是一个单纯的运输价格的竞争，而是渠道商、物流商与供应商、采购商全链条上的诚信与服务、理念文化的竞争。在国内外的所有地区，电商供应链与传统供应链会同时融合发展，它与物流是一个永不能分离的关系，因为物流业态物品移动实现价值的物理属性是亘古不变的，但智能化、快捷化、无人化竞争会更加激烈。

一个区域经济的发展，供应链模式起着非常重要的作用，供应商、渠道商、物流商和采购商很好地融合为一个跨时空优质的温控供应链体系，对区域农业和流通经济的发展是至关重要的。因此，每个区域的地方政府，要重视供应链生态圈的构建。供应链生态圈就像一个地区的土壤、阳光、空气和水肥一样，这个生态圈好了，它的供应链之树就会生长得旺盛，长得更快、更高，取得更好的经济社会效益。未来的食品产业电商供应链与传统供应链融合发展是大趋势，而且要逐步实现全产业链的标准化，也是农业、食品业新旧动能转换中的主要新动能要素。区域经济现代供应链“四商一府”共建、共享、共赢的生态圈体系建设，将成为新时代区域农业经济空间价值再造的主要竞争模式。

第三节　冷链装备基础知识

冷链系统的基本流程为产地采集及产后处理、预冷、冷加工、产地集货、冷藏、产地批发、冷藏运输、销地集货、销地加工、批发、配送、零售及消费。它对应的制冷设施主要有预冷装备、冷库、冷藏车、超市冷柜及家庭消费冰箱等。在高寒、冬季等时空条件下，某些生鲜农产品还需要通过提升温度来保证其品质。

一、预冷及冰鲜装备

预冷是指采收后的果蔬易腐产品，在运输储藏之前迅速除去产地热，使其温度降低到规定温度的操作过程[5]。研究表明，经过预冷的产品可以迅速去除田间热、减缓失水率、降低呼吸率、抑制病原菌繁殖、减少乙烯释放量、降低营养成分的消耗、延长贮藏时间和货架期，而且可以有效地降低冷藏库和冷藏车船的冷负荷，实现冷藏贮运装置的节能运行[6]。冰鲜是指将捕捞上来的水产品用冰降温保鲜，但并没有冷冻，来保证它们的肉体细胞没有产生变化的一种储存方式。为了保证新鲜度，只能进行短期存储[7]。

（一）预冷装备

果蔬的成熟和采摘多在炎热高温的夏秋季节进行。采摘后的果蔬贮藏有大量的田间热，果蔬的温度较高，呼吸作用旺盛；在产品成分不断变化的同时，释放的呼吸热又使得果蔬产品温度持续升高，较高的温度又促进呼吸作用，导致果蔬的快速衰老和死亡，降低了经济价值。低温是降低呼吸作用、抑制产品劣变、延缓成熟衰老的有效途径。在果蔬采摘后，采用人工方法迅速去除田间热和呼吸热，将其冷却到规定温度是保持果蔬新鲜的关键步骤，而预冷则是实现这一步骤的重要方式。有数据表明，冷链中不经预冷的果蔬流通损失率高达 25%～30%，而预冷后的果蔬流通损失率仅为 5%～10%，还可以大大延长果蔬的储藏时间。

根据预冷对象的特性，有不同的预冷方法。常见的预冷方法有空气预冷、水预冷、冰预冷、真空预冷、蒸发预冷等，现分别对其装备进行介绍。

1. 空气预冷装备

根据流程的不同，空气预冷装备又可分为强制通风预冷装备和差压通风预冷装备，它是适合所有果蔬的预冷。强制通风预冷装备较便宜，但冷却时间较长，一般需要 10～24h；差压通风预冷装备投资费用不高(只比强制通风预冷装备多一个静压室和一台差压风机)、操作简单、运行费用比较少，适用于多种果蔬，是现行的较为快速、有效的预冷方法，冷却速度比强制通风预冷装备快 2～6 倍。

2. 水预冷装备

水预冷装备可分为浸泡式预冷装备和喷淋式预冷装备两种。最简单的浸泡式预冷装备是将水和冰放置在较大容器内，让水和冰充分混合，得到温度接近 0℃的冰水混合物，直接将果蔬产品放入冰水混合物中浸泡一段时间，待果蔬温度降低后取出。浸泡式预冷装备在冰水混合物槽中设有传送带，使果蔬在通过传送带的过程中被冷却，传送带的速度可根据果蔬要求达到的预冷温度确定。冰水混合物槽内可设置制冷系统的蒸发器以对水进行冷却，将产品热负荷带走，也可不设置蒸发器，通过加入冰块保证冰水混合物槽中的温度。在实际操作中，经常在冰水混合物中加入消毒杀菌剂或保鲜剂对果蔬进行处理，以延长保鲜期。

喷淋式预冷装备则可分为连续式喷淋预冷装备与批次式喷淋预冷装备两种。连续式喷淋预冷装备主要由冷却隧道、传送带、喷淋水系统和制冷系统组成，在冷却隧道内喷淋 0～1℃的水，果蔬在冷却隧道内的传送带上运行 25～30min，温度可从 30℃降到 5℃左右。传送带可以选用不同的速率，以适应不同的冷却需要。在批次式喷淋预冷装备中，产品一批批地放入冷却空间，大量的冷水连续喷淋到产品表面，然后汇集到底部的水箱，经过滤冷却后循环使用。

许多产品采用水预冷可以达到很好的冷却效果，类似玉米、苹果、哈密瓜和桃子等体积与表面积比值大，并且表面无孔的产品非常适合这种预冷方法。体积小的产品，如樱桃，也可以很好地使用水预冷，但喷淋水的力度不应对产品造成物理伤害。冷水预冷冷却速度快，只需要 10～40min，适合果类和根块类蔬菜。但果蔬要接触水，果蔬表面沾有大量的水利于微生物的生长，容易造成果蔬腐烂，所以限制了其推广应用。

3. 冰预冷装备

冰预冷是较容易实现的产地预冷方法之一。大多数果蔬产地都可以在附近方便地购买到冰块，对于产量不是很大的果蔬，碎冰及加冰预冷可以由农民手动完成，对于处理量大的果蔬，冰预冷可以由可移动的注冰机来完成。

在注冰预冷时必须要有碎冰设备，将块冰或板状冰研磨成直径不大于 5mm 的冰粒，并与水混合成高浓度的冰水混合物，注冰机将冰水混合物通过软管导入纸箱或其他容器内，直接覆盖在产品表面。采取这种方法可以大大提高冷却效率。堆积在货盘上的货物放置在舱门之间的导轨上，然后将舱门紧闭。使用泵将注冰机底部存储箱中的冰水混合物吸至设备的顶部，通过门上的注冰管道并借助上部液压夹具，从货物四周流入包装的开口，进入产品包装箱内。目前，在美国加利福尼亚州超过 90%的西兰花采用这种冷却方式。

4. 真空预冷装备

真空预冷装备是专为防止果蔬、食用菌等鲜活农产品在采后冷藏运输过程中鲜度和品质的下降而设计的[8]。其基本原理是将采后的果蔬、食用菌等放置在真空处理槽内，在低压下水分从其表面蒸发出来，利用水分蒸发获取蒸发潜热，从而达到使被处理物品迅速均匀冷却的效果。一般经真空处理，可使被处理物品在 30min 左右快速均匀地降至 0℃左右的最适温度，同时，配合其他综合保鲜措施，有效地保持其鲜度，降低腐烂，延长保鲜期和货架寿命。真空预冷装备对水分不易蒸发的果蔬产品几乎不能冷却，投资成本也较高，适合叶菜类蔬菜。移动式真空预冷装备一般配有水喷淋系统，一方面可以保证温度要求；另一方面也可以使果蔬保持更好的新鲜度和良好的外观色泽[9,10]。

5. 预冷冷库

在普通小型保温库的基础上加上机械制冷设备组成移动式冷库，通常用于果蔬预冷。美国农业部开发的移动式冷却设备，经过发展现在已开始实用化。用户只需购买普通的窗式空调器和一个现成的控制器连接上即可方便地进行温控，控制温度最低可达 0℃，空气的相对湿度也维持在一个较高的水平。

6. 蓄冷板预冷装置

蓄冷板冷藏车是冷藏车辆发展的一种新的方式，具有运输温度恒定、运输温度较低、运输成本较低的特点。在国外发达国家，蓄冷板冷藏车已普遍应用于冰淇淋冷饮行业。它是利用蓄冷板中的蓄冷剂液体冷却凝固成共晶冰而蓄存大量冷量并用于货物的冷却。将蓄冷板与移动式差压预冷车配套，可实现果蔬等易腐产品的产地预冷。蓄冷板一般用铝合金制成 50～100mm 厚的中空壳体，内装蓄冷剂，常用的蓄冷剂为低熔点的无机盐混合溶液。在蓄冷板中设有制冷蒸发盘管，蓄冷剂直接与制冷蒸发盘管接触，借助制冷蒸发盘管内的制冷剂吸热冻结而贮存冷量。通常蓄冷板安装在保温厢体的顶板内表面，蓄冷板的蓄冷能力根据预冷果蔬所需制冷量的大小而定。

7. 蒸发冷却预冷装备

在干燥地区，也可以采用水蒸发冷却的方法来进行预冷。将水供到多孔的湿帘材料上，空气在风机的作用下横向流过湿帘，与水进行热湿交换，进行热湿交换后，空气的温度比当地空气的湿球温度高1～2℃。由于干燥地区空气的干湿球温差很大，用这种方法可以获得较低温的空气对果蔬实现预冷。

8. 预冷保鲜一体化装备

预冷保鲜库集预冷和贮藏于一体,采用类似差压通风预冷的夹层式送风方式。该方式是在冷库的顶部吊顶形成夹层，然后由冷风机把冷风吹入夹层中，再通过吊顶上的送风口(直径为5～10mm)进入库内，从而达到库内送风均匀消除死角的作用。这种送风方式的主要原理是冷库吊顶内的夹层起静压箱的作用，在冷风到达贮藏区后，由于速度和重力的关系，由上而下均匀通过预冷贮藏的果蔬，使冷风充分接触果蔬，从而使果蔬得到均匀冷却，能快速降低果蔬的温度，对预冷贮藏果蔬的品质有较好的保证。库体容积的大小按可预冷2t、贮存10t果蔬为标准确定。1m³的容积可存放230kg果蔬，10t果蔬要占用43m³的容积，再考虑到冷库的容积率为50%，故一般将预冷保鲜库的容积设计为90m³。

(二) 冰鲜装备

冰鲜装备是将捕捞上来的水产品用冰降温保鲜，但并没有冷冻。冰鲜水产品主要有虾类、蟹类和鱼类。价格档次比较高的鱼，制成冰鲜鱼的比较多。另外，一些加工品，如生鱼片，主要是活体宰杀，直接用冰保鲜，然后上市。由于贮藏和运输的限制，冰鲜水产品原来在沿海地区应用比较广泛。因其可以更好地保持水产品的新鲜度，近几年其在北方市场也得到了快速发展。

二、速冻装备

速冻装备主要有两大类，即快速冻结装备(速冻装备)和一般冻结装备(主要指慢速冻结装备)。而按载冷方式又可分为鼓风式速冻装备、接触式速冻装备、沉浸式速冻装备和液化气体喷淋式速冻装备。

由于形式和性能的不同，食品的冻结速度有很大的差别。一般鼓风式速冻装备的冻结速度为0.5～3cm/h，属慢速冻结装备；流态化速冻装备的冻结速度为5～10cm/h，液氮喷淋速冻装备的冻结速度为10～100cm/h，均属快速冻结装备。我国目前生产的速冻装备，主要有鼓风式速冻装备、接触式速冻装备、深冷速冻装备和沉浸式速冻装备四种类型。这四种类型派生出的各种速冻装备，均已在国内市场和国外市场销售。

三、冷藏装备

现代冷藏装备中首先发展起来的是冷藏库。冷藏库是对易腐食品进行加工和贮藏的设施，实际上就是大型的固定式冰箱，简称冷库。19 世纪末冷藏库最早出现在美国和澳大利亚，当时的冷藏库主要是为了解决易腐食品在运输过程中的冷却和短期贮藏问题。经过一个多世纪的发展，冷藏库已经成为发展食品工业不可缺少的手段，成为国民经济的一个组成部分，冷藏库的总容量已经可以作为衡量一个国家食品工业和制冷事业发展水平的指标。近几十年来，各国的冷藏库容量都有较大的增长。到 20 世纪末，全世界冷藏库总容量超过 5100 万 t。中国冷藏库总容量也超过 500 万 t。随着我国改革开放和经济的迅速发展，各地区新建冷藏库遍地开花，从城市到乡村，从沿海到边疆，各种冷藏库星罗棋布。根据中国制冷学会的统计资料，中国农产品冷藏库总容量已突破 880 万 t。

(一) 冷藏库

冷藏库种类很多，按照不同的分类方法，有不同的冷藏库类型。

1. 按冷藏库结构形式分类

(1) 土建冷藏库。冷藏库主体结构为钢筋混凝土框架结构或混合结构，常常用于大容量或大吨位的冷藏库。土建冷藏库的热惰性比较大，库温比较稳定。土建冷藏库具有坚固、隔热性好、造价低、建设周期长等特点。

(2) 装配式冷藏库。装配式冷藏库库体采用钢框架和轻质预制的硬质聚氨酯或聚苯乙烯夹芯板材拼装而成。

(3) 夹套式冷藏库。在常规冷藏库的围护结构内增加一个内夹套结构，夹套内装设冷却设备，冷风在夹套内循环制冷，即构成夹套式冷藏库。夹套式冷藏库的库温均匀，食品干耗小，外界环境对库内干扰小，夹套内空气流动阻力小，气流组织均匀，造价比常规冷藏库高。

(4) 覆土冷藏库。覆土冷藏库洞体多采用拱形结构，一般为砖石砌墙，并覆盖一定厚度的土层作为隔热层，具有施工简单、就地取材、造价低、坚固耐用等特点。

(5) 气调冷藏库。气调冷藏库主要用于要求对新鲜果蔬、农作物种子和花卉进行较长期贮存，与上述冷藏库不同的是气调冷藏库除了要控制库内的温度、湿度外，同时要考虑气调冷藏库内植物的呼吸作用，还要对库内的 O_2、CO_2、N_2 和 C_2H_4 含量进行调控，抑制果蔬等植物的呼吸作用及新陈代谢，使之处于冬眠状态，以达到长期贮存的目的。

2. 按冷藏库温度分类

(1) 高温冷藏库。高温冷藏库用于果品蔬菜类保鲜，库房温度为−5～5℃。近几年在高温冷藏库方面的最新研究成果是冰温库。冰温(0℃以下、冰点以上的温度区域定义为该食品的冰温带，简称冰温)贮藏果蔬的效果远远优于冷藏，这主要有以下几点原因：①冰温贮藏能够抑制果蔬的呼吸作用，推迟果蔬的呼吸高峰期，减少各种营养成分的损失；②冰温贮藏不仅不破坏果蔬的细胞，而且能够提高果蔬的品质，因为在冰点温度附近，为阻止体内冰晶形成，动植物会从体内不断地分泌大量的不冻液，其主要成分是葡萄糖、氨基酸、天冬氨酸等，以降低冰点，生物细胞内释放水溶性分子而切断蛋白质，此时蛋白质会以氨基酸的形式释放，或是分解淀粉变成糖分，而这些生理变化都在不同程度上提高了果蔬的品质；③冰温贮藏可有效抑制微生物的生长，在水产品保鲜中，冰温可有效地抑制因微生物和酶的作用而引起的鲜度下降。

(2) 中温冷藏库。中温冷藏库用于冻结后的食品冷藏，库房温度为−10～−5℃。

(3) 低温冷藏库。低温冷藏库用于冻结后的水产、禽肉类食品冷藏，库房温度为−20～−10℃。

(4) 冻结冷藏库。冻结冷藏库用于鲜品冷藏前的快速冷冻，库房温度为−23℃以下。

3. 按使用性质分类

(1) 生产性冷藏库。生产性冷藏库主要建在货源较集中的产区，作为肉、禽、蛋、果蔬、海产品及速冻面点等易腐食品加工厂的冷冻车间使用。食品在此进行冷冻加工，短期冷藏储存后运往其他销售地，零进整出，要求交通运输必须方便。其特点是冷冻加工的能力较强，有一定库容量，其建设规模应根据货源情况和商品调出计划确定。

(2) 分配性冷藏库。分配性冷藏库一般建在大中城市、水陆交通枢纽和人口较多的工矿区，作为市场供应需要、出口计划的完成和长期储备中转运输之用。其特点是冻结量小、冷藏量大，而且要考虑多种食品的储存。由于冷藏量大，进出货比较集中，零进整出，所以要求库内运输通畅，吞吐迅速，具有冷藏能力强、吞吐量大、长期贮藏等优点。

(3) 零售性冷藏库。零售性冷藏库一般是建在城市的大型副食品商店内，供临时贮存零售食品之用。其特点是库容量小、储存期短、库温随使用要求不同而异。

除以上分类方法，按照冷藏库的功能还可以分为预冷冷藏库、冻结冷藏库、速冻库、贮冰库和气调库等；按照冷藏库容量的大小可分为大型冷藏库、大中型冷藏库、中型冷藏库和小型冷藏库；按贮藏的商品可分为畜肉类冷藏库、水产品冷藏库、禽蛋冷藏库、果蔬冷藏库、冷饮品冷藏库、茶叶冷藏库和花卉冷藏库等。

(二) 冷藏车

根据制冷方式，冷藏车可分为机械制冷、蓄冷板制冷等多种，这些制冷系统彼此差别很大，选择使用方案时应从食品种类、运行经济性、可靠性和使用寿命等方面综合考虑。

1. 公路冷藏车

公路冷藏车是重要的冷藏运输工具，是冷链的一个重要环节。公路冷藏车的经济利益在于保证货物的运输质量，避免易腐货物在运输过程中因为腐烂变质而受到经济损失。2017 年我国全国公路冷藏车保有量达 13.4 万辆，而美国拥有 20 多万辆，日本拥有 12 万辆左右。我国公路冷藏车占货运汽车的比例仅为 0.3%左右，美国为 0.8%～1%，德国等其他发达国家均为 2%～3%。我国公路冷藏车保有量与发达国家相比还有很大差距。

(1) 机械冷藏车。公路冷藏车以机械冷藏车为主。当前典型的车型是赛沃第五代冷藏车。上海航空特种车辆有限责任公司将冷藏车作为公司核心产品，引进和自主开发了冷藏车制造专用设备与技术，生产了国际上最为先进的第五代冷藏(保温)车。其适用范围：食品加工企业、食品贸易企业、个体运输户、物流运输企业、物流仓储企业、其他加工企业。机械冷藏车采用冷王、开利等国外知名品牌的制冷机组，也可根据用户的需求选用国产制冷机组。机械冷藏车配备先进的温控和监控系统，温度可自动调节，从而实现动力、制冷的完美结合。

(2) 蓄冷板冷藏车。蓄冷板冷藏车是主要用于运输、分发冰淇淋等需要恒定低温运输的冷冻货物的一类专用汽车。其主要由汽车二类底盘、保温厢体、蓄冷板及蓄冷制冷机组等组成。通常蓄冷板安装在保温厢体的顶板内表面，蓄冷制冷机组安装在保温厢体前端的底板外下部。其制冷原理：利用蓄冷板中的蓄冷剂冷冻后所储存的蓄冷量进行制冷，运输前先将蓄冷制冷机组接通外接交流电源，对蓄冷板中的蓄冷剂进行“蓄冷”，即冷却冻结；使用过程中利用蓄冷剂的融化吸热，对保温厢体内不断“放冷”。常用的蓄冷剂为低熔点的无机盐混合溶液，与传统的风冷式冷藏运输车相比，蓄冷板冷藏车具有运输温度恒定、运输温度和运输成本较低等优点。

2. 冷藏集装箱

目前，我国的冷藏集装箱运输占整个运输的 8%～10%，前景非常可观。冷藏集装箱主要有耗用冷剂式冷藏集装箱、隔热式冷藏集装箱、机械式冷藏集装箱、气调式冷藏集装箱。

机械式冷藏集装箱是一种带有制冷机组，能对箱内货物进行制冷的具有特殊用途的集装箱。由于机械式冷藏集装箱能迅速降低食品的温度，并且很容易调节温度和维持温度稳定不变，一直以来都是冷藏运输中主要的运输工具。

机械式冷藏集装箱是自带制冷设备的特殊集装箱。制冷设备能为集装箱提供不间断的冷量，维持箱内低温和一定的湿度。冷藏集装箱内温度保持在–25～25℃。制冷设备的标准电源一般为 440V×60Hz，但在装有内藏变压器以后，世界各地的电源一般都可以使用。原则上在装载冷冻或冷却货时，一般在装箱前要求对货物进行预冷，使货物降低到一定温度以下再装箱。在海陆联运中，要求冷藏集装箱在整个运输中制冷设备能自动启动。

3. 冷藏船

自20世纪80年代中期,集装箱船运输在整个冷藏货海运中的份额不断增加,从1985年的34%增加到1998年的42.8%。大部分肉类和海产食物用冷藏集装箱船运输，而普通冷藏船主要用来运输香蕉、季节性水果(如柑橘)等。

冷藏货运的集装箱化是不可避免的，随之而来的是冷藏货海运业务由中小港口向集装箱大港口集中，但普通冷藏船具有运输大宗冷藏货物和季节性货物的优势，不但不会消失，而且会有一定量的发展。

冷藏船作为食品冷藏链中的一个环节，完成各种水产品或其他冷藏食品的转运，保证运输期间食品必要的运送条件，它主要用于渔业，尤其是远洋渔业。远洋渔业的作业时间很长，有的长达半年以上，必须用冷藏船将捕捞物及时冷冻加工和冷藏。此外，由海路运输易腐食品也必须用冷藏船。

冷藏船可分为三种：冷冻母船、冷冻渔船和冷冻运输船。冷冻母船是万吨以上的大型船，它配备冷却、冻结装置，可进行冷藏运输。冷冻渔船一般是指备有低温装置的远洋捕鱼船或船队中较大型的船。冷冻运输船包括集装箱船，它的隔热保温要求很严格，温度波动不超过±5℃。冷冻运输船又有四种基本类型：专业冷藏舱、商业冷藏舱、冷藏集装箱运输船、特殊货物冷藏运输船。

冷藏船上一般都装有制冷设备，使船舱隔热保温。船用制冷设备与陆用制冷设备的主要不同为：船用制冷设备应具有更高的使用安全可靠性，较高的耐压、抗湿、抗震性能及耐冲击性能；具有一定的抗倾斜性能；船用制冷设备的用材应有较好的抗腐蚀性能；船用制冷设备的安装、连接应具有更高的气密性及运行可靠性；船用制冷设备选用的制冷剂应不燃、不爆、无毒，对人体无刺激，不影响健康；船用制冷设备应具有更好的适应性，安全控制、运行调节及监视、记录系统更加完备。

4. 铁路冷藏车

近几年，铁路运输部门取消了加冰冷藏车，取而代之的是机械冷藏车，如中铁特货运输有限责任公司沈阳分公司拥有四种冷藏车型(表2-1)。

表2-1　冷藏车车型及参数

车型	载重/t	容积/m^3	计费质量/t	技术性能	车组载重/t
B10	38	100	44	单节机械冷藏车组	—
B12	45	92	42	5节机械冷藏车组	180
B22	46	105	48	5节机械冷藏车组	184
B23	45.5	105	48	5节机械冷藏车组	182

机械制冷铁路冷藏车是以机械式制冷设备为冷源的冷藏车，它是目前铁路冷

藏运输中的主要工具之一。机械制冷铁路冷藏车有两种结构形式：一种是每一节车厢都备有自己的制冷设备，用自己的柴油发电机组来驱动制冷压缩机，冷藏车可以单节与一般货物列车编列运行；另一种机械制冷铁路冷藏车中只装有制冷机组，没有柴油发电机组，这种铁路冷藏车不能单节与一般货物列车编列运行，只能组成单一机械列运行，由专用车厢中的柴油发电机统一供电驱动制冷压缩机。目前，我国机械制冷铁路冷藏车一般采用集中供电、单独制冷(每辆货物列车分别制冷)的方式。机械制冷铁路冷藏车的优点是：制冷速度快；温度调节范围大、车内温度分布均匀；运送迅速；适应性强，制冷、加热、通风换气、融霜自动化；新型机械制冷铁路冷藏车还设有温度自动检测、记录和安全报警装置。

四、配送周转装备

国际上冷链物流的理论与实践应用研究经历了三个发展阶段。由单品温物流发展到机械式冷冻车厢区隔，机电共享保冷柜配送的多品温物流，再由机械式和机电共享式多品温物流发展为蓄冷式保温箱多品温共配物流。

目前，我国市场上冷链品的配送仍以单品温配送为主。使用常温车、冷藏车、冷冻车分别配送，即单品温配送。也就是说，常温品以常温车配送，冷冻品、冷藏品则分别以冷冻车及冷藏车配送。例如，运送冰淇淋、冷冻食品，一般选择温度维持在–15℃以下的冷冻车；运送鲜乳或其他冷藏食品，通常选择温度维持在0℃以上的冷藏车。单品温配送由于无法实现多品温共同配送，在少量多样的环境下，不同温域的食品只能单车单运，车辆的运能无法相互运用，造成车辆使用效率低和运能浪费，以及收发货次数及开启车门频繁等问题。机械式冷冻车厢区隔是用车厢间隔多种温域，利用车辆引擎驱动冷冻机组的共配系统。这种车辆均温性低，投资成本与操作成本高、机电共享式保冷柜和机械式冷冻冷藏系统所实现的多品温共配模式，其均温性不高，温度弹性需设定后才能使食品全程保鲜，投资成本和操作成本高。无论是机械式还是机电共享式配送模式，都需要专用车辆，专用车辆造价通常是普通车辆的 1.5～2 倍。专用的冷冻或冷藏车辆，必须在一般货车上设置冷冻/冷藏与保温设备。专用车辆的使用数量多及伴随的冷冻设备数量多，使得维修率与成本倍增。另外，专用冷链车辆的制冷特点也决定了每次装货、卸货作业都会造成车厢冷度的流失，并导致能源浪费和环境污染。

利用蓄冷保温柜和蓄冷保温箱能够使食品温度维持在所需范围达 12h，这样，从某种程度上摆脱了货物配送时间的制约，也有利于有效地安排、实施冷链品的配送计划和配送路径。在优化配送中，在节省配送里程的同时又可降低能耗和成本。保温箱的使用避免了传统冷冻车在装货、卸货作业中的冷度流失，进而减少了能源浪费和环境污染。一般货车同时混载不同温度食品配送，可以实现车辆运能的相互运用，降低配送次数，减少配送车辆的总数和行驶里程。通过专门的物流企业实施共同配送，更有助于提高实载率，减少社会车流总量。所有这些不仅减少了交通拥挤及其带来的能源消耗与碳排放，而且提高了规模效率和节省了成本。

(一) 保鲜箱

农产品及医药等特种冷链物流与多品温同车配送业务的发展需要大量保鲜箱。保鲜箱的运用可以有效减少损失，但当前保鲜箱内冷藏品的计量、分装还处于手工分装层次，计量、分装效率低下，工人劳动强度大，不可避免地出现冷藏品与人的直接接触和周围环境对其的污染，满足不了部分冷藏品无菌的要求，而自动化高效计量、分装需要箱盖自动启闭技术。冷链物流过程中的某些商品对温度变化特别敏感，容易引起变质，所以对其运输有严格的温度管控要求。但在当前的冷链运输业务中大多数公司主要是通过放在车上孤立的温度检测记录仪进行独立的温度记录管理，无法对冷藏车保鲜箱等容器的内部温度进行实时监测。冷链物流中存在的问题对温度传感、信息显示、存贮、报警、追溯等智能信息化提出了需求。另外，在冷链物流中，保鲜箱报废后的废料及其重复使用所需的清洗、除味剂及蓄冷材料对环境构成严重污染，也衍生了对保鲜箱绿色环保技术的需求。

(二) 蓄冷板

很多果蔬批发市场是收集散户的果蔬集中装箱发运，果蔬装箱时在箱内放置冷板或冰瓶，但冷板和冰瓶的蓄冷量低、换热效率差、放冷时间短，长途运输需要大量的冷板或冰瓶才能保证果蔬的新鲜度，大量挤占了运输空间，而且到目的地后冷板或冰瓶就会被扔掉，不但造成了巨大的浪费，而且存在环保问题。相变蓄冷换热装置蓄冷量大、放冷时间较长、板面温度高于蔬菜冰点温度、制备方法简单、成本较低、安全可靠且可循环使用。

五、终端低温装备

冷藏陈列柜是菜场、副食品商场、超级市场等销售环节的冷藏设施，目前已成为冷藏链建设中的重要一环。根据冷藏陈列柜的结构形式，可分为敞开式和封闭式，敞开式又包括卧式敞开式和立式多层敞开式，封闭式又包括卧式封闭式和立式多层封闭式。

卧式敞开式冷藏陈列柜上部敞开，开口处有循环冷空气形成的空气幕，通过维护结构传入的热量也被循环冷空气吸收，不影响食品的质量。对食品质量影响较大的是由开口处传入的辐射热，特别是对于冻结食品用的陈列柜，辐射热流较大。当外界湿空气侵入陈列柜时，遇到蒸发器就会结霜，随着霜层的增加冷却能力降低，因此必须在24h内至少进行一次自动除霜。外界空气的侵入量与风速有关，当风速超过0.3m/s时，侵入的空气量会明显增加，所以在布置卧式敞开式冷藏陈列柜时，应考虑与空调的相对位置。

立式多层敞开式冷藏陈列柜与卧式敞开式冷藏陈列柜相比，占地面积小，容积大，商品放置高度与人体高度相近，展示效果好，也便于顾客购物。但这种结构的陈列柜，其内部的冷空气更容易逸出柜，从而外部侵入的空气量也多，为了防止冷空气与外界空气的混合，在冷空气形成的空气幕的外侧再设置一层或两层非冷空气构成的空气幕，同时配备了较大的制冷能力和冷风量。由于立式多层敞开式冷藏陈列柜的风幕是垂直的，外界空气侵入柜内的量受空气流动速度的影响更大，从节能的角度来看，要求控制柜外风速小于 0.15m/s，温度低于 25℃，相对湿度小于 55%。

卧式封闭式冷藏陈列柜的结构与卧式敞开式冷藏陈列柜相似，它在开口处设有二层到三层玻璃构成的滑动盖，玻璃夹层中的空气起到隔热作用。另外，冷空气形成的空气幕也由埋在柜壁上的冷却排管排出，通过外壁面传入的热量由冷却排管吸收。为了提高保冷性能，可在陈列柜后部的上方装置冷却器，让冷空气像水平盖子那样强制循环。卧式封闭式冷藏陈列柜的缺点是商品装载量少、效率低。

立式多层封闭式冷藏陈列柜的柜体后壁上有冷空气循环通道，冷空气在风机作用下强制在柜内循环。柜门为二层到三层玻璃，玻璃夹缝中的空气具有隔热作用，由于玻璃对红外线的透过率低，所以柜门虽然很大，但传入的辐射热并不多。

第四节　果蔬冷链物流技术

果蔬冷链物流是指将果蔬的采收、加工、包装、运输、储存、配送、销售、信息等各方面有机结合成完整的供应链，保证果蔬从采收后到消费前始终处于其生理所需要的低温环境下[11]，形成“采后预冷-产地冷藏-冷藏运输-销地冷藏-零售冷柜-家庭冰箱”的一条温控链(图 2-1)。在物流过程中，温控是保障果蔬品质的重要手段之一。果蔬温控保鲜技术在采收、加工、包装、运输、储存、配送、销售等环节的要点有所不同。

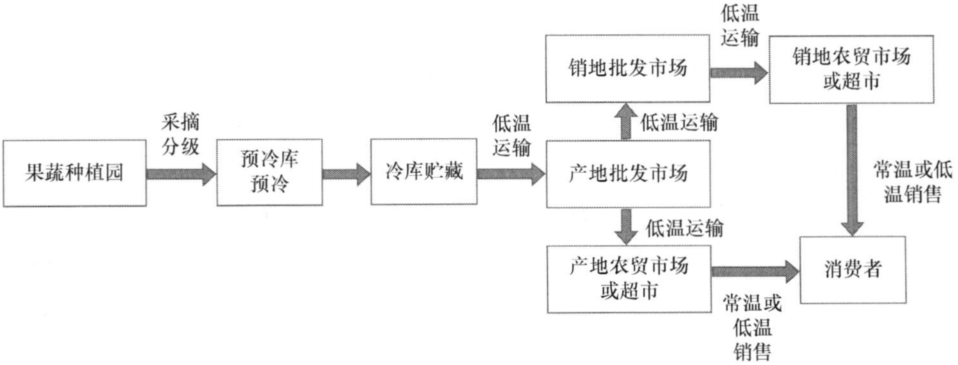

图 2-1　果蔬冷链物流流程

一、采收环节

果蔬采收的总原则是及时无损、保质保量、减少损耗。采收时间尽量选择晴天露水干后的早晨或气温凉爽的下午，这主要原因是该时间段的温度较低、果蔬温度低、田间热较小。不宜在雾天、雨天、烈日暴晒下采收。果蔬采收后应放置阴凉处，避免受太阳光直射。

为了保证采收质量，采收过程中应注意以下几点：一是采收人员最好事先经过技术培训，采收时应剪短指甲、轻拿轻放、轻装轻卸、保证果实的完整性。二是采收前应根据果蔬种类特性，事先准备好采收工具，如采收袋、篮、筐、箱、梯和运输工具等。采收容器要结实，内部加上柔软的衬垫物，尽可能避免机械损伤。三是果蔬采收时间应选择晴天露水干后的早晨进行，避免在雨天和正午采收，还要避免采收前灌水。四是采收时按“先下后上，先外后内”的原则逐步进行，以免因上下树或搬动梯子碰掉果实。五是采收后应避免日晒雨淋，迅速加工成件，运到阴凉场所散热或贮藏库内贮藏。六是采收时必须剔除受伤果，不可包装入箱，并在运输装卸中继续减少受伤果带来的损失。

二、预冷环节

预冷的作用：一是快速排除果蔬采收后携带的田间热，节省运输和贮藏中的制冷负荷。二是在运输或贮藏前使产品尽快降低品温，快速抑制呼吸作用和降低生理活性，以便更好地保持产品的生鲜品质。三是快速降低品温，减少贮运初期的温度波动，防止“结露”现象发生。四是减少营养和水分损失，延缓变质和成熟的过程，延长贮藏寿命。五是抑制微生物的侵染和生理性病害的发生，提高耐贮性能。

预冷应遵循的原则：一是采收后要尽早进行预冷处理，并根据果蔬种类和特性选择最佳预冷方式；一次预冷的数量要适当，要合理包装和码垛，尽快使产品达到预冷要求的温度。二是预冷的最终温度要适当，一般各种果蔬的冷藏温度就是预冷终温的大致标准，还可以根据销售时间的长短、产品的易腐性等适当调整终温；预冷要注意防止产品的冷害和冻害。三是预冷后必须立即将产品放入已经调整好温度的冷藏库或冷藏车内。

应根据果蔬的原产地、栽培地、加工处理方式、设备条件、贮藏时间、包装类型、市场对象和市场对品质的要求不同而确定不同的预冷方法和预冷终温。同时，不同的果蔬形态对于预冷方式也有不同的要求。因此，掌握各种果蔬的预冷指标就显得十分重要。表 2-2 列出常见果蔬的预冷终温与预冷方法，供参考。

表 2-2　常见果蔬的预冷终温与预冷方法

果蔬	预冷终温/℃	预冷方法	预冷重要性	果蔬	预冷终温/℃	预冷方法	预冷重要性
红富士苹果	0～1	差，库	★	豇豆	3～5	真，差	★★
嘎拉苹果	1～3	差，库	★★★	荷兰豆	0	真，差，冰	★★★★
新红星苹果	0～2	差，库	★★	胡萝卜(粗)	0	水，冰，差	★★
砀山梨	0～10	库	★★	西葫芦	5～10	库，差	★★★
黄金梨	0～1	差，库	★★★	黄瓜	10～13	差，库	★★★★
西洋梨	0	差，库	★★★	豆薯	13～18	水，冰	★
蓝莓	–0.5	差，真	★★★★	芹菜	0	真，湿真	★★★★
草莓	0	差，真	★★★★	甘薯	13～16	库，差	★
红提葡萄	–1～–0.5	差	★★★	芋头	7～10	差，库	★
秦美猕猴桃	–0.5	差	★★★★★	西红柿	8～10	库，差	★★
柿子(涩)	0	差，水	★★	樱桃番茄	3～4	库，差	★★★★
水蜜桃	–0.5	差，库	★★★	马铃薯(早熟)	7～10	库，水	★★
油桃	–0.5	差，水	★★★	马铃薯(晚熟)	4～7	库，水	★
樱桃(甜)	–0.5	水，差	★★★★	菠菜	0	真，水，差	★★★★
大枣	0	水，差	★★★	西兰花	0	冰，水，差	★★★★
李子	–0.5	水，差	★★★★	韭菜	0	真	★★★★
杏	0～1	差	★★★★	大白菜	0	真，差	★★
阳桃	9～10	差	★★★	甘蓝(早熟)	0	真，差	★★★
荔枝	1.5	水，差	★★★★	茄子	8～12	差，库	★★
桂圆	1	差	★★★★	洋葱	0	库，差，真	★★
杧果	13	差	★★	甜椒	7～13	差，真	★★
菠萝	7～13	差	★★	大蒜	0	库，差	★★★
甜橙	3～9	库，差	★	西芹	0	真，湿真	★★
蜜柑	4～6	库，差	★★★	结球生菜	0	真，差	★★★★★
柠檬	11～13	库，差	★	大葱	0	冰，真	★★★★
西瓜	10～15	水，差	★	芦笋	0～2	真，水	★★★★★
哈密瓜	3～7	水，差，冰	★★	蒜薹	0	真，差	★★★★
冬瓜	10	库，差	★★	甜玉米	0	水，冰，真，差	★★★★★
甜瓜	10	水，差，冰	★★★	生菜	0	真，差	★★★★★
佛手瓜	3～5	差，库	★★	辣椒	0～10	差，真	★★★
南瓜	10～13	库	★★	蘑菇	0	差，真	★★★★★

注：①库——冷库预冷；水——水预冷；冰——加冰预冷；差——差压预冷；真——真空预冷；湿真——加湿真空预冷。②五角星号越多，代表采用预冷的重要性越强。

三、商品化处理环节

采收后的商品化处理是为了保持或改进果蔬质量，并使其从农产品转化为商品所采取的一系列措施的总称，包括果蔬采收后所经过的挑选、修整、分级、清洗、预冷、愈伤、药物处理、吹干、涂蜡抛光、催熟、精细包装等技术环节。如果这一环节温度波动较大，果蔬内部的酶系统易被激活，新陈代谢加快，加之产品表面易结露，保鲜期会大大缩短，因此尽量在较低温度下进行商品化处理。

四、贮藏环节

果蔬的贮藏方式可以分为自然降温(简易贮藏)和人工降温(机械冷藏)两种。自然降温贮藏是一种简易的、传统的贮藏方式。人们常用的自然降温贮藏主要有堆藏(垛藏)、沟藏(埋藏)、冻藏、假植贮藏和通风窖藏(窑窖、井窖)，它们都是利用外界自然低温(气温或土温)来调节贮藏环境的温湿度。例如，沟藏适合于萝卜；冻藏适用于菠菜；假植贮藏适用于芹菜、离笋、菜花；大白菜、苹果、梨等可以通风窖藏；白菜、洋葱可以堆藏或垛藏。它们多在北方有外界低温的冬季和早春使用，适用产品的贮藏温度为0℃左右。我国其他地区也可以采用自然降温贮藏，如南通地区柑橘的地窖贮藏。

人工降温贮藏是利用机械制冷和调节贮藏环境温度的贮藏方式，使用时不受季节和地区的限制，可以比较精确地控制贮藏温度，适用于各种水果和蔬菜，如果管理得当，可以达到满意的贮藏效果。一般情况下，呼吸跃变型果实气调贮藏的效果较好，而呼吸非跃变型果实气调贮藏对保持产品品质作用不大。此外，不同的水果和蔬菜对气体的敏感程度不同，要求的 O_2 和 CO_2 配比也不一样。由于气调贮藏的成本较高，操作管理的难度也比较大，所以应该选择适合长期贮藏或经济价值高的水果和蔬菜进行气调贮藏。

不同种类的果蔬产品最适宜的贮藏温度差异较大。常见果蔬的最适宜贮藏温湿度参照表 2-3。

表 2-3　常见果蔬的最适宜贮藏温湿度

品种	推荐温度/℃	相对湿度/%	预期贮藏期/天
苹果(富士)	−1～1	90～95	150～210
苹果(嘎拉)	0	90～95	120～150
梨(库尔勒香梨)	−1～0	90～95	180～240
梨(丰水梨)	0～1	90～95	90
梨(鸭梨)	10～12→0	90～95	150～240
桃	0～1	90～95	30～50

续表

品种	推荐温度/℃	相对湿度/%	预期贮藏期/天
李	0～1	90～95	30～50
甜樱桃	−1～0	90～95	30～60
葡萄	−1～0	90～95	<135
蓝莓	0～2	85～95	30～90
鲜枣(普通)	−1～0	90～95	30～50
鲜枣(冬枣)	−2～−1	90～95	60～90
板栗	入库至次年 1 月底 0℃，2 月份后−3℃	85～95	>180
猕猴桃	0～1	90～95	>150
甜橙	5～8	90～95	120
宽皮柑橘	5～8	85～90	90
柚	5～10	85～90	120
柠檬	12～15	90～95	150
香蕉	13～15	80～90	60～100
杧果(桂香芒)	12～15	85～90	25
杧果(吕宋芒)	9～10	85～90	14～21
杧果(青皮芒、爱文芒)	10	85～90	21
龙眼	3～5	90～95	20～30
荔枝	3～5	90～95	30
菠萝	8～10	85～95	11～17
枇杷	3～6	90～95	20～50
芦笋	1～2	90～95	15～20
洋葱	−1～1	⩽75	180～270
黄瓜	7～10	90～95	10
胡萝卜	0～2	90～95	90～180
菜豆	6～8	90～95	10～30
豇豆	7～9	85～90	10～30
豌豆	1～3	95～90	10～30
毛豆	0～2	90～95	10～30
辣椒	7～9	90～95	20～35

续表

品种	推荐温度/℃	相对湿度/%	预期贮藏期/天
甜椒	9～11	90～95	20～35
茄子	10～13	85～90	20～35
番茄	10～13	80～90	20～35
樱桃番茄	2～4	85～95	20～35
蒜薹	−1～0	90～95	240～300

五、运输配送环节

运输可看作动态的贮藏，运输过程中产品的振动，环境中的温度、湿度和空气成分都对运输效果产生重要影响。新鲜果蔬水分含量大，采收后生理活动旺盛，易腐烂，因此为了达到理想的效果，确保运输安全，要做到“三快、两轻、四防”的基本要求。

(1) “三快”指快装、快运、快卸。

果蔬采收后仍然是一个活的有机体，新陈代谢旺盛；果蔬呼吸越强，营养物质消耗越多，品质下降越快。一般而言，运输过程中的环境条件，特别是气候的变化和道路的颠簸极易对果蔬质量造成不良影响。因此，运输中的各个环节一定要快，使果蔬迅速到达目的地。装车过程特别是搬运过程货物将直接暴露于大气之中，这必然引起货温的升高，加快装卸速度、改善搬运条件、加大每次搬运货物的数量、采取必要的隔热防护措施，对降低货物的升温是十分必要的。因此，应尽量缩短运输时间，这就要求快装、快运、快卸，尽量减少周转环节。积极采用机械装卸和托盘装卸是加快装卸速度的有效手段。积极推行汽车和铁路车辆的对装、对卸也是加快装卸速度的有效措施。

(2) “两轻”指轻装、轻卸。

合理地装卸直接关系到果蔬运输的质量，因为绝大多数果蔬的含水量为80%～90%，属于鲜嫩易腐性产品。如果装卸粗放，产品极易受伤，导致腐烂，这是目前运输中存在的普遍问题，也是引起果蔬采收后损失的一个主要原因。因此，装卸过程中一定要做到轻装、轻卸，防止野蛮装卸。如果有条件实现装卸工作自动化，则既可减轻劳动强度，又可保证质量和缩短装卸时间。

(3) “四防”指防热、防冻、防晒、防淋。

果蔬对运输温度有严格的要求，温度过高，会加快果蔬的腐败变质，加快新鲜果蔬的衰老，使品质下降；温度过低，产品容易产生冻害或冷害，所以要防热、防冻。另外，日晒会使果蔬温度升高，加快一些维生素的降解和损失，提高果蔬的呼吸强度，加速自然损耗；雨淋则影响产品包装的完美，过多的含水量也有利于微生物的生长和繁殖，加速产品腐烂。现代很多交通工具都配备了调温装置，如冷藏卡车、铁路的加冰保温车和机械保温车、冷藏轮船及近年来发展起来的冷藏气调集装箱、冷藏减压集装箱等。然而，我国目前这类运输工具的应用还不是很普遍，因此必须重视利用自然条件和人工管理来防热、防冻。敞篷车船运输时应覆盖防水布或芦席以免产品被日晒雨淋，冬季应盖棉被进行防寒。

六、销售环节

在销售环节，最好采用商用果蔬冷藏展示柜或前店后仓等形式。冷藏展示柜具有制冷效果强、贮存量大和耗电少三大优势。冷藏展示柜的使用环境相差较大，冷藏展示柜的热负荷变动大，不同地区、不同季节居民的冷冻、冷藏食品结构不同，要求冷藏展示柜能够设定不同的柜内温度，存放不同种类的果蔬。前店后仓的形式能够最大限度地保持果蔬的温度恒定，有利于延长果蔬的货架期。

第五节　肉类冷链物流技术

根据《肉与肉制品冷链物流作业规范》(WB/T 1059—2016)[12]规定，肉类冷链物流是指肉与肉制品在温度控制的物流网从供应地向接收地的实体流动过程(图 2-2)。根据实际需要，将运输、仓储、配送、交接等基本功能有机结合。

冷藏和冷冻是目前最常见的肉类保鲜技术。低温贮藏可以减慢微生物物质代谢中的各种生化反应，从而抑制微生物的生长繁殖，延缓肉内各化学成分之间的反应速度，降低酶活性。例如，当温度降到−18℃时，除少数嗜冷菌外，大多数细菌都已停止发育。单纯的冷藏技术只能短时间保持肉的新鲜度，冷冻肉的贮藏期较长但会造成肉的组织结构损伤、汁液流失，冰温保鲜技术则不仅保留了传统的冷藏和冻藏优点，又有效地维护了食品的新鲜度和风味等。

一、肉的冷却

肉的冷却，即冷却排酸，是指畜禽经屠宰、修整、检验和分级后，立即送入冷库，在一定的温度(0～4℃)、湿度(70%～80%)和风速(0.5～2m/s)下放置24～72h，进行排酸处理。冷却后胴体表面温度降至−2℃左右，中心温度约 4℃，pH 由偏碱性变为中性或微酸性，肉体内的蛋白质降解为氨基酸，使之达到肉质鲜美、水分适宜、品质上佳的要求。在冷却温度控制下，酶活性和大多数微生物生长受到抑制，肉中的肉毒杆菌和金黄色葡萄球菌等病原体不分泌毒素，避免了肉质腐败，确保了冷却肉的安全、卫生。肉体在冷库冷却间平行轨道上按“品”字形排列，保持间距 3～5cm，以保证空气的均匀流通。不同等级种类的肉类应分室冷藏，以使全库胴体能在相近时间内冷却完毕。产品冷却过程汇总，尽量缩短进入冷却间的停留时间，整个冷却过程不要超过 24h。

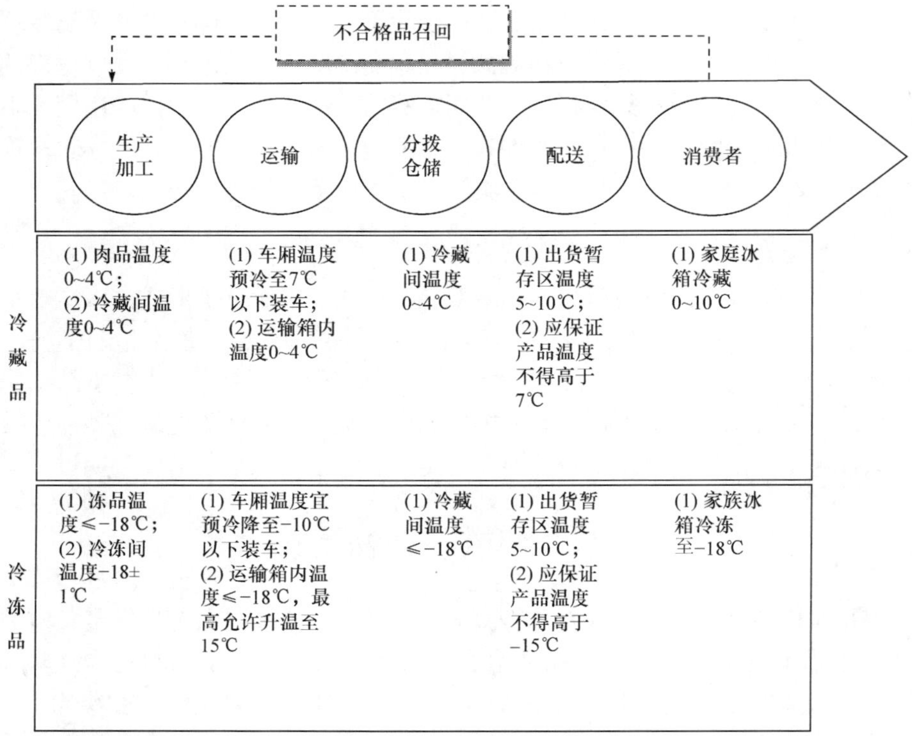

图 2-2　肉类冷链物流过程

(一) 冷却的条件

1. 空气温度

肉类在冷却过程中，虽然其冰点为−1℃左右，但它能冷却到−10～−6℃，使肉体短时间内处于冰点及过冷温度之间的条件下，不致发生冻结。从冷却曲线可以看出，肉体热量大量导出是在冷却的开始阶段，因此冷却间在未进料前，应先降至−4℃左右，这样等进料结束后，可以使库温维持在 0℃左右，而不会过高，随后的整个冷却过程中，维持在−1～0℃。若温度过低，则有引起冻结的可能，若温度过高，则会延缓冷却速度。

2. 空气相对湿度

水分是助长微生物活动的因素之一，因此空气相对湿度越大，微生物活动能力越强，尤其是霉菌。过高的空气相对湿度无法使肉体表面形成一层良好的干燥膜；空气相对湿度太低，重量损耗太多，所以选择空气相对湿度时应从多方面综合考虑。

在整个冷却过程中，初始阶段冷却介质与冷却物体间的温差越大，冷却速度越快，表面水分的蒸发量在开始的 1/4 时间内，约占总干缩量的 1/2。因此，空气相对湿度也可分为两个阶段：在前一阶段(约开始的 1/4 时间)，以维持在 95%以上为宜，即空气相对湿度越高越好，以尽量减少水分蒸发，由于时间较短(6～8h)，微生物不至于大量繁殖；在后一阶段(约占 3/4 时间)，则维持在 90%～95%，在临近结束时则在 90%左右。这样既能使胴体表面尽快地结成干燥膜，又不会过分干缩。

3. 空气流动速度

由于空气的热容量很小，不及水的 1/4，所以对热量的接收能力很弱。同时因其导热系数小，故在空气中冷却速度缓慢。所以，在其他参数不变的情况下，只有增加空气流动速度才能达到冷却速度的目的。静止空气放热系数为 12.54～33.44kJ/(m^2·h·℃)，空气流动速度为 2m/s，则放热系数可增加到 52.25kJ/(m^2·h·℃)。但过快的空气流动速度，会大大增加肉表面干缩和耗电量，冷却速度却提高不大。因此，在冷却过程中以不超过 2m/s 为宜，一般采用 0.5m/s 左右，或每小时 10～15 个冷库容积。冷却肉的贮藏条件和贮藏期见表 2-4。

表 2-4 冷却肉的贮藏条件和贮藏期

品名	温度/℃	相对湿度/%	贮藏期/天
牛肉	−1.5～0	90	28～35
小牛肉	−1～0	90	7～21
羊肉	−1～0	85～90	7～14
猪肉	−1.5～0	85～90	7～14
全净膛鸡	0	85～90	7～11

(二) 冷却方法

冷却方法有空气冷却、水冷却、冰冷却和真空冷却等。我国主要采用空气冷却。

进肉之前，冷却间温度降至−4℃左右。在进行冷却时，把经过冷晾的胴体沿吊轨推入冷却间，胴体间距保持在 3～5cm，以利于空气循环和较快散热，当胴体最厚部位中心温度达到 0～4℃时，冷却过程即可完成。在一般冷却条件下，牛半片胴体的冷却时间为 48h，猪半片胴体的冷却时间为 24h 左右，羊胴体的冷却时间约为 18h。

国外流行两段法对肉类进行快速冷却，前后两阶段分别采用不同的温度和风速。

第一阶段，温度为−15～−10℃，空气流动速度为 1.5～3m/s，冷却时间为 1～4h，这一阶段肉体的平均焓值大约为 40kJ/kg，使肉体表面形成一层冰壳，既减少了干耗，又加快了冷却过程(冰的热导率是水的 4 倍)。

第二阶段，库温为−1℃左右，空气流动速度为 0.5～1.5m/s，冷却时间为 10～15h，使表面温度逐渐升高而内部温度逐渐降低，使肉体温度平衡，直到热中心温度达到 4℃为止。采用该方法冷却的肉，色、香、味、嫩度俱佳，既缩短了冷却时间，又可减少 40%～50%的干耗。

二、肉的冷冻

将肉的温度降低到–18℃以下，肉中的绝大部分水分(80%以上)形成冰结晶。该过程称为肉的冷冻，又称为冻结。肉类在–18℃以下可以储存 4～6 个月，在–23℃以下可储存 8～12 个月。

(1) 静止空气冷冻法。空气是传导的媒介，家庭冰箱的冷冻室均以静止空气冻结的方法进行冷冻，肉冻结很慢。静止空气冷冻的温度为–30～–10℃。

(2) 板式冷冻法。该冷冻方法热传导的媒介是空气和金属板。肉品装盘或直接与冷冻室中的金属板架接触。板式冷冻室温度通常为–30～–10℃，一般适用于薄片的肉品，如肉排、肉片、肉饼等的冷冻。冻结速率比静止空气冷冻法稍快。

(3) 冷风式速冻法。工业生产中最普遍使用的是将冷冻后的肉贮藏于一定的温度、湿度的低温库中，在尽量保持肉品质量的前提下贮藏一定的时间，就是冻藏。冻藏条件的好坏直接关系到冷藏肉的质量和贮藏期的长短。该方法是在冷冻室或隧道装有风扇以供应快速流动的冷空气急速冷冻，热转移的媒介是空气。此方法热的转移速率比静止空气冷冻法要快很多，且冻结速率显著。但空气流动速度增加了冷冻成本及未包装肉品的冻伤。冷风式速冻法的速冻条件一般为空气流速度在 760m/min，温度为–30℃。

(4) 流体浸渍和喷雾冻结法。流体浸渍和喷雾冻结法是商业上用来冷冻禽肉最普遍的方法，一些其他肉类和鱼类也利用此法冷冻。此法热量转移迅速，稍慢于冷风式速冻法，供冷冻用的流体必须无毒性、成本低且具有低黏性、低冻结点及高热传导性特点。其一般常用液态氮、食盐溶液、甘油、甘油醇和丙烯醇等。

三、肉的包装

冷藏肉与冷冻肉的运输包装与标志应符合《肉与肉制品冷链物流作业规范》(WB/T 1059—2016)[12]中的相关规定。进入食品零售市场销售的肉与肉制品宜进行预包装，包装标识应符合《食品安全国家标准预包装食品标签通则》(GB 7718—2011)的要求。存放肉与肉制品外包装应有明显标识，以识别货物批次等。散装、预包装肉品应使用符合《食品塑料周转箱》(GB/T 5737—1995)要求的塑料周转箱，箱底不得直接接触产品，底层应加垫板。

欧美国家大多以 80% O_2+20% CO_2 方式零售包装，其货架期为 4～6 天。英国在 1970 年即有两项专利，气体混合比例为 70%～90% O_2 与 10%～30% CO_2 或 50%～70% O_2 与 30%～50% CO_2，而一般多用 80% O_2 与 20% CO_2，具有 8～14 天的鲜红色效果。

四、肉的仓储

冷藏的肉与肉制品入库时温度为0～4℃，冷藏间温度为0～4℃；冷冻肉品温度为–18℃以下，冷冻间温度为–18±1℃。

(一) 冷藏

经过冷却的肉类，一般放在–1～1℃的冷藏间(或排酸库)，一方面可以完成肉的成熟(或排酸)；另一方面达到短期贮藏的目的。冷藏期间温度要保持相对稳定，以不超出上述范围为宜。进肉或出肉时温度不得超过3℃，相对湿度保持在90%左右，空气流动速度保持自然循环。

(二) 冻藏

将冷冻后的肉贮藏于一定温度、湿度的低温库中，在尽量保持肉品质量的前提下贮藏一定的时间，就是冻藏。冻藏条件的好坏直接关系到冷藏肉的质量和贮藏期的长短。

从理论上讲，冻藏温度越低，肉品质量保持得就越好，保存期限也就越长，但成本也就越高。对肉而言，–18℃是比较经济合理的冻藏温度。冷库中温度的稳定也很重要，温度的波动应控制在±2℃，否则会促进小冰晶消失和大冰晶长大，加剧冰晶对肉的机械损伤作用。

在–18℃的低温下，湿度对微生物的生长繁殖影响很微小，从减少肉品干耗考虑，空气湿度越大越好，一般控制在95%～98%。

在空气自然对流情况下，流速为0.05～0.15m/s，空气流动性差，温度、湿度分布不均匀，但肉的干耗小，多用于无包装的肉食品。在强制对流的冷藏库中，空气流动速度一般控制在0.2～0.3m/s，最大不能超过0.5m/s。

(三) 仓储管理

当肉品到货时，应对其运输方式及运输过程的温度记录、运输时间等质量控制状况进行重点检查和记录，到货冷冻肉温度高于–15℃或高于双方约定的最高接受温度时，冷藏肉品高于7℃或高于双方约定的最高接受温度时，收货方应及时通知货主，双方按合同约定协商处理。经检验合格的肉与肉制品才能入库贮藏，并依据进货信息和随货清单做好记录。冷藏、冷冻肉品储存作业应符合《冷藏、冷冻食品物流包装、标志、运输和储存》(GB/T 24616—2019)[13]的规定，也理应符合《食品安全国家标准 肉和肉制品经营卫生规范》(GB/T 20799—2016)[14]的规定。肉品堆码应按照分区、分类、生产批次和温度等进行管理。垫板应与地面距离大于或等于10cm，与库墙距离大于或等于30cm，与排管距离大于或等于30cm，与风道距离大于或等于30cm，与库体顶板距离大于或等于20cm，堆放高度以纸箱受压不变形为宜。散装货物堆放高度不宜高于冷风机下端部位。冷库温度波动幅度不应超过±1℃；在肉与肉制品出入库时，库房温度升高不应超过 3℃。冷库温度记录间隔时间不应超过 2h，在温度偏离设定范围时，应采取纠正行动。

五、肉的运输

根据肉与肉制品的类型、特性、运输季节、运输距离的要求不同选择不同的运输工具和配送线路。在装车前，保持车辆清洁卫生，运输车辆每次使用前应进行消毒，消毒液应符合相关规定；装载时冷冻肉与肉制品温度应达到–15℃或达到双方约定的收货温度，同时装车前车厢温度宜预冷至–10℃；冷藏肉与肉制品的车厢温度应预冷至 7℃以下方可装运。

装车过程宜使用物流工具，确保在较短时间内装车完毕。散装生、熟肉品，易串味肉品等不能混装于同一托盘、同一车辆，含有独立包装的预包装肉与肉制品可采用物理隔离等方法装载于同一车辆内。装车完成后，根据肉品运输要求设置车厢的制冷温度，确认制冷机组正常运转后，依指定路线配送。运输过程中制冷系统应保持正常运转状态，全程温度应控制在指定的温度范围内。冷藏设备的温度记录间隔时间不应超过 1h。冷藏设备温度偏离设定范围持续 1h，应采取纠正行动。冷藏肉与冷冻肉的运输作业应符合《肉与肉制品冷链物流作业规范》(WB/T 1059—2016)中的相关规定，冷藏肉与肉制品在运输过程中厢体内温度应保持在 0～4℃，产品中心温度应保持在 0～7℃；冷冻肉品在运输过程中厢体内温度保持在–18℃以下，最高允许升温至–15℃。产品中心温度保持在–15℃或更低的温度。

六、肉的销售

宜配备适用于肉品销售温度要求的冷藏展示柜。存放冷藏肉品的冷藏展示柜柜内温度应保持在 0～4℃；存放冷冻肉品的冷藏展示柜柜内温度应保持在小于或等于–15℃。在冷藏展示柜内码放销售的肉品应遵守冷藏展示柜冷藏的使用要求，非预包装的肉品不宜在冷藏展示柜内销售。冷藏展示柜柜内应设置易读取的精确的温度计，温度测点应设在回风口的标记线处或柜内空气温度的最高线。质量不合格的肉与肉制品应及时下架。

第六节　水产品温控保活与保鲜技术

水产品温控保活与保鲜技术是指通过对不同水产品物流过程中环境温度的调控(降低或升高)，维持其生命基础代谢特征(存活)，保持其新鲜度的一项专业技术。

水产品温控保活技术主要分为有水保活技术与无水保活技术两大类，水产品温控保鲜技术主要分为冷藏保鲜技术与冷冻保鲜技术。

一、鲜活水产品

(一) 有水运输

目前，我国活鱼运输主要采用传统有水运输和无水运输两种方法，原理大致相同，都是降低鱼的代谢强度并改善运输水体的水质来提高运输效率，但方法有所不同，传统有水运输以物理化学麻醉法和降温为主。

1. 停食暂养与拉网锻炼

根据运输计划，选择体质健壮的鱼苗、鱼种，做好鱼体锻炼工作。

2. 水箱加水

装鱼前先要将运鱼的汽车水箱装水，所用水最好采用地下硬水，一般水箱加水 40～50cm 深。在夏天运输时，加地下井水时最好再加 1/5 左右养殖池的原水，以免使水箱水体和原养殖池水体差异过大。装完鱼后要求水箱内水面基本上接近箱顶，这样可使汽车在运输过程中降低水体振荡，从而减少鱼体损伤。

3. 装鱼

在进行装鱼操作时动作不要过大，以免鱼体受伤。在长途运输时，一般要在运输前 1～2 天停止投饵，使鱼的消化道排空，避免在运输过程中污染水质。

4. 开设增氧设备

装鱼过程中，如果装在水箱中的鱼有浮头情况，则要打开充氧开关。充氧量的大小以保证水箱底部的塑料软管气孔都能往外均匀散发气泡为准。如果装鱼较多，可根据情况适当增大充氧量。在装完鱼后，要把顶盖固定好。

5. 长途运输途中管理

在长途运输途中主要检查充氧设施是否完好，现在大部分运输车都把氧气瓶的压力表装在驾驶室内，如果一个氧气瓶没有氧气，就可及时发现，马上转换到另一个氧气瓶上。经常进行长途运输的运输车一般都把多个氧气瓶连在一起，这样可以避免氧气管在每个氧气瓶间多次转换。在进行长途运输时最好每隔 3h 左右到车顶上检查一下，以免发生意外情况。

6. 销地暂养与销售

在运达目的地后，将活鱼转入暂养水箱，调整合适的温度，暂养销售。

(二) 无水运输

水产品无水保活物流技术集“暂养-梯度降温-诱导休眠-无水包装-低温贮藏-唤醒”全过程品控工艺、智能信息化及配套装备为一体。该技术可使水产品存活时间长达 60～81h，存活率达 98%以上，成本低，自动化程度高，易于操作，能实现大批量的输送。配套装备与产品则严格按照工艺流程设计生产，主要包括低温驯化/唤醒箱、天然植物源休眠诱导剂、无水保活运输车、无水保活运输垫、无水运输箱等，有效地构成物流载体，从而实现水产品无水保活流通全程高效、绿色、低碳。通过对水产品无水保活工艺技术及其配套装备与产品的革新，提高了成活率，增加了运输量，延长了成活时间，从而大幅提升了水产品商业价值。该项目促进了生鲜农产品冷链物流行业的全面革新，降低了物流成本，提高了经济效益，保障了产品质量。其冷链物流环节简介如下。

1. 产地驯化

驯化的水产品应体质健壮、无病、无伤、无污染，其品质应符合《水产品流通管理技术规范》(GB/T 24861—2010)的规定；驯化的水产品通过《水产品抽样规范》(GB/T 30891—2014)进行抽样检测；驯化使用的水质符合《渔业水质标准》(GB 11607—1989)，使用的人造冰符合水产行业标准《人造冰》(SC/T 9001—1984)。

驯化操作步骤：在驯化车间对水产品进行梯度降温，使水温降至–2～5℃，降温梯度与降温速率之间的对应关系是：

(1) 降温至 10～30℃，降温速率为每小时降温 3～5℃；

(2) 降温至 5～10℃，降温速率为每小时降温 0.5～2℃；

(3) 降温至–2～5℃，降温速率为每小时降温 0.3～0.6℃。

驯化车间由过滤器、水泵、控温箱、驯化池通过管道依次串联，水泵与控温箱之间并联紫外消毒器，控温箱电连接调控仪，调控仪的另一端电连接气泵，气泵位于驯化池外，气泵的另一端连接通向驯化池内部的管道，管道的另一端连接曝气器；驯化池内有地漏，地漏通过管道与过滤器相连接，暂养池内部还有带阀门的排水管道。

2. 产地包装

包装车间内水产品由驯化车间通过传送带输送至包装车间的包装架上，再转移至包装车间内的保温箱中，充入混合气体包装后由传送带输送至中转站的冷链运输车上，由冷链运输车将水产品运送至目的地或转运机场进行航空运输。

(1) 航空运输包装的基本要求、包装材料、包装容器、包装方法参照《水产品航空运输包装通用要求》(GB/T 26544—2011)。

(2) 常规冷藏车运输包装的基本要求、包装材料、包装容器、包装方法参照《水产品航空运输包装通用要求》(GB/T 26544—2011)，其中，包装容器可使用专用包装箱或选择性使用瓦楞纸箱。

(3) 无水运输车包装。将无水运输车车厢内的温度提前降低至水产品驯化温度并充入氧气(图 2-3)，将水产品装入无水运输托盘后转入无水运输车，堆码完毕后，车厢密封充入混合气体，驾驶室开启监控系统。

图 2-3 水产品无水运输包装作业

(三) 长途运输

根据水产品品类、运输量、运输距离及成本选择合适的运输方式，根据不同的水产品控制运输过程中环境温度的波动小于或等于 3℃。

运输工具应洁净、无毒、无异味、无污染，符合卫生要求。长途运输过程中所涉及的储运设备等应符合《水产品保鲜储运设备安全技术条件》(SC/T 6041—2007)。

(四) 销地唤醒

在水产品到达目的地后，转入提前调好温度的唤醒池或唤醒桶内(温度同运输温度一致)，对水产品进行梯度升温唤醒步骤：

(1) 升温至−2～5℃，每小时升温 0.8～1.5℃；

(2) 升温至 5～10℃，每小时升温 1.5～3℃；

(3) 升温至 10～30℃，每小时升温 3～5℃。

(五) 销地暂养

在水产品唤醒后，转入暂养池，暂养池应具备控温、过滤及消毒等功能，暂养待售。暂养环境及经销商要求等符合《鲜活青鱼、草鱼、鲢、鳙、鲤》(SC/T 3108—2011)及《鲜活对虾购销规范》(SB/T 10524—2009)。

二、冰冻水产品

水产品冷冻加工是指为了保鲜，对海水、淡水养殖或捕捞的鱼类、虾类、甲壳类、贝类等水生动物进行的捕捞、预处理、装盘、冷冻、运输及销售等全程冷冻加工的活动。

(一) 预处理

原料鱼→洗净→分级装盘→冻结→脱盘→包冰衣→套塑料袋→装箱→冷藏

(鱼体装盘要求鱼背面向外，整齐排列，分有 1kg、2kg、3kg、10kg 四种，用塑料袋薄膜进行内包装后，再以瓦楞纸箱为外包装，冻结温度为–24℃，冷藏温度为–20℃)

(二) 冷冻贮藏

冷库消毒→分批次分区域低温贮藏(冷藏温度为–20℃)，提前做好冷库设备检修，贮藏期间专人定时检测冷库温度，严格防止因设备故障等导致的库温大幅波动。不同批次及等级的鱼类分区域摆放，便于货物进出库。

(三) 运输、配送

冷藏车厢内部清洗消毒，根据车厢内降温时间开启制冷压缩机组，达到运输温度后，将待运输货物码入车厢。运输过程中，实时监控车厢内部温度情况，到达目的地后，调整冷库或冷柜温度同车厢温度一致，将冷冻产品转移至冷库或冷柜存放。

(四) 销售

冷柜或货架展示销售，从加工冷藏至销售全过程控制低温冷链。

三、冰鲜水产品

冰鲜技术是基于低温保藏原理的一种保鲜技术，即用机制冰或天然冰将食品的温度降低到接近冰的熔点以维持其细胞的活体状态，可以很好地保持食品的原有风味和营养，在水产品的贮运、销售等环节应用十分广泛。其保鲜期的长短与水产品的种类、用冰前的鲜度、用冰量及保藏方法等有关。

(一) 原料收购

应用备有水箱的收购船在海上收购刚摘网的鲜活鱼类。注意水箱内不可装鱼过多，以保证鱼的成活率，到港后已死亡的鱼不可加工成冰鲜鱼。

(二) 预处理

先用带网罩的捞子将活鱼从水箱中捞出放在苇席或木板上,用脚轻踩住鱼尾，注意尽量少让鱼体扭动拍打以减少皮下瘀血。将鱼无眼侧向上平铺在工作台上，用剪刀顺鱼腹剪开一条 3～4cm 长的口子，用手掏出内脏，注意尽量使切口减短和保留鱼子。鲜活鱼体体表有一层透明的黏液，它对鱼体有保护作用，在加工过程中要尽量保留，切不可用刷子用力洗刷，只把鱼体放入冰水中轻轻漂洗一下血迹和污物即可。为了防止腹内积存血水，可以将鱼头向下用手清理一下鱼腹，以挤出腹腔滞留的血水。

(三) 称重、包装

为了适应轻便而又保温的空运要求,冰鲜鱼一般外面采用优质牛皮瓦楞纸箱,里面采用无毒塑料泡沫箱的双层包装,再加上尼龙塑料布及防水胶带等多层包裹封闭,使之达到保温和防渗漏的包装要求。

鱼包装前先将一层大尼龙塑料布铺入塑料泡沫箱内,把称好的鱼按有眼侧向上,尾交叉平摆在箱内。将鱼用塑料布包裹好,在上面均匀撒上一层干净碎冰,然后盖上塑料泡沫箱盖,用防水胶带粘住箱子缝隙,还要在塑料泡沫箱外包裹上一层塑料布,最后装入外包装牛皮瓦楞纸箱内,将外包装打好封条放入–4℃的保鲜库暂存待运。

(四) 运输

(1) 短途运输,将冰鲜鱼置于碎冰上,控制运输车厢内温度在 0～4℃,在最短的时间内运达销售或消费地点。

(2) 长途运输,由于长途运输耗时长,对于冰鲜鱼优先选择空运,以保证产品质量。一般要根据估产数量预定飞机货仓,按飞机航班的起航时间安排好生产和运输。一定要做到人等鱼、车等货,周密地组织运筹好人力、物力,使收购、生产、运输一条龙紧密相连,并由专人负责办理报关、检验等必要手续,尽量缩短生产、运输周期,使包装好的冰鲜鱼送入就近机场,保证在 24h 内空运出境。

(五) 销售

销售,即置于碎冰或冰水环境下批发或零售。

第七节 冷链信息化知识

一、冷链物流信息管理要求

冷链物流信息管理按照《冷链物流信息管理要求》(GB/T 36088—2018)[15]的规定执行,用于冷链物流各环节信息的记录与应用。

(一) 信息管理原则

(1) 实时性,冷链物流信息管理应能满足实时性要求,即实时监控冷链物流物品在生产加工、仓储、运输、装卸、销售等环节的温度、湿度、位置等状态信息。

(2) 准确性,对冷链物流物品在各环节的信息实现准确监控。

(3) 可靠性，应确保冷链物流物品各环节所使用设备或系统所提供信息服务的可靠性。

(4) 实用性，应根据客户需求及冷链物流实际流程开展冷链物流信息服务，并应根据用户意见进行调整和改进。

(二) 冷链物流信息管理要素

(1) 客户信息：客户名称、客户办公地址、客户经营地址、服务日期、联系方式。

(2) 物品信息：物品名称、数量、生产批号、追溯标识、保质期、环境温度要求。

(3) 仓储信息：标识信息、货物信息、温湿度监控信息、卫生信息。

(4) 收发货信息：物品温度确认记录、交接时间、交接地点、外包装情况、操作人员签名。

(5) 检验检疫信息：检验检疫报告、物品合格证、出产证明。

(6) 在途信息：货物在途位置、累计运输时间、途中异常情况、运输参与人员、在途温度记录、温控监督人。

(三) 冷链物流环境控制与信息管理要求

环境控制要求：环境控制信息应符合《冷链物流分类与基本要求》(GB/T 28577—2012)[16]的信息分类要求。环境控制物品在生产、仓储与流通过程中的环境应始终控制在物品规定范围内，配备确保物品环境要求的设施、设备和运输工具。采用信息技术和设备，提供环境监控记录，确保环境控制物品在生产、仓储与流通过程中的环境可追溯。制定确保环境要求的管理制度及环境异常应急处理预案。需要委托贮存或运输温控物品的单位，应对受委托方的冷链条件进行查验，签订合同时应明确环境控制物品在储存、运输和配送过程中的环境要求。

建立冷链物流环境测量与监控制度。物流作业中应明确物品在不同物流环节规定的环境要求、可允许的偏差范围、测量方法、测量结果的记录要求和保存方法要求。所采用的设备设施应配备连续环境记录仪并定期检查和校正，设置环境异常警报系统，配备不间断电源或应急供电系统，保留定期检验与校正的记录。作业环节中，应及时、准确、完整地记录各物流环节的关键信息。

(四) 冷链物流关键环节信息管理要求

1. 运输环节信息管理要求

(1) 物品装运前应对运输载体进行预冷，装运过程中应查看相关物品质量证明，确认承运的货物运输包装完好，清点并记录物品状态信息，会同上一环节操作人员签字确认。

(2) 运输过程中应全程连续记录运输载体内的环境温度、车辆定位、车辆状况等信息。

(3) 在运输结束时，应与下一环节的操作人员对环境温度进行测量、记录，查验货物包装，清点数量，完成相关单据交接，并记录交接信息，交接完成后由双方签字确认。

(4) 运输服务完成后，根据冷链运输服务需求方的要求，提供与运输时间段相吻合的温度记录。

(5) 运输过程中的每次转载视为不同的作业环节，应完成保持每个作业环节的信息。

2. 仓储环节信息管理要求

(1) 物品入库前，应查看相关物品质量证明文件，并与运输环节的操作人员对物品的运输温度记录、入库时间、交接物品温度进行记录并签字确认。

(2) 详细记录接收物品当时的环境情况，包括接收物品时环境、处理措施和时间、处理后环境及入库时冷库环境等环境状态记录的补充信息。

(3) 冷库温度记录和显示设备宜放置在冷库外便于查看和控制的地方。

(4) 物品出库时，应与下一环节的操作人员确认冷库环境温度记录，以及交接时的物品温度并签字确认。

(5) 仓储服务完成后，根据冷链仓储需求方的要求，提供仓储过程中的环境记录。

3. 装卸环节信息管理要求

(1) 装卸前应对物品的包装完好程度、物品标识进行检查。对环境温度记录进行确认，选取合适样品测量物品温度并双方签字确认。

(2) 装卸环境的温度信息采集包括装卸前的环境温度、物品温度，以及装卸完成后的环境温度和物品温度信息。

(3) 装载时的补充信息包括作业时间及时间控制和要求、预冷温度、作业环境温度、开始装车后运输载体内的环境温度信息记录、卸货时的质量检测及品质检测等信息。

(4) 卸载时的补充信息包括物品需要的器具要求、到达时的运输载体环境温度、卸货时间及将要转入的冷库温度。

二、冷链物流信息存储、传输与共享

建立信息管理制度，纸质记录及时归档，电子记录及时备份，记录应至少保存两年。冷链物流上下游环节交接时应做到信息共享，每次冷链物流服务完成后服务提供方应及时将信息提供给服务需求方。

三、冷链物流信息追溯

食品企业根据系统显示的冷链物流企业信息选择物流外包主体，输入企业代码实时查询产品物流过程中的验收、检测、温湿度、库存与运输信息。末端收货人可以实现查询各环节主体、产品质检与物流、温控等信息。

各级政府主管部门，通过系统专门入口查询本地区或全国的冷链物流资源、使用系统管理的企业主体信息、产品在库与在途信息，核算农产品冷链率、产品损失率；相关行业组织，通过系统专门入口统计核算冷库租金、空置率、库存周转率。

四、冷链物流信息支撑系统

信息平台的功能需求分为物流企业、客户企业、政府管理部门和金融服务部门等四个层面。物流企业对区域性国际物流信息服务平台的需求主要包括物流市场信息的需求，如物流市场上的招投标信息、哪些企业需要物流服务，以及这些需求企业的基本情况、货物的基本信息、运输基本情况等。

物流业务运作管理的需求，主要有物流基础设施资源(如货运担架、运输装卸设备、集装箱标准运价、仓储网点、货运场站、机场车站港口堆场信息等)、交通运输网络信息、物流基础设施信息的需求(如港口水运信息、铁路车站信息、机场航空信息、交通状况信息、道路设施信息等)。

寻找流通时间最短的渠道，一方面要优化路径，选择最佳路线；另一方面各环节应方便地连接到物流信息平台中，解决好冷链上各环节的电子交易功能，电子交易功能的成功设计依赖一些关键因素如：合理的商业战略和目标；关注客户方案、服务、长期关系及价值；注意销售周期的各方面；理解并挖掘互联网的独特方面及基于标准的技术。要充分利用电子商务的技术与方案，实现冷链物流信息平台与网上支付系统、银行系统、网上认证系统、网上安全系统的顺利连接。从事冷链物流服务的企业大多有自己的信息系统，但彼此间处于信息孤岛状态，企业内部的一些子系统也处于信息孤岛状态，这不利于行业的未来发展。积极地将冷链物流的应用从存储信息孤岛至虚拟化的共享 IT 基础架构再到私有云，这一过程是冷链物流信息平台发展的必然趋势。

1. 区域性国际物流信息服务平台功能

物流客户企业主要包括制造型企业和商贸流通型企业，这些企业对区域性国际物流信息服务平台的需求主要包括企业的基本信息，如物流企业的资质、企业等级、信誉评价、功能规模、物流设备资源、企业文化、特色服务、物流报价等。

市场信息主要是指供方市场信息，如物流市场竞争、物流总代理、发包需求、客户物流系统和网络规划、客户集成服务的物流供应链管理，以及物流企业的货运配送能力、仓储加工、装卸搬运等。

法律和业务咨询信息主要包括物流行业法律法规、物流合同公证和法律保护、合同执行跟踪、违约赔偿及补救处理、物流知识教育与咨询、政策指导等。

2. 政府职能部门的功能需求

政府职能部门要执行宏观调控的指令，需要物流信息平台提供物流企业、行业等运行的基础数据，包括物流发展总体概况、物流产业的总体运作情况、物流企业的分布状况、物流企业规模、物流企业的基础设施及使用状况、物流业发展过程中存在的主要问题、物流相关法律法规、政府优惠政策等。

物流活动中双方的要素监控和管理信息，主要包括政府相关部门对物流企业和工商企业的管理及许可确认信息，如税务登记、关税、保险、营业执照、驾驶证、车辆运营证、物品报关通关单证等信息；业务种类，货运量，物流成交合同总金额，物流仓储量，物流设施保有量，物流企业的数量、规模和基本运行情况等信息。

3. 金融服务部门的功能需求

金融服务部门主要包含银行、保险公司、金融租赁公司等，在口岸物流运行过程中，货款和运费等费用的支付、保费的支付和货损索赔等多个方面，都会有银行、保险公司和金融租赁公司的参与。通过分析得知，金融服务部门对口岸物流信息平台的功能需求主要为两方面。一方面是诚信评估功能：对物流过程中有关企业(包括进出口企业、贸易代理、国际货运代理、承运人及其代理和物流服务企业)的企业诚信评估；另一方面是支付结算功能：物流过程中的相关企业，可以通过口岸物流信息平台来完成货款的支付、交易、转账、结算等功能。

4. 物流企业功能需求

物流企业功能需求：数据交换、信用服务、物流业务在线交易、车辆／货物跟踪服务、物流软件服务。其他供应链相关企业功能需求：数据交换与信息共享、信用查询、企业信息查询、车辆／货物跟踪。其他行业管理部门功能需求：制定和推行信息化标准体系、物流动态运行监测及行业监管、其他。发货方功能需求：选择物流公司、下单发货、订单查询、服务评价。收货方功能需求：订单查询、收货确认、服务评价。物流服务提供商功能需求：接受订单、订单过程信息更改、接受评价。

该功能以网络站点的形式实现，企业只要通过互联网连接到信息平台网络站点上，就可以获取 Web 站点上提供的物流信息。这类信息主要包括水、陆运输价格，新闻和公告，政务指南，货源和运力，航班船期，空车配载，铁路车次，适箱货源，联盟会员，职业培训，政策法规等。

数据交换，是信息平台的核心功能，主要是指电子单证的翻译、转换和通信，包括网上报关、报检、许可证申请、结算、缴(退)税、客户与商家的业务往来等与信息平台连接的用户间的信息交换。在数据交换功能中，还有一项很重要的功能——存证管理功能。存证管理是将用户在信息平台上产生的单证信息加上附加信息，按一定的格式以文件的形式保存下来，以备将来发生业务纠纷时查询、举证之用。

会员服务，是为注册会员提供的个性化服务，主要包括会员单证管理、会员的货物状态和位置跟踪、交易跟踪、交易统计、会员资信评估等。

在线交易，是交易系统为供方和需方提供的一个虚拟交易市场，双方可发布和查询供需信息，对自己感兴趣的信息可与发布者进一步洽谈，交易系统可以为双方进行交易撮合。

扩展功能包括智能配送与运力平衡、需求周期与决策分析、仓储周转、货物追踪、返空车和金融服务。

智能配送与运力平衡：利用物流中心的运输资源、商家的供货信息和消费者的购物信息进行最优化配送，使配送成本最低，在用户要求的时间内将货物送达。通常的解决方法是建立数学模型，由计算机运用数学规划方法给出决策方案，管理人员再根据实际情况进行选择。智能配送要解决的典型问题包括路线的选择、配送的发送顺序、配送的车辆类型、客户限制的发送时间。

需求周期与决策分析：建立物流业务的数学模型，通过对已有数据的分析，帮助管理人员鉴别、评估和比较物流战略和策略上的可选方案。典型分析包括车辆日程安排、设施选址、顾客服务分析。

仓储周转：利用物流信息服务平台对整个供应链进行整合，使库存量能在满足客户服务要求的条件下达到最低。最低库存量的获得需要大量历史数据的积累和分析，要考虑客户服务水平、库存成本、运输成本等方面的综合因素，最终使总成本达到最小。可解决的典型问题包括：下一轮生产周期应生产的产品数量；补充货物的最佳数量；补充货物的最低库存点(安全库存)。

货物追踪：采用 GPS / GIS(geographic information system 或 geo-information system)跟踪货物的状态和位置。货物状态和位置数据存放在数据库中，用户可通过呼叫中心或网络站点获得跟踪信息。

返空车：通过与其他物流信息平台的信息交换，解决返回车的问题。

金融服务：在相关法律法规的建立和网络安全技术的进一步完善后，可通过物流信息服务平台网络实现金融服务，如保险、银行、税务、外汇等。在此类业务中，信息平台起信息传递的作用，具体业务在相关部门内部处理，处理结果通过信息平台返回客户。

平台接口包括呼叫中心接口、短信接口等。呼叫中心接口：建立统一号码的客服中心，实现电话订单操作和信息查询等操作。短信接口：建立短信接口，实现信息短信模式的传递。

5. 与其他平台接口

建立与其他信息系统标准的数据交换接口。

(1) 查询模块。可供查询的信息包括物流行业信息、物流商信息及客户历史评价。其中，物流行业信息为物流行业的基本知识及相关服务指南等；物流商信息包含的内容比较丰富，包括物流公司的资质、企业文化、银行信用、服务区域范围、价格等所有客户需要了解的企业信息；客户历史评价，即老客户对物流公司服务的评价及对物流公司的意见和建议。平台用户可以根据自身需求，对所需了解的行业信息进行了解，可以对拟定选择的物流公司资料进行查询，还可以选择性地了解客户对某物流公司服务的评价。

(2) 物流服务模块。此模块主要是对客户选择的物流业务处理信息、物流跟踪信息更新及物流信息服务平台与企业信息的交换。现在大一点的物流公司都有自己的管理系统，用以处理订单、物流跟踪，为客户提供实时物流信息。物流信息服务平台与各企业管理系统相互关联，交换信息，第一时间处理客户订单，并将信息反馈给物流信息服务平台，客户可以通过物流信息服务平台选择所需物流公司，无须登录企业信息系统就可以下单，并且可以实时查询货物物流信息。

(3) 综合评价模块。此模块是动态更新模块，客户对物流公司的服务进行评价，最新的评价记录可以被查询浏览，旧的评价记录将会累计为企业的信用等级。另外，此模块对客户评价进行分类处理，将信息反馈给物流公司。

(4) 其他功能，包括用户管理系统和客户服务系统，用于物流信息服务平台用户的管理及与客户的实时交流，每类用户都有需求，同时可以提供服务，相互依存，相互服务，这样才能构成一个生态系统。

6. 参与冷链物流的角色划分

如果将上述需求在现实中实现，则按参与冷链物流的角色划分为如下几个需求：

(1) 物流公司，成熟方案推荐、特殊方案订制；提供成套方案或者单个环节服务；提供设备需求；管理成本。

(2) 托运方，提供农产品托运需求。现在主要的供应链模式：超市主导型生鲜农产品供应链模式；龙头企业主导型生鲜农产品供应链模式；农民合作组织主导型生鲜农产品供应链模式；第三方物流主导型生鲜农产品供应链模式；专业批发市场主导型生鲜农产品供应链模式。所以，托运方可以是超市、农产品生产加工企业。

(3) 设备提供商，设备推广、提供设备服务和研发需求。

(4) 研发机构，提供技术支持和咨询服务；设备技术研发的可行性研究资料库；物流方案咨询服务；成熟方案推荐选择；自主方案搭建模拟；盈利能力测算比较；设备推广与选择；智能自动方案推荐；成本扰动变化分析(如油价变化、车辆内温度降低、环境温度升高等)。

(5) 竞标服务，托运方发布需求，物流公司或科研机构(咨询服务)来竞标；物流公司发布需求，设备提供商来竞标；设备提供商发布需求，科研机构来竞标。

(6) 正品保障，淘宝网站里有这一项。如果能按照标准提供溯源数据、加入溯源平台，则可以在农产品上增加正品保障标志。可对选择的方案或环节进行比较，与购物网站上的比较功能一样。

五、冷链物流解决方案

冷链物流解决方案是为客户提供量身定制的冷链物流信息化服务。采用该方案，可实现客户和合作伙伴间业务的高度协同，增强物流服务的适应性、应变性和监控能力，以便实时应对瞬息万变的需求变化；可以提高物流效率，降低成本，对物流运作实施统一的调度与监控，通过系统实施可以实现运输路线最优、库存质量最佳、货物组配最合理、物流成本最低的目标，为客户提供及时准确的冷链物流服务。冷链物流解决方案主要包括如下功能。

①订单协同功能：一体化处理客户的物流订单，进行任务的分解和分配；②精细化仓储管理功能：通过设置相应的仓储策略，实现仓储管理的科学化、精细化；③射频识别(radio frequency identification，RFID)功能：支持RFID设备在物流过程中的应用，包括车门开闭报警、车内温度监控等；④GPS/GIS监控：通过GPS、通用无线分组业务(general packet radio service，GPRS)和GIS的集成，对运输车辆进行实时监控；⑤业务流程同步：应用工作流管理理念，实现内部业务流程的高度协同；⑥低温设备管理：支持对低温设备的日常管理和维护；⑦温度湿度监控：实时监控物流过程中影响货物品质的温度和湿度，并设置预警机制；⑧快速入库功能：为特殊货物提供快速入库功能；⑨提示及事件管理：为系统使用者提供提示及事件管理功能；⑩车队优化：提升对运输车队的管理和控制；⑪运输计划执行管理：全过程中管理运输计划的执行情况；⑫绩效管理：通过采集各关键业务节点的信息，实现全员关键绩效指标管理；⑬决策支持：应用统计分析方法，实现对企业经营决策的支持。

六、建设原则

(1) 可靠性。可靠性是物流综合服务平台运行的前提。物流综合服务平台是对物流企业和社会开放的，服务的人群庞大而繁杂，因此出于安全考虑，在对该物流综合服务平台进行建设时，需要充分考虑系统的可靠性和安全性。

(2) 前瞻性。社会各界对技术和功能的需求在不断的变化中，因此物流综合服务平台的建设需要具有适当的前瞻性，充分考虑到未来的技术发展方向和功能需求变化方向，标准化与可扩展性。在系统建设时，各种异构系统和数据如果不能转换为统一的形式，就会给系统和数据互通造成困难，因此在物流综合服务平台系统的建设过程中，要高度注意各模块之间接口的耦合性，要尽量统一系统和数据的形式。其目标是达到人流、物流、资金流和信息流的最佳融合，要使农产品生产、销售、配送、仓储通盘考虑，实现无缝连接。

(3) 中立性。需要建立的物流综合服务平台是整个地区的公共性平台，要保证物流综合服务平台的稳定运行，必须保证整个平台不从属于任何企业、单位或个人，也就是要保持高度的中立性。如果物流综合服务平台不能够保持足够的中立性，盲目地从属于某个货主、物流企业或某一个监管部门，就无法凸显其运行的客观性，也就不能够完全承担起整个地区经济运行信息和服务承载者的重任。物流综合服务平台的共建、共享既要鼓励开放，又要根据权限给予分级开放，做到封闭性和开放性相结合。

(4) 立足实际的法制化、标准化原则。从实际出发，针对不同类型的物流企业进行分析，得出其真实需求，以满足业务需求为重点构建物流综合服务平台共建、共享机制，但是这里要强调的是物流综合服务平台的功能建设切不能过于具体或者向某一具体应用项目倾斜。物流综合服务平台在使用过程中，要将共享机制法制化，通过制度建设保证物流综合服务平台信息的保密性和合法化使用，对物流企业所报送的信息要做到保密。

(5) 支持电子商务，并且积极开展网上交易。通过物流综合服务平台的使用可以实现信息流、资金流、物流、商流的统一，不但可以加快交易的速度，而且为交易双方降低了成本。在交易过程中，交易双方往往最关心的就是安全问题，所以物流信息服务平台的构建也要充分解决交易双方的后顾之忧，才能使物流综合服务平台在现代物流发展过程中发挥更大的作用。

(6) 统一规划，服从物流整体规划。物流综合服务平台应该统一规划，统一领导，充分利用现有的社会信息化资源，避免重复建设。同时在实施过程中应该根据实际情况分步实施，注重实效，稳步前进。物流综合服务平台的建设作为大的物流规划的一部分，要在物流整体规划战略的指导下进行，要符合物流规划的目标和原则，服务于物流规划，使物流规划的效果能够真正发挥出来。

(7) 采取第三方实施的原则。确保物流综合服务平台具有独立性，从而实现其在公平、公开、公正的基础上，提供有序竞争的环境，从而满足广大客户对物流综合服务平台服务功能的需求。物流综合服务平台的经营要实行市场化的运作。为了调动主要经营者的积极性，可以采用主要经营者持股方式，并实行风险抵押，使经营业绩和经营者的利益挂钩，增加实体运行活力。物流综合服务平台建设涉及不同的管理部门、各类物流企业及货物的供需双方，要处理好各方面的关系，需要有政府的协调和推动。

(8) 加快物流信息标准化建设。现在大部分企业的物流信息系统还是封闭运作的，信息在内部网络是按共同的标准协议进行数据交换的。物流综合服务平台要对不同物流信息系统之间的数据进行交换，就特别需要标准化的物流信息，以实现不同物流信息系统数据的顺利交换。如果物流信息系统数据不是标准、规范、统一的，势必加大数据交换的难度，降低物流综合服务平台的利用效率，造成资源浪费和信息失真，因此必须加快我国物流信息标准化的建设。

(9) 制定政策法规和配套措施。物流综合服务平台在运作过程中会发生如单证收费、会员权利和义务、经营管理、备份举证等诸多问题。这就需要制定一整套相应的法规和规章制度来加以规范。除此之外，推进物流综合服务平台发展的配套措施也是必不可少的，如人才引进的优惠政策、税收优惠政策、土地使用优惠政策、通信资费优惠政策等。

(10) 加快物流信息人才的培养。物流综合服务平台的建设需要专业的物流信息人才，因此必须加快对物流信息人才的培养。要建立行之有效的人才引进机制和对优秀人才的奖励机制，增强内部人员物流信息技术的培训。同时，应积极与社会教育机构合作，加大对物流信息人才培养的投入，通过多种途径培养不同层次物流信息人才，如果需要，也可以从国外引进高质量的物流信息人才。

(11) 社会性原则。一是要做面向社会的公共信息平台，包含全国各地的信息；二是长期行为，要依托于政府支持；三是走专业化道路，专业问题交给专门机构去完成。

第三章　冷链物流产业知识

第一节　冷链物流运营的基本要求与运营模式

一、冷链物流食品对温度的基本要求

冷链物流各环节必须按各类食品的温度要求进行全程温控，确保在规定温度环境下“不断链”。

各类冷链物流食品对温度的基本要求如下：

(1) 畜禽肉类：满足《畜禽肉冷链运输管理技术规范》(GB/T 28640—2012)[17]中对畜禽肉类的贮运要求。在贮藏时，冷却肉类应贮存于 0～4℃、相对湿度在75%～84%的冷却间，冷冻肉应贮存于−18℃以下、相对湿度为 95%以上的冷冻间，温度波动不得超过±1℃；在装卸时，冷却肉类脱离冷链时间不超过 30min，冷冻肉类脱离冷链不超过 15min；运输时，冷却肉类中心温度应在 0～4℃，车厢温度应低于 7℃。冷冻肉类中心温度应低于−18℃，车厢温度应低于−15℃。

(2) 水产品类：满足《水产品流通管理技术规范》(GB/T 24861—2010)[18]中对水产品的贮运要求。活体水产品暂养池的水温应预先控制在与运输时接近的水温，两者的温度差应小于 5℃；冰鲜水产品的贮存及运输温度为 0～4℃；冷冻水产品在−18℃以下贮存，温度波动控制在 3℃以内。

(3) 冷冻饮品类：满足《食品安全国家标准　冷冻饮品和制作料》(GB 2759—2015)[19]对冷冻饮品的贮存和销售要求。冰淇淋、雪糕、雪泥、冰棍、甜味冰等冷冻饮品的贮存温度应不高于−18℃，销售时的冷冻陈列柜温度应不高于−15℃。

(4) 乳制品类：满足《危害分析与关键控制点(HACCP)体系乳制品生产企业要求》(GB/T 27342—2009)[20]对乳制品的贮存和运输要求。冷藏乳制品的贮运温度一般为 2～6℃；奶油、无水奶油等冷冻乳制品的贮运温度一般低于−15℃。

(5) 速冻食品类：满足《食品安全国家标准　速冻食品生产和经营卫生规范》(GB 31646—2018)[21]中对速冻食品的贮运要求。速冻食品贮存温度不高于−18℃，波动温度应控制在±2℃以内；运输过程中，速冻食品温度不得高于−12℃，但装卸后应尽快降至−18℃或以下。

执笔人：郭风军、黄宝生、姜沛宏、张玉华、张长峰、陈东杰、于怀智、田军伟

(6) 果蔬类：绝大部分根茎、叶菜类的贮运温度宜在 0℃左右；番茄、黄瓜、柿子椒、荔枝、苦瓜、豇豆、南瓜等贮运温度宜在 10℃左右。香蕉等水果的贮运温度宜在 10℃以上。在避光、阴凉的地方保存或置于温度较高的冷库中，保存的时间应小于 2 天。例如，香蕉、柠檬、南瓜等果蔬的适宜贮藏温度是 13～15℃。果蔬类具体贮藏温度可参照第二章相关内容。

(7) 原粮类：满足《食品安全国家标准 原粮储运卫生规范》(GB 22508—2016)[22]中对原粮类的贮运要求。一般要求小麦、籼稻、粳稻、玉米和大豆的安全水分值分别为 12.5%、13.5%、14.5%、14.0%和 13.0%。在粮温 15℃及以下时，安全水分值原粮或基本无虫粮 15 天内至少检测 1 次；超过安全水分值的原粮或一般虫粮 10 天内至少检测 1 次。在粮温高于 15℃时，安全水分值原粮或无虫粮、基本无虫粮 7 天内至少检测 1 次；超过安全水分值的原粮或一般虫粮 5 天内至少检测 1 次。

(8) 鲜蛋类：可参照《鲜蛋储运包装塑料包装件的运输、储存、管理》(GB 8674—1988)的规定。在普通蛋库储存时，一般要求阴凉，气温在–3.5℃以下时应防寒保暖，气温在 20℃以上时，存放时间不超过 24h。在冷藏库储存时，储存期六个月以内，要求温度为–1～0℃，库温波动每昼夜不大于±0.5℃，进出库时，库温回升不大于 2～3℃、降温速度 1℃/1h～1℃/2h，相对湿度为 80%～85%；储存期六个月以上，要求温度为–2～–1℃，库温波动不大于±0.5℃，进出库时，库温回升不大于 2～3℃、降温速度 1℃/1h～1℃/2h，相对湿度为 80%～87%。出库时，要求升温速度为 3℃/h～5℃/h，当蛋温比环境温度低 3～5℃时，即可出库。

二、冷链物流运营的基本条件

根据国家标准《物流企业冷链服务要求与能力评估指标》(GB/T 31086—2014)[23]，仓储型、运输型和综合型冷链企业应当具有相应规模的冷库与(或)冷藏冷冻车辆。使用系统管理的冷库，应当符合国家标准《冷库设计规范》(GB 50072—2010)[24]的要求，取得消防、卫生等部门的验收，且必须安装温度自动控制与记录、传感系统，应有封闭式站台，并尽可能使用货架、叉车。

各类冷链企业必须配备相应的食品质量检测设施(主要是重金属、农药残留快速检测设备)。各类冷链企业必须配备与系统相适应的扫描(或传感)设施，仓储型冷链企业必须安装视频监控系统，在库区大门、冷库各装卸口、制冷机房、冷库温度显示屏等重点部位安装监控摄像头。冷链企业应当根据国家或行业标准，制定与自身服务功能相配套的各项业务流程、操作规范与质量管理规范。仓储型冷链企业应当取得相关行业组织的仓储服务质量评价。冷链企业应当具备与自身业务相适应的管理团队与操作团队，参加相关培训，按国家统一要求取得相应资质。

三、冷链物流运营的分类及责任主体

从食品加工企业(或农户、农业合作社)，经低温运输，直接送到收货人，由冷藏运输企业(或个体司机)承担食品运输的温控责任。可以不用系统生成的编码，但必须向系统传输温度记录信息，食品质检责任由食品供需双方约定。

从食品加工企业，经低温运输到销区冷库，再低温配送到收货人，冷库经营企业必须使用系统，并粘贴系统生成的编码，承担食品质检责任，运输企业与冷库经营企业、配送企业(或个体司机)都必须承担温控责任。从食品加工企业，经产区(或港口)冷库，再经干线运输，到销区冷库，再低温配送到收货人，产、销两地的冷库经营企业都必须使用系统，产区冷库企业承担食品质检责任，并粘贴系统生成的编码，冷库经营企业与运输企业、配送企业(或个体司机)都必须承担温控责任。

从农业合作社(或农户)，经产区冷库，再低温运输到收货人，冷库经营企业根据需要承担包装责任，必须使用系统、承担食品质检责任，并粘贴系统生成的编码，冷库与运输企业(或个体司机)都必须承担温控责任。

四、温控食品的质量检验

所有进入系统管理的食品，相关生产与流通企业应当随每批食品附带生产许可证、产品合格证、检验检疫证、重金属含量和农药残留量的检测单。除了进行常规的外观、感观验收外，冷库经营企业应当查验相关证件，或直接进行检测。

(一) 质量检验责任分工

畜禽屠宰加工企业，应当委托国家专业检测机构或第三方检测机构进行检验检疫，检测结果应当随每批食品交付给冷链企业。冷冻食品与药品生产企业，应当随每批产品附带生产许可证、产品合格证。水产品、果品、蔬菜流通企业，应当检测重金属含量、农药残留量，检测结果应当随每批食品同行。

冷库经营企业，应当查验各类食品的无公害或绿色或有机食品证书，查验畜禽肉食品的检验检疫证，查验冷藏冷冻食品的产品合格证，查验水产品、果品、蔬菜重金属含量、农药残留量的检测单。流通企业没有提供重金属含量、农药残留量检测单的，冷库经营企业必须进行重金属含量、农药残留量的检测。

(二) 检测结果的处理

对没有生产许可证、无公害以上安全证书、检验检疫证、产品合格证，重金属含量与农药残留量检测不合格的温控食品，冷库经营企业不得接收\入库。对查验、检测合格的相关证书和检测单，冷库经营企业应当扫描录入系统(没有质检信息，系统不能生成追溯编码)。

五、温控食品的包装与赋码

建议采用《农产品物流包装容器通用技术要求》(GB/T 34343—2017)[25]的有关规定。

(一) 基本要求

应遵循科学、适用、经济、安全、环保等原则。应符合《包装设计通用要求》(GB/T 12123—2008)的相关规定，考虑农产品运输、贮存、装卸、搬运、配送等物流各环节因素，选择适当的包装材料和结构，保障物流过程中农产品质量安全。

包装容器具有保护产品、方便贮运的基本功能，与不同农产品类型、性质、形态和质量特性相适应。包装容器应与物流区域的温度、湿度等环境条件，以及不同距离、不同运输方式等物流条件相适应。不同内装物的农产品包装容器的功能要求如下：果蔬类包装容器应具有防震、防冲击等功能；粮食类包装容器应具有防潮、防水和防破损等功能；水产品包装容器应具有防渗漏、抗压等功能；畜禽产品包装容器应具有防潮、防水、耐冲击性等功能；蛋类包装容器应具有防震、防冲击、防潮等功能。

包装容器应完整、成型、清洁、无污染、无异味、无有毒有害物质，阻隔微生物传染和其他有毒有害物质的侵害。包装容器与农产品直接接触部分不应与农产品发生化学反应，不应释放有害物质向农产品迁移，必要时应有内涂层或进行防护处理。包装容器中有毒有害物质含量及其迁移量应符合相关法规和国家强制性标准的规定；不宜生产和使用含甲醛、苯、甲苯、二甲苯和甲醇等有害物质的农产品物流包装容器，在无可替代的情况下，其用量应符合相关国家标准的规定。

(二) 标志要求

可重复使用或回收利用的包装容器的标志应符合《包装回收标志》(GB/T 18455—2010)的规定。农产品应该用规范的中文进行标注。进出口农产品应该用规范的中文和相应的外文标注。

(三) 赋码

温控食品的赋码属于生产管理环节。在进行产品管理时，对产品进行赋码管理，实时记录产品的加工信息；应按要求记录在可控低温环境条件下的入库、发货及其库存信息；记录产品进入配送和销售的信息。

在赋码管理时，配置赋码设备、设置编码规范和规划标签模板；条码与实物一对一关联，条码具有唯一性。

六、冷链物流的运营模式

近几年，随着冷链物流的快速发展和行业细分，自建冷链物流、第三方冷链物流及冷链供应链等多种模式不断涌现。根据中国物流与采购联合会冷链物流专业委员会资料显示，当前国内冷链物流有十大运营模式。

(一) 冷链供应链型

冷链供应链型企业一般对冷链物流、商流、资金流、信息流的控制增强，从上游采购、生产、加工、运输、仓储、配送，直到最终销售环节，可提供全链条解决方案。代表企业：河南鲜易供应链有限公司、上海郑明现代物流有限公司、招商美冷物流有限公司等。

(二) 冷链仓干配综合型

冷链仓干配综合型企业以从事低温仓储、干线运输及城市配送等综合业务为主，可为客户提供仓干配一体化的解决方案。这类企业往往综合能力比较突出，有全国性的冷链网络和资源整合能力。代表企业：希杰荣庆物流供应链有限公司、海航冷链控股股份有限公司、顺丰速运有限公司等。

(三) 冷链运输型

冷链运输型企业一般以长途跨区域运输业务为主，拥有强大的冷藏车辆资源和雄厚的运输网络基础，同时具备较强的货物整合能力。代表企业：双汇物流投资有限公司、獐子岛锦达鲜活冷藏运输有限公司等。

(四) 冷链仓储型

冷链仓储型企业通常以从事低温仓储业务为主，为客户提供产品分拣、包装、管理、分拨等增值服务。代表企业：太古冷藏仓库有限公司、中外运普菲斯冷链物流有限公司、北京众惠供应链管理有限公司等。

(五) 冷链城市配送型

冷链城市配送型企业以提供固定城区和近郊地区的冷链仓储及配送服务为主，完成冷链链条中“最后一公里”的配送，服务半径一般不超过160km。代表企业：上海领鲜物流有限公司、快行线冷链物流有限公司、漳州大正冷冻食品有限公司等。

(六) 农产品冷链流通平台型

农产品冷链流通平台型企业一般对传统的产销环节农产品批发市场改造升

级，融入冷链物流设施和技术管理手段，搭建新型的农产品冷链流通平台，形成现代农产品流通体系。该模式减少中间流通环节、降低流通成本，帮助农民增收、农业增效。农产品流通体系主要经过农户-中间代理-产地批发商-销地批发商-零售商-消费者这一供应链进行实体流动。“农超对接”已经成为全国蔬菜供应的发展趋势，农贸市场的货源得到保障，鲜活农产品流通体系也基本建立起来。代表企业：天津海吉星农产品物流有限公司等。

(七) 冷链宅配型

与其他冷链物流企业不同，冷链宅配型企业以 B2C 为主，强调“最后一公里”甚至“最后 500m”冷链网络的搭建。随着生鲜电商的快速发展，如何将生鲜食品安全快速地送达消费者，成为生鲜电商企业的难点和痛点。在这一需求的推动下，冷链宅配型市场成为众多企业追逐的蓝海。代表企业：上海东启供应链管理有限公司、北京黑狗物流股份有限公司等。

(八) 冷链+互联网平台型

冷链+互联网平台型企业以互联网技术为依托，以冷链物流服务为基础，整合冷链货物资源、冷藏车及冷库资源，提供共配服务，提高货物冷链流通效率，降低冷链物流成本。代表企业：小码大众(北京)技术有限公司、唯捷城市配送等有限公司。

(九) 第四方冷链物流型

第四方冷链物流型企业是专门为第一方、第二方和第三方提供冷链物流规划、咨询、冷链物流信息系统、冷链供应链管理等活动的公司。代表企业：冷联天下(上海)物联网有限公司、辉源(上海)供应链管理有限公司等。

(十) 生鲜冷链供应链型

在生鲜行业中，生鲜冷链供应链型模式规模比较大的企业比较少，盈利的生鲜企业更是微乎其微。盈利困难的原因包括生鲜产品标准化程度低、地区差异大、难以复制；生鲜产品保质期短，需要多温区储藏运输与质量管控等。代表企业：上海亦芙德供应链管理有限公司、上海九曳供应链管理有限公司等。

第二节　冷链物流进出口与跨境贸易

随着消费升级与互联网渗透率的大幅提升，民众的电商消费习惯逐渐形成，同时开始出现对海外高附加值商品的需求。我国消费者偏爱进口产品，看重进口产品的品质和安全。从商家的角度而言，他们无法忽略跨境产品的巨大潜在市场，因而在营销方面大力推广。在多重因素作用之下，跨境电商在食品市场上出现了前所未有的热度，并平稳保持至今。

1. 生鲜产品跨国贸易呈现爆发式增长

近几年，我国食品进出口规模逐年扩大。据海关总署数据显示，2017 年我国食品进出口总额为 1160 亿美元,其中出口额为 621 亿美元,进口额为 539 亿美元。国家统计局数据显示，2013 年我国食品进出口总额为 964 亿美元。2013～2017 年，我国食品进出口总额累计增长 20%，如图 3-1 所示。

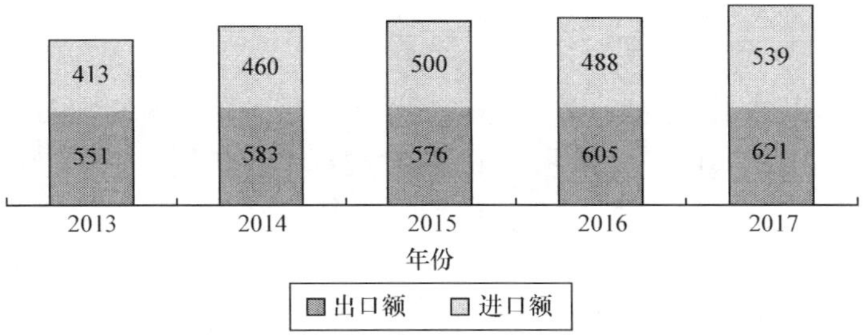

图 3-1　2013～2017 年我国食品进出口规模(单位：亿美元)

据我国农业部数据统计，2017 年我国蔬菜出口额 155.2 亿美元，同比增长 5.4%，进口额 5.5 亿美元，增长 4.3%，贸易顺差 149.7 亿美元，增长 5.5%；水果出口额 70.8 亿美元，同比减少 0.9%，进口额 62.6 亿美元，增长 7.6%，贸易顺差 8.2 亿美元，减少 38.3%。我国鲜果进口额前十的货源地国家为泰国、智利、越南、菲律宾、美国、新西兰、澳大利亚、南非、秘鲁及厄瓜多尔。上述十国鲜果进口额占我国鲜果总进口额的 89%。2017 年我国鲜果进口额前八位的果品：樱桃、葡萄、香蕉、榴梿、龙眼、火龙果、橙、猕猴桃，进口额均在 3 亿美元以上，占全年鲜果进口总额的 72%。其中，香蕉、龙眼、橙分别同比增长 17%、52%及 61%，增幅较大。

据农业部数据统计，2017 年我国畜产品进出口额增加，贸易逆差进一步扩大。其中，出口额 63.56 亿美元，同比增长 12.7%；进口额 256.16 亿美元，同比增长 9.5%，畜产品贸易逆差 192.60 亿美元，同比增长 14.98 亿美元。在出口产品中，加工猪肉和鲜冷冻猪肉分别占出口总量的 32.8%g 和 15.5%；在进口产品中，鲜冷冻猪肉和猪杂碎分别占进口总量的 48.7%和 51.3%。其中，鲜冷冻猪肉净进口 116.55 万 t。牛产品贸易逆差 32.07 亿美元，较上年同期贸易逆差增加 5.63 亿美元，增加 21.3%。

据海关数据统计，2017 年我国水产品进出口总量 923.65 万 t，进出口总额

324.96亿美元，分别同比增长11.56%和7.92%，均创历史新高。出口方面，我国全年出口量433.94万t，出口额211.50亿美元，分别同比增长2.40%和1.99%。进口方面，2017年，我国水产品进口量489.71万t，进口额113.46亿美元，分别同比增长21.17%和21.03%。

2. 冷链物流是农产品进出口保障

冷链物流体系的完善，扩大了商品贸易范围和贸易半径，是拉动贸易的一大新经济引擎。在“一带一路”的倡议下，农产品“走出去”是农产品和冷链物流企业面临的重要机遇。“一带一路”倡议实施，可助推优质农产品不断开拓国际市场，推动农产品冷链物流的发展。作为对俄罗斯的最大贸易口岸，牡丹江绥芬河口岸以公路、铁路多式联运为衔接手段，通过冷藏运输的手段将优质特色农产品运往莫斯科市场。

自2016年以来，欧盟农业食品出口持续增长，出口中国的食品金额已占其出口总额的30%左右。2016年4月，中国与东盟食用水果双边贸易额达到3.65亿美元，同比增长7.67%。另外，随着中澳、中韩等国自贸协定的签署实施，国外海量高端食品进入中国市场。目前，澳大利亚已成为中国最大牛肉供应国，每年出口到中国的牛肉按价值计算已占国内进口牛肉的50%以上。智利水果出口商协会数据显示，中国内地再次以84%的进口额成为最大买家。

2017年，佳沛在中国的销售额超过5亿新西兰元，比过去三季增长31%。目前，中国已领先日本，成为佳沛最大的市场。据预测，未来4年内，佳沛在中国的销量将接近翻倍。

3. 跨境电商交易市场规模庞大

据中国电子商务研究中心监测数据显示，2017年上半年中国跨境电商交易市场规模达3.6万亿元，同比增长30.7%。其中，出口跨境电商交易市场规模2.75万亿元，进口跨境电商交易市场规模8624亿元。透过庞大的数字，民众对跨境产品的追求力度可见一斑。过去消费者跨境购物品类以3C(computer communication and consumer electronics)、服装、奢侈品等居多，而现在生鲜产品渐成主力。作为第一大流量品类，生鲜产品在跨境电商的市场角逐中呈现出爆发式的增长趋势。

在需求和资本的推动下，中国生鲜电商快速发展。2015年，我国生鲜电商交易市场规模达到560亿元，并将在2017年突破1000亿元，交易的大部分产品为进口红酒、海产品、牛羊肉、水果、乳制品等。中国的跨境生鲜电商在全世界做得风生水起。天猫、京东、中粮我买网、天天果园等电商平台相继建立海外仓，打通跨国供应链。天津自贸区与天猫国际合作打造“保税仓+现场购”模式，启动了跨境O2O生鲜体验中心。伊利、得利斯等食品制造企业，也正在抓住食品贸易和互联网的风口，与国外企业合作开展食品跨境电商业务。

作为国际贸易的重要组成部分，即使近几年整体贸易形势低迷，食品贸易依然逆势上扬，保持快速的增长步伐。在“一带一路”的大背景下，食品贸易的持续增长给我国农产品冷链物流带来新的发展机遇。

4. “一带一路”倡议给冷链带来需求拉动

自中国-东盟自贸区建立以来，冷链物流发展很快。例如，每天从东兴口岸进口的冰冻海产品从以前的几十吨增加到现在的二百多吨。与十多年前相比，随着冰冻技术的大大提升，现在东盟国家的冰冻海产品质量也越来越好。

总体而言，中国与东盟冷链物流产业的发展尚处于起步阶段。虽然农业合作居中国与东盟各合作领域之首，但是双方农产品贸易若要进一步扩大规模就必须强化双方的冷链物流产业。

东盟新成员越南、老挝、缅甸、柬埔寨及泰国等，既是农业国家，又是中国近邻，双方农产品贸易有一定基础。在“一带一路”倡议建设的背景下，未来农业在中国与这些国家的贸易结构中仍占重要地位，进出口农产品、食品、药品量将越来越大。国家支持跨境电子商务发展，航空、海运冷链及临港、临空冷链都将受益，从而为中国与东盟冷链物流业创造更加良好的环境。

5. 面对跨境生鲜机遇，冷链迸发新活力

跨境生鲜电商所催生的新商业模式及不断涌入的众多市场参与者，促使跨境生鲜市场迸发出强劲的活力。这对传统产业升级转型起到了重要的促进作用。跨境生鲜电商的扁平交易模式显著缩短了国际贸易链条。这对整个国际生鲜市场而言是重大的发展机遇。

相对于传统供应链，跨境电商供应链链条较长，主要包含供应商、物流、通关等关键部分。对于跨境生鲜电商最重要的部分是冷链物流。若拥有网络化布局的冷链物流体系，加以匹配出口国和进口国口岸的核心仓储资源，将有利于更高效地开展跨境生鲜供应链运营。上海九曳供应链管理有限公司跨境物流总监郭景麒曾表示，“跨境生鲜电商的发展正在驱动冷链的崛起。在全球冷链发展的过程中，产品的温度敏感性和质量要求越来越被关注。市场压力也在驱动冷链效率的提高，供应链运营也相应走向精细化”。

提供以温控为基础的一体化供应链解决方案是冷链物流的关键。依靠强大的冷链物流体系布局，从商流、信息流和资金流等方面整合国际生鲜产业链资源，无缝切入跨境生鲜电商物流，并且具备扎实的流程对接能力，才能全方位应对跨境生鲜供应链的复杂局面。以上海九曳供应链管理有限公司为例，该企业在海外布局 14 个货仓，拥有针对生鲜商品的报关报检能力，面向客户提供海内外产地直采、海外仓直邮、快速报关报检和生鲜加工服务，具有较强的跨境生鲜供应链运作能力。这一方面是基于上海九曳供应链管理有限公司自身对国内及跨境区域间冷链物流基础设施的重视；另一方面是其对整体的供应链全流程运营能力的不断提升。

第三节　海运冷链物流

一、港口冷链物流概况

(一) 国际港口冷链物流

1. 安特卫普港

安特卫普港是欧洲最大的物流分拨枢纽，也是理想的物流基地和分拨中心。港口与铁路的“无缝连接”使之成为一个非常方便的门户，可帮助企业把货物迅速分拨到周围地区，如意大利、法国、葡萄牙、西班牙及丹麦。安特卫普港拥有300多条班轮航线，其中，周班航线挂靠达325次，日班航线挂靠达50次，与世界上800多个港口相连。同时，该港口拥有欧洲最大的仓库存储量，存储量达500万标准箱以上，相当于鹿特丹港及附近的港口总额。港区仓储面积达1200万m^2，包括530万m^2的全封闭式仓库，并兼有特种货物仓库，如咖啡筒仓、颗粒状化工产品筒仓、粮食筒仓、危险品仓库、烟草仓库和瓷土仓库等。安特卫普港超过150万m^2的冷藏库，主要用于储存新鲜水果，是欧洲最大的水果进出口贸易港。

2. 汉堡港

汉堡港位于易北河下游，阿尔斯特河和比勒河汇合处，距北海110km。港口面积100km^2，是德国最大的海港，也是欧洲最佳转口港之一，被誉为“德国迈向世界的门户”，是欧洲仅次于鹿特丹港的第二大港。汉堡港不仅是德国北部地区的经济中心，也是中欧贸易往来最大和最重要的港口。汉堡港地处欧洲东西、南北两大贸易线的交汇点，由于紧邻欧洲主要市场且有纵深的腹地，所以它成为该地区最佳的货物配送和物流集散点。近年来，该港口北欧地区货运量增长最迅速，汉堡港目前已发展成德国、波罗的海地区、东欧、俄罗斯和中国、远东地区各类进出口货物的主要运输枢纽和物流中心。

汉堡港设有16.2km^2的自由港区，经营转口贸易，特别是为斯堪的纳维亚和中欧地区各国货物的转口。它拥有适用于存放易腐食品货物专用的空调库、冷库及冷冻仓库，能够为进出港口的化学品、电子产品、食品等提供方便快捷的通关流程。

3. 迪拜杰贝拉里港

杰贝拉里港位于迪拜市西南部35km处，是世界上最大的人工港口，也是中东第一大港。杰贝拉里自由贸易区，已成为理想的集物流仓储、进出口贸易、生产加工等多功能为一体的大型特区。迪拜政府赋予进入自由贸易区的企业多项优惠政策，包括免除进口关税、货物自由进出港、准许外资设立独资企业、允许利润自由汇往国外等。目前，进入杰贝拉里自由贸易区的全球性跨国公司和著名企业已达1100多家，包括爱华、兄弟、卡西欧、诺基亚和索尼等许多家喻户晓的品牌。这些企业在自由贸易区内设立生产和物流中心，促进了迪拜进出口货物的增长。迪拜的功能定位已远远超过原来的单一港口，因为它不仅是物资运往国内市场的中转中心，而且作为周边地区的物流基地也发挥了重要作用。迪拜港务局装卸货物的效率很高，拥有多种适应各种需求的仓库设备，能独自开展可靠的陆路运输业务，并提供各种先进的货物控制系统和物流管理系统。这些都为货物的快速周转提供了保障。

杰贝拉里港现建有67个泊位，码头总长15km，可停靠吃水14m以上的专业或普通船只。集装箱装卸作业区域长900m，宽60m，集装箱存放量达1.2万只。另外，还有7万m^2的室内仓库、75万m^2的露天仓库和4.3万m^2的特大冷藏仓库，并可存放400只冷柜。

(二) 国内港口冷链物流

就我国港口的冷链业务来看，分为“南下”和“北上”两种。2013年9月大连港的冷链物流建设开始发力。獐子岛中央冷藏基地一期工程顺利推进，保税港区恒浦物流二期、大连毅都集发冷藏物流有限公司冷藏项目二期、泰达明丰等项目也陆续启动。冷藏仓储量近20万t，冷链物流成为大连保税港区最大的“潜力股”。至2015年年底，大连港实现近40万t的冷藏冷冻能力，年操作货物超过100万t，成为全国口岸最大的保税冷链冷藏物流基地。大连的冷链物流主要用于向我国南方分拨。

作为进口水果主要入关地区的上海港和广州港则是向北分拨的典型。目前，我国进口水果90%以上由上海、广州等南方港口入关。一般需要1～3天，再运到北方地区，需要较长时间和较高费用。2014年5月底，首农集团在天津港建设的5.6万m^2冷链物流基地动工，北京及北方地区进口生鲜农产品依赖上海和广州的局面得到缓解，水果等农产品上架时间可缩短3～5天，物流成本可降低2/3。与天津港首农冷链物流基地同步投入运营的还有宁波港冷链物流中心。2014年5月28日，宁波港冷链物流中心试运营，一期工程总储藏能力达到4万t，结束了宁波港没有专用冷链仓库的历史，实现了冷链集装箱的一站式查验服务。

二、海运冷链物流操作流程

(一) 海运进口操作流程

根据客户委托，海运进口代理公司承接船上交货(free on board, FOB)门到门、港至港的全程代理或办理进口到货前后的一切业务。协助客户缮制各种单证；订舱、报关、仓储、中转、集装箱拼装拆箱、结算运杂费、报关、报验、保险，以及相关的内陆运输服务和运输咨询业务。

收货人预备进口单据→换单→报检→报关→办理设备交接单→提箱→提货，具体操作如下：

(1) 进口单据。收货人向货运代理提供进口全套单据；货运代理查清货物的承运公司、操作的船舶代理公司、换取提货单(小提单)的地点。进口单据包括：带背书的正本提单或电放副本、装箱单、发票、合同(一般贸易)。货运代理提前联系场站并确认好提箱费、掏箱费、装车费、回空费。

(2) 换单。货运代理在指定船代或船公司确认该船到港时间、地点；若需转船，则必须确认二程船名。

凭带背书的正本提单(如果电报放货，可带电报放货的传真件和保函)去船公司或船代换取提货单(小提单)。

(3) 报检。检验检疫局根据“商品编码”中的监管条件，确认此票货是否要做商检。

(4) 报关(清关)。收货人若有报关行，则可自行清关，也可委托货运代理的报关行或其他有实力的报关行清关。报关资料包括：带背书正本提单/电放副本、装箱单、发票、合同、小提单。海关根据进口货物情况决定是否需要技术查验或随机由计算机自行抽查。

(5) 办理设备交接单。货运代理凭带背书的正本提单(电放放货的传真件和保函)去船公司或船代的箱管部办理设备交接单。

设备交接单是集装箱进出港区、场站时，回箱人、运箱人与管箱人或其代理之间交换集装箱及其他机械设备的凭证，并有管箱人发放集装箱凭证的功能。它分进场和出场两种，交换手续均在码头堆场大门口办理。

(6) 提箱。货运代理凭小提单和拖车公司的“提箱申请书”到箱管部办理进口集装箱超期使用费、卸箱费、进口单证费等费用的押款手续。

若押款人不是提单上所注明的收货人，则押款人必须出具同意为收货人押款并支付相应费用的保证函(保函)。

押款完毕经船代箱管部授权后到进口放箱岗办理提箱手续，领取集装箱设备交接单，并核对其内容是否正确。

收货人拆空进口货物后，将空箱返回指定的回箱地点。空箱返回指定堆场后，收货人要及时凭押款凭证，到箱管部办理集装箱费用的结算手续。

(7) 提货。货代或收货人凭小提单，联系拖车去船代指定的码头、场站提取货物。押款人到箱管部办理集装箱押款结算手续。

海运进口操作注意事项。

(1) 拼箱货物需要到船公司或船代理签取散货分提单(分单)，提货时用小提单和分单到码头提取货物。

(2) 所有的报关文件必须保证信息单单相符。

(3) 确保进口单证齐全，提前了解海关对进口货物相关证件的要求。

(二) 散杂运输

散杂运输一般分为散杂货进口、散杂货出口、内贸散杂货等。

1. 散杂货运输类型

散杂货进口：指定承运船在发运港停靠，根据装卸条款接收发货人舱底/船边交货。目的港卸货并安排内陆运输至工厂/仓库。

散杂货出口：安排车辆/泊船在内陆工厂/仓库装载货物后运至外贸码头，集货并在承运船靠港后安排船边吊装和绑扎。承运船离港后，实时跟踪船舶动态并将船期信息和目的港船舶代理信息提供给收货人。

内贸散杂货：代理国内散杂货船运输，包括租船订舱、内陆拖车、送货到门等业务。

2. 散杂货操作流程

(1) 接单：委托人与代理公司开展租船业务，根据卸货港的卸货能力，订租船条款。

(2) 提供订舱信息：委托人应提供发运港和卸货港、货物的品名、数量和总体积、装率和卸率、装港和卸港的吃水线、最早货物备妥时间、运输条款、贸易合同是否签订等。

(3) 提供报关信息：委托人与代理公司签定运输代理及报关协议书后，根据船到达卸港的时间提前通知用户提供所需的全套报关单据复印件。

(4) 散杂货装卸：根据代理公司的通知，合理安排码头集货、装船、卸船的工作。

(5) 提供的单据：报检委托书、报验单、合同、发票、国外的水尺重量单、品质证明书。

(6) 付费：根据协议约定时间结清相关费用。

(7) 货物跟踪：提供相关船务信息供委托人查询，并关注船舶动态。

第四节　铁路冷链物流

一、铁路冷链物流的作用与意义

根据国外统计数据，当人均 GDP 达到 3000 美元，城市化率达到 50%时，冷链将进入快速发展阶段，因此我国从 2008 年已进入冷链产业的蓬勃发展期。相较于 2012 年的“热闹非凡”、2013 年的“稳中有进”，2015～2020 年是我国冷链物流真正快速发展的时期，是由初级的简易冷链运输向安全冷链运输迈进的阶段。随着全国人民生活水平的不断提高，预计在 2020 年以后物流将向品质冷链运输发展。在我国大力发展安全冷链运输的关键时期，铁路利用网络优势发展冷链物流意义重大。

1) 农业流通“加速器”

解决“三农”问题是我国重要的任务，而“三农”的核心是农业。农业的“购销体制不畅”又是农业不能快速发展的重要原因之一，因此“产供销形成一条龙”是当前我国政府解决“三农”问题的关键举措。发展铁路冷链物流可以很好地承担产供销之间的仓储、运输、销售环节，实现农产品高效率、低成本、高保障的跨区域运输，加快农业流通是国家稳定的重要保障。

2) 冷链运输“保障线”

每年冬季是冷链物流行业的旺季，但近年来受接连不断的大雾、雨雪天气的影响，冷藏车无法正常运行，冬季货运量逐年递减，运输成本有所上升，人民生活受到极大影响。在极端天气条件下，铁路可以称为冷链运输的“生命线”通道，是居民正常生活的重要保障。

3) 绿色运输“践行者”

当前我国经济社会快速发展，货运需求日趋旺盛，道路运输石油消耗量占全国石油能源总消费量的比例逐年增加，节能减排形势严峻。“十三五”期间节能减排将继续成为政府的重点关注领域，尤其是控制高耗油、高污染货车的发展。发展铁路冷链能使铁路占地少、能耗低、污染小、成本低、运量大、全天候运行的比较优势得到充分发挥，减少对环境造成的污染，降低全社会的运输成本，促进经济发展与人口、资源、环境相协调。

4) 多式联运“大平台”

随着第三方物流公司的发展和冷链运输市场的扩大，冷链运输所需的各式冷藏运输工具逐步增加，但是在各环节衔接上仍然存在不少问题。这成为运输中的瓶颈。大力发展多式联运可保证各节点的有效衔接。铁路在现有的路网条件下，通过更新自己的专业化设施设备，整合社会运输资源，发展“公铁联运一体化平台”，打造自己在冷链物流市场的核心地位。

5) 应急物流“承载体”

铁路具有跨省紧急调拨速度优势。随着高速铁路的开通运营，北京至全国范围内省会城市基本实现 8h 到达(除昆明、乌鲁木齐、拉萨外)，相邻省间可以实现 2～3h 到达。为紧急救治药品的跨省调拨和时限要求高、温湿度要求苛刻的药品，特别是疫苗类生物药品提供安全、优质、快捷、经济、全天候的运输平台。

二、铁路冷链物流的发展现状

铁路冷藏运输装备从载运方式上可分为冷藏车和冷藏箱两大类；从控温方式上可分为机冷车(箱)、冰冷车(箱)、蓄冷车(箱)和隔热车(箱)等几种；从供电方式上，可分为成组集中供电和单节独自供电两种。各种车型各有优缺点，各有相适应的市场。

冷藏车主要分为机械冷藏车(B10、B22 等)、BX1K 型专用平车、隔热车等。冷藏集装箱基本类型可分为耗用冷剂式冷藏集装箱、机械式冷藏集装箱、制冷加热冷藏集装箱、隔热冷藏集装箱、气调冷藏集装箱、低压冷藏集装箱等。按照集装箱长度可分为 10ft[①]、20ft、30ft、40ft、45ft 冷藏集装箱，30ft 冷藏集装箱一般不使用，使用最多的长度尺寸为 20ft、40ft 的冷藏集装箱。

当前正在运营及使用的冷藏设备主要包括 B10、B22、BX1K、冷藏集装箱(20ft、40ft、45ft)。

(一) B10 型机械冷藏车

B10 型机械保温车是武昌车辆厂 1999 年在 B10 型机械保温车的基础上生产的改进型号，采用国产 LFT98NR 型制冷机组。1999 年，原铁道部、运输装备部等单位对武昌车辆厂提出的 B10 型机械保温车改进方案和设计图纸进行了技术审查，把改进后的单节机械冷藏车专用美国开利机组的定型为 B10A 型，专用 LFT98NR 机组的定型为 B10B 型。

车组全长 21.93m，自重 41.1t，载重 38t，容积 100m³，列车运行时在冬季外界温度最低为–45℃，夏季外界温度最高为 45℃时，冷藏货物车内温度可以控制在–24～14℃。

(二) B22 型机械冷藏车

B22 型机械保温车组是我国在 1986～1993 年从东德进口的 5 节式机械保温车。进口数量为 200 组，其中 20 组由武昌车辆厂组装。该车能满足各种易腐货物的运输。B22 型机械保温车组编组为 5 辆，中间为乘务发电车，两端各有 2 辆冷藏货物车。在每辆冷藏货物车两端的上部，各装有一台制冷机组，随车乘务员可以在乘务发电车内通过电器装置对其温度进行遥控操作。

车组全长 108m，货物车单节自重 36.8t，载重 46t，容积 105m³；成组载重 184t。列车运行时在冬季外界温度最低为–45℃，夏季外界温度最高为 45℃时，冷藏货

---

① $1ft=3.048\times10^{-1}m$。

物车内温度可以控制在–24～15℃。

(三) BX1K 集装箱专用平车

BX1K 型车组主要是将 X1K 型平车安装插电线路和设施，由 B23 工作车负责供电。BX1K 型车组有效解决铁路车辆不能为接运海运冷藏箱供电的问题，标志着中国铁路冷藏箱运输已与国际接轨，打破了海运冷藏箱在国内无铁路运输的历史，填补了中国铁路不带动力冷藏运输货物的空白，实现了海铁联运的无缝衔接，上线投入运营后受到了市场的欢迎。除开展冷藏箱海铁联运业务外，中铁特货运输有限责任公司还租用部分 40ft 无动力冷藏箱，使用 BX1K 车组延伸开展了国内其他冷藏运输业务。

车组全长 132m。单节专用平车自重 20.4t，载重 61t，车辆长度 14.738m，供电线路最大符合 92kW，为集中供电，构造速度为 120km/h，装箱范围为 2 个 20ft 集装箱或 1 个 40ft 集装箱或 1 个 45ft 集装箱，如图 3-2 所示。

图 3-2　BX1K 集装箱专用平车

(四) 冷藏集装箱

目前，使用的冷藏集装箱主要包括 20ft、40ft、45ft 冷藏集装箱(图 3-3)，冷藏集装箱主要参数对比见表 3-1。

图 3-3　冷藏集装箱

表 3-1　冷藏集装箱主要参数对比

参数 类型	自重/t	总重/t	最大载重/t	容积/m³	内部尺寸/mm	最大外部尺寸/mm
20ft	2.75	24	21.25	28.4	5391×2254×2130	6058×2438×2438
40ft	4.56	34	29.44	57.9	11590×2294×2554	12192×2438×2896
45ft	7.18	34	26.82	74.5	12716×2294×2554	13716×2438×2896

三、基地建设

(一) 铁路冷链物流基地的概念

铁路冷链物流基地是物流系统的重要组成部分，是组织铁路冷链物流活动、提供各种物流服务的场所。物流基地对完善整个物流通道起着重要作用，它不仅执行一般的物流职能，而且越来越多地执行协调管理、调度、信息等职能。铁路冷链物流基地的总体目标是要从冷链物流的需求和供给两个方面谋求流通的规模化、时间和成本的均衡化及信息的及时化，从而实现冷链物流运作的高效率、操作的低成本及服务的高品质。

(二) 铁路冷链物流基地的分类

1. 按照作业规模分类

根据所在城市冷链消费能力、冷链运量、服务功能、建设规模和在路网中的作用等因素，铁路冷链物流基地的等级可分为区域、地区和驿站节点三级。

(1) 区域级铁路冷链物流基地，主要承担全国或区域性冷链货物集散与分拨任务，设置于全国综合交通枢纽或市场需求旺盛地区，年吞吐量在 100 万 t 以上，占地 200～500 亩①，冷库容量在 20 万 t 以上。该基地应具备商务中心、多功能冷藏冷冻及恒温仓储中心、国际食品交易中心、信息结算中心、物流配送中心、农副产品加工中心、检测检疫中心等功能区。

(2) 地区级铁路冷链物流基地，主要承担地区性冷链货物集散任务，设置在重要地级市，服务于大型冷链生产企业或农产品批发市场集群，年吞吐量为 20 万～100 万 t，占地为 50～200 亩，冷库容量为 3 万～20 万 t。该基地应具备冻品批发交易、集散、储藏、整理加工、集中物流配送、应急储备、电子交易、信息采集及发布、质量监控、配套服务等多种功能。

(3) 驿站节点型铁路冷链物流基地，主要承担城市冷链货物集散任务，设置在一般地级市，服务于冷链食品企业、冷链物流企业或农产品批发市场，年吞吐量在 20 万 t 以内，主要对既有集装箱作业场地进行改造，增加配套设施，满足冷

① 1 亩≈666.7 平方米。

链集装箱的装卸、存储功能。

通过不同级别的铁路冷链物流基地的共同配合、相互补充，共同构成布局合理、功能完善的铁路冷链物流基地空间结构体系，进而形成物畅其流、快捷准时、经济合理、功能完善、用户满意的社会化、专业化铁路冷链物流服务体系。

2. 按照服务功能分类

按照服务功能铁路冷链物流基地主要分为市场型、联运型及混合型。

(1) 市场型铁路冷链物流基地。市场型铁路冷链物流基地依托大型冷链物流企业、市场等进行建设，由铁路、冷链企业及社会资金共同投资建设，以运输、仓储等基础类功能为主。

(2) 联运型铁路冷链物流基地。联运型铁路冷链物流基地新建或利用既有货场改建或扩建，由政府或中国铁路总公司主导投资，包括基础类功能和增值类功能，并根据市场实际情况对功能架构进行适当增减，周边主要服务于冷链产业集群。

(3) 混合型铁路冷链物流基地。混合型铁路冷链物流基地综合包含市场型及联运型铁路冷链物流基地相关特点，同时服务于冷链产业集群及大型市场等相关业态。

3. 按照功能独立性分类

根据功能的独立性铁路冷链物流基地分为主导型和从属型两种模式。其中，主导型铁路冷链物流基地是指该基地以冷链及相关功能为主；从属型铁路冷链物流基地是指冷链及其相关功能是综合型物流基地组成部分。

(三) 铁路冷链物流基地的业态功能设计

借鉴社会冷链物流园的发展经验，铁路冷链物流基地包含冷藏箱、机械保温车铁路作业功能区、大型停车场功能区、货运管理及服务功能区、国内食品交易展示功能区、中央厨房及配送功能区、冷库功能区、深冷水产/速冻加工功能区、海关监管功能区、食品文化休憩功能区、电商交易功能区、金融交易功能区、食品综合保税交易功能区、货车维修及加油功能区、司机之家及餐饮配套功能区、高档酒店及商务办公功能区等主要功能区。根据运输仓储为本、加工贸易为源、服务金融为核的发展思路，将铁路冷链物流基地的功能按照盈利能力、升值空间、市场竞争力、市场带动力等方面划分为明星类、金牛类、瘦狗类、问题类等业态功能。

1) 明星类功能(stars，指高增长、高市场份额)

明星类功能业务类型与铁路冷链物流基地战略定位密切关联、业务竞争具有明显市场优势、业务发展潜力大、物流量/人流较大，具体包含如下功能区：①冷藏箱、机械保温车铁路作业功能区；②海关监管功能区；③食品综合保税交易功能区。明星类功能是铁路冷链物流基地必须开展的基本业务及基本功能，是支撑基地做大的基础。

2) 金牛类功能(cash cows，指低增长、高市场份额)

金牛类功能业务与铁路冷链物流基地战略定位高度关联、业务竞争具有较强的区域垄断能力、物流量/人流较大、拥有高额利润回报。金牛类功能是发展的重点功能，但需要专业经营运营团队，具体包含如下功能区：①中央厨房及配送功能区；②深冷水产/速冻加工功能区；③国内食品交易展示功能区；④电商交易功能区；⑤冷库功能区。金牛类功能是铁路冷链物流基地能级提升及健康可持续发展的重要功能，是支撑基地长期发展的动力引擎。

3) 瘦狗类功能(dogs，指低增长、低市场份额)

瘦狗类功能的目的在于基地建设初期持有，近远期出售或清算业务，以便把资源转移到更有利的领域，具体包含如下功能区：①大型停车场功能区；②司机之家及餐饮配套功能区；③货车维修及加油功能区；④货运管理及服务功能区。

4) 问题类功能(question marks，指高增长、低市场份额)

问题类功能业态是基地做强的重要支撑。由于市场存在较大不稳定性，如何选择问题类功能业务是铁路冷链物流基地近远期功能发展的重点，也是难点。这关乎铁路冷链物流基地未来的发展，具体功能业态包括：①金融交易功能区；②食品文化休憩功能区；③高档酒店及商务办公功能区。

根据基地功能的市场属性，铁路冷链物流基地分为自建功能板块(分为长期持有及短期持有)、建成后返租板块、土地入股共同运营板块等，对基地进行多元开发，指导基地方案设计，以期更好地融入市场。

(四) 铁路冷链物流基地的基本组成板块

铁路冷链物流基地的基本组成板块主要完成冷链铁路运输及仓储服务，具体包括集装箱作业区板块、进出口集装箱监管区板块、国内箱区板块、冷库板块、库线一体板块。

1) 集装箱作业区板块

集装箱作业区板块主要包括集装箱铺面、道路铺面、充电桩、正面吊等，如图 3-4 所示。

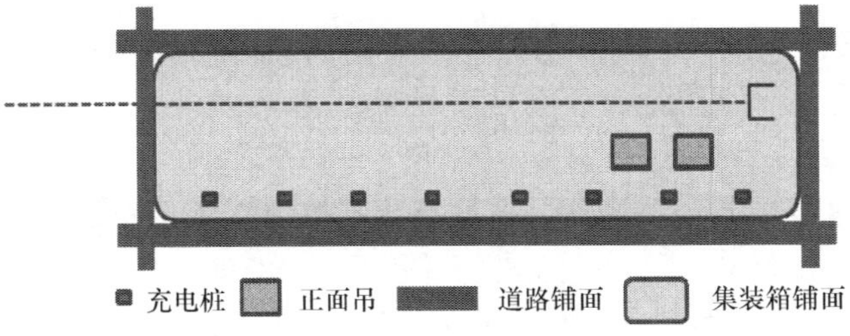

图 3-4　集装箱作业区平面布置示意图

集装箱作业区板块具体尺寸：道路宽 15m，集装箱作业区面积为 30250m^2(建议规格尺寸为 550m×55m，不含外部道路)，充电桩布置 8 个(按新建 4 个，预留 4 个考虑)。

2) 进出口集装箱监管区板块

进出口集装箱监管区板块主要包括集装箱铺面、海关查验库、道路铺面、充电桩等，如图 3-5 所示。

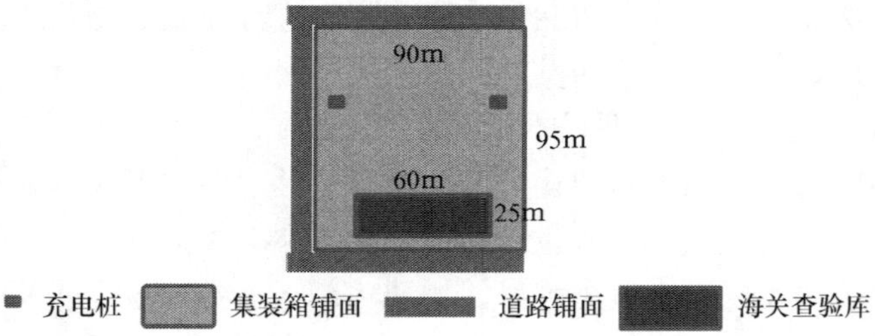

图 3-5　进出口集装箱监管区平面布置示意图

进出口集装箱监管区板块具体尺寸：道路宽 15m，监管区面积为 8550m^2(建议规格尺寸为 90m×95m，不含外部道路)，充电桩布置 2 个，海关查验库面积为 1500m^2(建议规格尺寸为 60m×25m，不含外部道路)。

3) 国内箱区板块

国内箱区板块主要包括集装箱铺面、充电桩等，如图 3-6 所示。

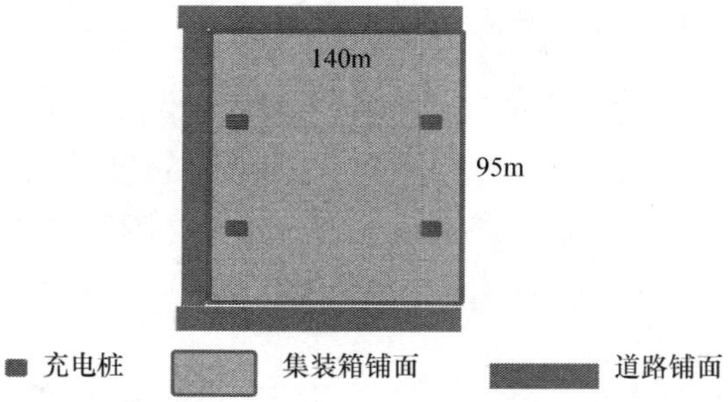

图 3-6　国内箱区板块平面布置示意图

国内箱区板块具体尺寸：道路宽 15m，箱区面积为 13300m^2(建议规格尺寸为 140m×95m，不含外部道路)，充电桩布置 4 个。

4) 冷库板块

冷库板块主要包括道路铺面、场地硬化、单层立体冷库等，如图 3-7 所示。

冷库板块具体尺寸：道路宽 15m，箱区面积为 28500m^2(建议规格尺寸为 300m×95m，不含外部道路)，单层立体冷库一处，预留一处，冷库建筑面积为 7200 m^2(规格为 120m×60m)。

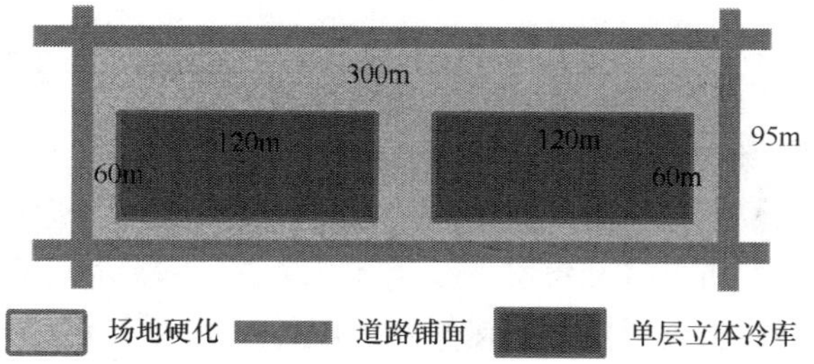

图 3-7　冷库板块平面布置示意图

5) 库线一体板块

库线一体板块主要包括道路铺面、场地硬化、单层立体冷库等，如图 3-8 所示。

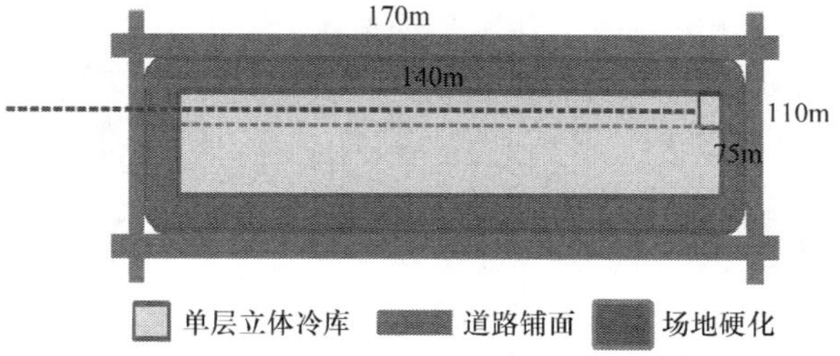

图 3-8　库线一体板块平面布置示意图

库线一体板块具体尺寸：道路宽 15m，作业区面积为 18700m^2(建议规格为 170m×110m，不含外部道路)，库线一体单层立体冷库(铁路线进冷库)一处，建筑面积为 10500m^2(建议规格尺寸为 140m×75m，不含外部道路)。

四、发展策略

(一) 运输装备提升策略

铁路冷藏运输装备老化，且保有量严重不足。自 20 世纪末以来，铁路冷藏运输装备的保有量一直处于下降状态，有近 20 年的时间铁路没有投入新的冷藏运输装备，铁路几乎退出冷藏运输市场。铁路作为国民经济的大动脉，冷藏运输业务不可或缺。旺盛的冷藏运输需求可为铁路带来大量有效货源，若其重新进入这个市场并逐步争得主动权，则有很多问题需要解决。首要任务是发展冷藏运输装备，这需要多方、多渠道共同推动铁路冷藏装备的发展。

1. 冷藏箱向多元化、专用化方向发展

不同的冷藏运输工具各有优缺点，有其特定的技术特点和适用范围。冷藏运输装备发展应符合市场需求、运输条件和货物的运输特性。除了传统的机冷车、冷藏箱等运输工具外，还要积极发展经营成本低、适应货物运输条件不高的隔热车，可以专用于鲜奶、啤酒、矿泉水等大宗货源的运输；研究适应固定线路、固定货源的冷板车、相变冷藏箱等运输工具的技术可行性。

2. 加强冷藏运输装备相关技术研究

为增强铁路冷藏运输的市场竞争力，必须在经营成本、运行速度、运输品质等多方面下功夫，不断改进装备水平。例如，为进一步降低冷藏箱的运输能耗、节约成本，需要开展机车直供电、接触网取电研究；为满足生鲜电商发展要求，积极开展高速冷藏车辆研制；为满足接运零散海运冷藏箱的需求，研究方便、灵活的供电模式等；为提高冷藏箱的装载量，推动研制大容量的冷藏箱等。

(二) 运输组织提升策略

1. 灵活采用干冷混编模式

因目前对冷藏班列最小25组的编制要求，干冷混编模式是班列开行初期非常必要的运输组织模式。例如，铁龙物流股份有限公司在杨浦-棠溪线路的班列上采用干冷混编模式，市场反映效果较好。

2. 逐步尝试冷藏箱“甩挂”作业

目前，铁路冷链班列开行以点到点为主，但这明显难以满足实际的冷链需求，将逐步向“客车化”班列转变。在通道节点上实现冷藏箱的“甩挂”，需要有硬件和软件两个方面的支持。硬件上对实现“甩挂”的铁路场站有高效更换冷藏箱的作业设施。软件上需要有铁路场站对冷藏班列形成特殊的操作规程，能区别于普通集装箱，从效率和质量角度获得更大的支持，以实现铁路冷链班列产品不断增加节点的发展方向。

(三) 运输设备使用效率提升策略

根据成本分析，通过提高冷链运输周转率及减少排空，提高运输设备使用效率，可以较大地平摊年均造价成本、人工成本及运输付费成本。在同样能耗成本下运输更多的冷链货物，从而最终降低吨公里总成本，具体措施如下。

1. 提升日旅行时速

当前冷链特需班列旅行速度为770～800km/天，平均为30km/h，远低于公路冷藏车的行驶速度，建议提升铁路冷链班列日旅行时速。经测算当日旅行速度提升到1200km/天，预测运量下BX1K所需数量可减少17%，公里盈利能力可提升12%。

2. 货源组织及分拨强调“强强合作”，提升效率

在货源组织方面，区域贸易商特别是有政府背景的区域贸易商是比较好的货源组织主体。在铁路冷链班列产品开发过程中，冷链班列运营方需要与上述区域贸易商开展深入合作，寻找更多、更稳定的货源支持，引导原来公路冷链货源逐步转移到铁路冷链班列上。货源分拨相较于货源组织环节要简单，但其效率取决于货品到

达地的区域市场和仓储情况。这个环节需要班列组织方加强与区域公路供应商及贸易商的协调，从而缩短铁路冷链运输设备的等待集结时间，提升使用效率。

(四) 相关政策保障策略

1. 计费标准分阶段进一步优化

面对多年来形成的以公路干线冷链物流为主的体系，铁路冷链需要在现有市场格局上进行改变，难度较大。

在运输价格上，建议在铁路冷链的运输价格上给予铁路运营主体更大的支持力度。早期，看齐或低于点对点公路冷链运输年度最低价格，以弥补由暂时性两端设施配套不到位、设备技术及服务效率低下带来的运输劣势；中期，在铁路冷链运输产品逐步成熟，形成完备的服务体系并拥有一部分稳定市场后，根据需求情况随行就市、调整价格；通过不断复制成功开行经营和“客车化”地增加冷链运输网络节点，形成铁路冷链物流体系，最终在干线冷链运输市场获取市场份额。

在冷链运输班列稳定成熟开行、两端冷链仓储等基础设施完备的条件下也考虑开展拼箱业务，从而吸引更多社会零散冷链运输需求进入铁路冷链运输通道，提供更多的增值服务和更加细化的计费标准。

2. 重视制定应急预案

目前，铁路场站普遍不允许冷藏箱检测人员入场。如果铁路冷链产品大规模推行，则铁路场站规程上需要针对冷链操作有特殊修订。根据铁路运营部门的经验和建议，铁路冷链产品需要充分考虑冷藏班列开行过程中的故障及其他特殊情况，形成专有的应急预案，以保障冷链运输产品品质。

3. 充分调动各部门积极性

统筹铁路冷链发展规划的同时，充分调动各铁路局参与冷链通道建设的积极性。在两端设施建设和社会资本的引入上，以建设铁路冷链平台的思路统一信息系统和技术标准、协调货源组织，服务于铁路冷链体系建设的总目标。

4. 积极争取国家的政策支持

冷藏运输关系国计民生，是确保国家食品安全的重要环节。作为节能环保、安全可靠的运输方式，铁路应该得到国家的大力支持。要采取多种方式加强宣传，积极向国家相关部门汇报，努力推动实施比公路“绿色通道”更加优惠的扶持政策，并争取在税收、贷款、冷库建设、财政补贴等方面获得国家政策的大力支持。

五、高速铁路冷链运输设备和技术分析

(一) 高速铁路冷链运输设备分析

1. 既有车辆参数

高速铁路物流的技术可行性应包含车辆、线路、装卸机械、轴重四个方面。

在高速铁路上运输快捷货物的车辆，不仅要符合高速铁路线路的各类技术指标，而且要保证其在高速铁路上的运行速度，应考虑使用动车组。我国铁路开行的已知 CRH 动车组有 CRH1、CRH2、CRH3、CRH5 等车型，详细如表 3-2 所示。

表 3-2 CRH 动车组各车型指标信息

车型	CRH1	CRH2	CRH3	CRH5
国内厂家	BST	青岛四方	唐山+长春	长春
国外技术	庞巴迪	川崎重工	西门子	阿尔斯通
编组方式	8 辆	8 辆	8 辆	8 辆
动力配置	2(2M+1T)+(1M+1T)	4M+4T	2(2M+1T)+2T	(3M+1T)+(2M+2T)
牵引功率/kW	5300	4800/7200	8800	5500
车体型式	不锈钢车体	大型中空型铝合金车体	—	—
转向架	H 型无摇枕、转臂式定位、空气弹簧			
轴重/t	≤ 16	≤ 14	≤ 15	≤ 17
运营速度/(km/h)	200	200	350	200
车辆宽度/m	3.331	3.380	3.265	3.200
车辆高度/m	4.040	3.700	3.890	4.270
中间车长度/m	26.600	25.000	24.775	25.000
头车长度/m	26.950	25.700	25.520	27.600
车门处地板面高度/m	1250	1300	1260	1270

1) 改进车底方案

为适应快捷货物的运输，需要对车底的底座、客运设施、车门等进行改造。按照速度 300km/h 的 8 辆编组动车组计算，为 1.7 亿元/列，能较好地吸纳货运，培育市场，适应快捷货物运量规模不大的情况。结合速度要求，主要对 CRH3 系列动车组进行改造，改造后的 CRH3 系列动车组的载重可高达 70～100t。

2) 专用车底

新开发的动车组采用 8 辆编组，全车额定载重 120t，头车载重约 11t，中间车载重 19～20t，内部设万向地板，采用小集装器进行装卸，车厢内预留 400mm 通道，整车可装载约 138 个集装箱。

另外，设计两种制式的大门：一种为 2.3m×3.7m(高×宽)；另一种为 2.4m×2.9m(高×宽)，如图 3-9～图 3-13 所示。

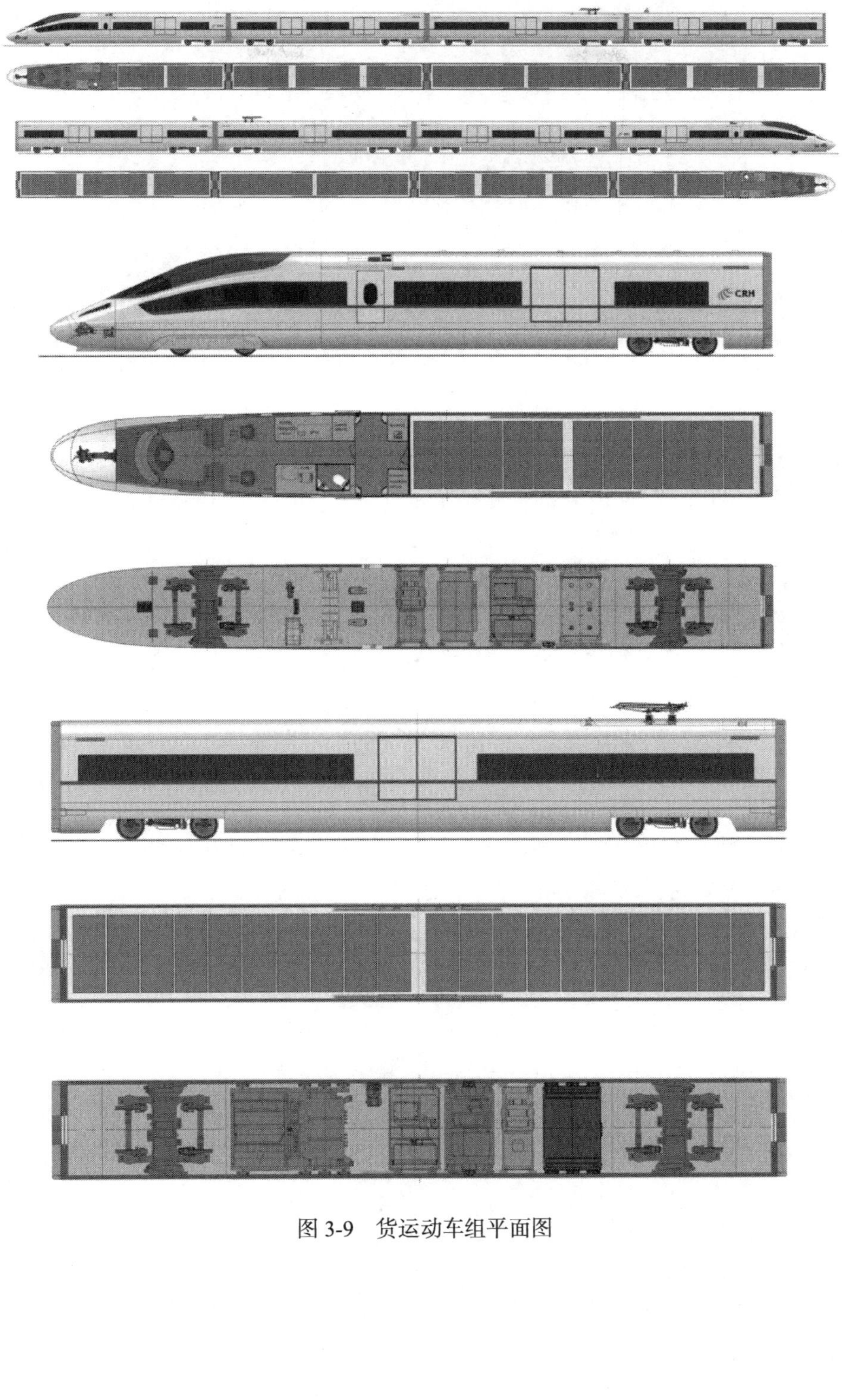

图 3-9　货运动车组平面图

图 3-10　货运动车组车辆

图 3-11　货运动车组车辆外观

图 3-12　货运动车组车辆内观

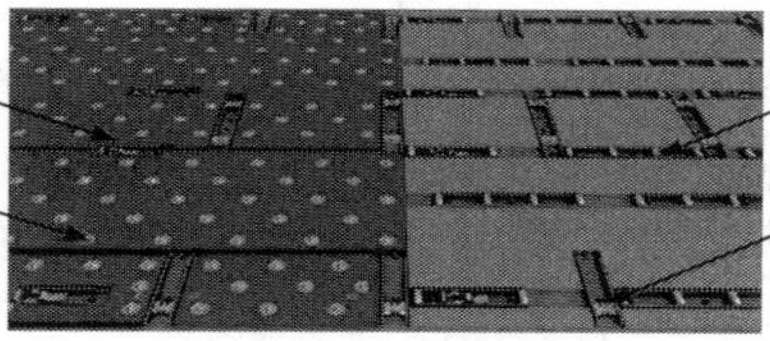

图 3-13 装载门区域万向球装置和双向滚轮地板图

2. 货物装载器具及其装载方案

1) 箱式托盘装载方案

箱式托盘是四面有侧板的托盘，是在平托盘的基础上发展起来的，多用于装载不易包装或形状不规则的散件或散状货物。箱式托盘从材料上分为塑料箱式托盘和金属箱式托盘。箱式托盘防护能力强，可防止塌垛和货损，托盘的下部可叉装，上部可吊装，可使用托盘搬运车、叉车、起重机等作业；并可进行码垛，一般情况下，码垛时可相互堆叠四层。箱式托盘容量大、可多层堆放、装卸方便的特点符合高速铁路快捷货物运输的要求,尤其适合使用叉车进行机械化装卸作业。

CRH3 型动车组中间车辆可装载 120 个箱式托盘，头车可装载 108 个箱式托盘，8 节编组共可装载 936 个箱式托盘。

2) 笼式托盘装载方案

笼式托盘也称为集装笼，是箱式托盘下部装有小型轮子的托盘。笼式托盘具有很强的搬运性，多用于一般杂货的运输，并且可利用轮子进行短距离移动，在运输过程中可兼作作业车辆。笼式托盘容量大、装卸方便的特点符合高速铁路快捷货物运输的要求，不仅适合使用叉车进行机械化装卸作业，也适合快速进行人工装卸作业。

笼式托盘体积较大，适合装载大件的快捷货物。由于其带轮，一方面方便人工装卸作业；另一方面却在运输过程中不能固定自身位置，不能保障货物的安全，因此有必要在轮子上设置刹车部件。运输时，由于笼式托盘属于特种托盘，没有通用的尺寸标准，为方便装卸作业的开展，需要对货物的具体尺寸和特点设计专门尺寸的笼式托盘。在设计尺寸时，结合 CRH3 动车组数据，笼式托盘必须满足车门的具体数据要求，即笼式托盘的长和宽必须有一项小于 2200mm，而高度必须小于 2050mm。

3) 小型集装器装载方案

小型集装箱具有较大的容量，适用于装载大批量的货物，也适用于高速铁路货物运输市场成型后的大规模运输，以及与路运、水运、航空运输开展多式联运的需求。

目前，中国铁路总公司已经开发出一种小型集装器(图 3-14)，尺寸为 1.35m×1.15m×1.9m(长×宽×高)，载荷约为 1000kg。该集装器可实现与航空运输间的灵活转运。单个集装器的价格在 1.35 万～2.1 万元，相比于前两者价格较高。

图 3-14　小型集装器示意图

(二) 高速铁路冷链运输品控技术分析

农产品种类繁多，自身属性差异巨大。与制造业相比，农产品易受气候、季节、地理及生物等自然条件和水肥等管理条件的影响，具有区别于工业品的特殊属性。农产品生物学属性、产地产量和品质决定其物流属性，物流属性决定其时空目标辐射半径(流体、流质、流量和流向)，辐射半径影响其有效供给，有效供给影响农产品价格的稳定。土豆、圆葱等生物学属性相对稳定，辐射的物流半径大，物流技术成本较低。韭菜、小白菜等叶菜类耐储性差，辐射的物流半径小，物流技术成本较高。冷鲜肉、鲜活鱼类对温控有刚性需求，若实现较大的辐射物流半径，则必须有更完善的物流技术支撑体系。不论是传统商贸冷链、温控物流，还是电商品控物流，最终都要回归到优质、优价商业价值的实现。农产品商业价值的实现，要回归到不同品类的品质、卖相和品牌。技术装备是保障手段，可实现农产品的贮运移动交易价值。优质、优价是冷链物流的需求基础，透明供应链是优质、优价的实现基础。互联网、大数据、云计算和政策环境提供了实现透明供应链的技术和生态基础，冷链物流的快速发展必将促进我国从无害消费向品质消费的跨越。

农产品是季节性生产、全年消费，地域性生产、全国消费的产品。同季节性相似，农产品生产必须基于一定的地理环境条件，不同的地域生产的农产品也不尽相同。这导致农产品具有明显的地域性特征。消费者对农产品具有全年性、普遍性、多样性和变化性的需求，而相当多的使用价值不可替代的农产品往往产自全国不同地区。这在相当大的程度上，使其要运送到全国各地消费。这就要求农产品物流具有足够的灵活性和可改变性，借助物流活动的机械化、自动化和合理化，实现在最短的物流时间内空间位置的高效转移，以满足各地消费者的即时需求。同时，一些农产品需要经过科学的技术处理，使其具有较好的贮藏特性和较长的贮运期，以利于扩大农产品市场的供应空间和延长其供应时间。铁路作为我国国民经济的大动脉，理应在食品供应链中发挥重要作用。全面提升铁路冷链物流服务能力，将冷链物流通道建设为服务国民经济发展的战略性食品安全走廊，支撑供给侧结构性改革，促进物流业降本增效。广宁哈通道为南起北部湾及珠三角城市群，途经长株潭、武汉、中原、京津冀、沈大、哈大齐等城市群，北至满洲里口岸；乌青沪通道为西起霍尔果斯/阿拉山口口岸，途经乌鲁木齐、兰白、关中、山东半岛及长三角城市群。这两条通道基本贯穿我国主要城市群。

第五节　航空冷链物流

航空冷链运输应从设备设施、包装及标识、标识标签、操作要求、运输文件、货物接收、飞行过程中温控、卸机及交付、不正常运输处理和运输信息及服务等方面给予重点关注和符合民航运输的相关要求。

一、设备设施

用于冷链货物航空运输的集装设备应符合适航要求或国际航空运输协会(International Air Transport Association，IATA)集装设备规则》要求。冷链货物收运站、转运站和目的站应有符合相关规定温度范围的仓储设施或设备。地面运输使用的保温车、冷藏车或其他控温运输工具应符合《保温车、冷藏车技术条件及试验方法》(QC/T 449—2010)的要求。

二、包装及标识

(一) 包装

冷链货物的包装应符合相应国家标准和行业标准，并满足航空运输的要求。

包装应能将运输时间、温度和湿度等因素变化对内装物品质的影响降到最低，并防止内装物被其他货物污染或感染。承运人应提供特殊货物航空运输标签，托运人负责对货物进行包装和标识。

(二) 包装类型

冷链货物运输包装分为箱类或箱类组合包装、桶类或桶类组合包装、袋类包装、承运人认可的其他包装。

(三) 包装材料及包装方法

包装材料、包装方法及单个包装件的尺寸和重量除应符合 IATA《鲜活易腐货物规则》的规定，还应符合承运人的要求。

三、标识标签

包装上应粘贴或拴挂与冷链货物性质相符的航空运输标识和标签。标识和标签的设计与设置应符合《包装储运图示标志》(GB/T 191—2008)[26]的要求。标识和标签应持久和防水，可粘贴、拴挂或直接印制在包装上。鲜活易腐货物应设置符合 IATA 规定的“鲜活易腐”标签。时间和温度敏感健康产品应设置符合 IATA 规定的“时间和温度敏感”标签。湿货应设置“向上”标签。濒危野生动植物及其产品应设置符合国家濒危野生动植物管理部门和《濒危野生动植物物种国际贸易公约》规定的“CITES”标识。应根据货物运输需要加贴“防晒”、“避雨”、“易碎”和“紧急”等标签。如果包装件需要危险品标识、标签，应符合 IATA《危险品规则》。

四、操作要求

运输冷链货物时承运人应按其特性要求对温度、湿度及时间进行控制。应根据托运文件和运输合同确定的温度类型，包括承运人同意的在运输包装上标示的仓储温度，进行仓储、停放和运输环节的温控。应按相应的操作手册，在各操作环节对冷链货物实施快速作业(如机下快速中转等)。宜为疫苗、生物制品等时间和温度特别敏感的冷链货物提供安检和装运快速通道。承运人应根据航班密度、衔接时间确定适用的航线和航班，并尽量安排直达航班。

运输过程中，冷链货物暴露在常温或无保护环境中的时间应不长于双方约定时间。不同热状态的裸装或非隔温包装冷链货物，不应放置在同一集装器内运输。属于危险品的冷链货物应按危险品运输要求和 IATA《危险品规则》执行。申报冷链货物且同时申报为贵重物品的，应按《贵重物品航空运输标准》(MH/T 1018—2005)[27]执行。

鲜活易腐农林产品，应按农林产品保鲜技术要求确定运输中的温控类型并运输。运输时应根据农林产品乙烯的产生或敏感特性按相关要求进行隔离。

食品、药品的冷链运输应符合《药品冷链物流运作规范》(GB/T 28842—2012)[28]的要求。储存和运输食品、药品的设施和设备应符合食品、药品卫生要求。食品、药品不应与对其有危害或潜在危害的货物(如放射性物质、毒性物质、传染性物质等)装载在同一集装器或同一散货舱内。

五、运输文件

在托运人托运货物时应向承运人提供齐备、有效的航空货运单、海关、出入境检验检疫等政府文件。承运人应根据冷链货物性质填写特种货物机长通知单，通知机长。填写冷链运输的鲜活易腐货物航空货运单时：

(1) 在货运单“品名/Nature and Quantity of Goods”栏内应注明“鲜活易腐/perishables”字样；

(2) 在货运单“储运注意事项/Handling Information”栏内应注明注意事项；

示例：标明特定的运输温度范围：2～8℃；

(3) 未经承运人同意，托运人不应在货运单上填写超过承运人储运控温能力的指示和要求(如“始终在深度冷藏状态下存放”、“始终保持–50℃”等)。经承运人同意的，可在货运单上注明温度限制，也可在外包装上设置温度限制标签。

六、货物接收

(一) 订舱

托运人运输冷链货物应根据承运人的规定预订运输的航班和日期。托运人应向承运人书面提出在运输中需注意的事项及允许的最长运输时间，以及要求使用的航空冷藏集装器类型(包括主动制冷、被动制冷)。如果承运人不能满足托运人的要求，可拒绝收运。在安排国际运输航班时应充分考虑目的站机场的通关情况，尤其应注意目的站国家或地区的节假日可否通关。当托运批量较大的冷链货物时，应根据航班机型的货舱载运能力确定每一票货物的重量和体积。

(二) 航班与航线选择

应尽量选择直达航班运输冷链货物。在联程运输时，应全面考虑航线的航班密度、航班机型、衔接时间、集装器、地面仓库条件等是否满足冷链运输要求。当各航段机型不一致时，应按全程最小机型的载运货物体积、尺寸、重量及温度限制预订全程航班舱位。应考虑中转站所在地区的气温、光照等条件可能对冷链货物运输造成的不利影响。选择航班与航线应有异常情况(如航班延误、取消、备降、返航等)的处置预案。

(三) 收运检查

检查运输文件是否齐备、有效。单件货物重量、尺寸和标签应符合要求。货物的外包装上应写明托运人和收货人的姓名、地址、联系电话及货物品名等，国际运输时应使用英文书写。对时间温度敏感健康产品，应检查其外包装上已注明的贮藏条件、启运时间、保温时限、特殊注意事项和运输警告。

(四) 地面仓储

承运人应具备符合要求的仓储设施或设备。应根据冷链货物的特性要求存放于对应的库房。承运人应根据冷链货物的温度要求和到达时间预先调控冷库温度。当冷链货物在控温库房内存放时，应放置在货架、衬垫或托盘上，不应直接放在地面上；应与库房墙壁、顶棚保持 150～300mm 的间隙，以便冷气循环流通。

(五) 库房与停机坪地面运输

应根据机型配备符合要求的航空隔温集装箱、控温运输车辆等，以确保库房与停机坪之间的运输不发生断链。在载货之前，可控温的地面运输工具应根据冷链货物的温度要求预先调控温度。

(六) 装机

冷链货物的装机时间应尽可能接近飞机起飞时间。窄体飞机装载冷链货物，应在普通货物全部装机后装机，装载位置应避开门区，对温度特别敏感的冷链货物应避开飞机货舱通风口的位置。有些机型通风口设置在货舱的地板附近，有的则在货舱的侧面或天花板上。对于内部无塑料薄膜保护，水分易于蒸发流失的花卉、蔬菜或水果，若飞行时间大于 4h，则承运人应告知托运人采取必要的防护措施。如果承运人在包装件外覆盖防止水分蒸发的保护膜，应事先通知托运人并获得同意。宽体飞机上载有冷链货物的集装器应避开门区装载。在宽体飞机散货舱内装载冷链货物应按要求操作。

七、飞行过程中温控

在飞行过程中，飞行机组应根据特种货物机长通知单的要求，对货舱温度进行控制。

八、卸机及交付

卸机时应随时检查冷链货物包装是否受损、是否有液体渗漏等现象。冷链货物应优先卸机，并应尽快放入冷藏车辆或隔温集装箱内运至仓库。在冷链货物到达目的站后，承运人应优先通知收货人。

九、不正常运输处理

当航班延误 0.5～2h 时，机组应保持货舱内的温度和通风。在空调和通风设备停止运转时，承运人应采取以下措施：

(1) 打开货舱门进行通风；

(2) 要求电源车、空调车等地面服务车辆提供支持。

当上述两项措施无法实现时，将冷链货物卸下飞机进行冷却通风或通知托运人并征求处理意见。

当航班延误超过 2h 时，应尽可能将延误航班上的冷链货物安排由其他航班运出或通知托运人并征求处理意见。航班发生其他异常情况(包括航班取消、备降、返航或者目的地到港异常等)，应及时通知托运人并征求处理意见。

如果鲜活易腐货物到达目的站 48h 后仍然无法交付，在经始发站同意后，目的站可将货物退回始发站处理或按规定就地止损处理。

十、运输信息及服务

承运人应建立运输信息记录跟踪系统。通过该系统托运人可对其托运的冷链货物进行跟踪或掌控其运输动态。应以航空货运主单为采集单元，实现每票货物从始发站机场到目的站机场的货物操作业务点信息采集。

航空物流企业(包括承运人、地面代理、货运代理人等)应具备生产管理信息系统，实现货物运输方面与自身业务流程相关的电子信息采集。

航空物流企业的生产管理信息系统应能记录信息采集的过程或者日志，以供查询和追踪。航空物流企业的生产管理信息系统应能保存或者备份电子数据信息，一般不短于 1 年。航空货运电子信息上传时间与实际操作发生时间不应间隔过长，宜采用实时上传模式，若有延时，则信息上传时限应符合以下要求：

(1) 必选信息点数据上传不超过对应发生业务实际操作后 1h；

(2) 非必选信息点数据上传不超过对应发生业务实际操作后 2h。

第六节 冷链物流规划

一、冷库设计与规划原则

在冷库营运中要做到三个结合：冷库布局选址和区域经济发展及市场需求相结合、冷库建设设计和实际使用相结合、降低运营成本和采用先进物流技术手段相结合。

一是冷库布局选址和区域经济发展及市场需求相结合。区域内冷库建设规模，应与本地区经济发展水平、人口状况、消费水平等相适应，不能盲目跟风建设。

区域内冷库布局，应充分考虑城市发展空间、交通状况、产销和储存配送的配套衔接等综合因素进行确定。冷库布局选址中应该重点考虑以下几个因素：建设成本、交通、土地成本、资源获得与客户需求。

库体建设的选择与区域经济水平的关系。农产品生产地或经济欠发达地区的冷库，宜建设土建库和多层库，主要满足当地农产品储存需求(原因：一级公路交通欠发达，铁路交通可直达库区)。农产品消费区域或经济发达地区的冷库，宜建设单层高架板式拼装库，主要满足农产品中转分拨和城市配送需求(原因：公路交通网健全且四通八达)。

二是冷库建设设计和实际使用相结合。冷库营运是高能耗行业，在建设设计阶段就应充分考虑遵循资源节约型、环境友好型产业发展要求。这主要包括：制冷工艺设计中冲霜循环水优化问题，通过对制冷工艺中冲霜循环水系统的优化，由过去的“三慢”转为现在的“三快”。冲霜时间由过去的40min，缩短为现在的20min；机冰脱模时间由过去最长18min缩短为现在的4min，冷凝器降温效果也大大好于以往。此举不但降低能耗，减少库内温度波动，确保商品品质，而且节约用工成本。

冷库设计中物流动线瓶颈优化问题。原冷库物流动线遇到进出货高峰，易造成物流动线形成瓶颈，极大地降低工作效率。通过增加自动输送设备，可以使瓶颈得到畅通，物流动线得到优化。

三是降低运营成本和采用先进物流技术手段相结合。武汉山绿冷链物流有限公司冷藏储运中心运行初期，由于货架、单元器具及运输设备不足，仓库利用率达不到最佳，工作效率低下，人力成本投入大，客户服务质量不高。后期，该公司在硬件和软件上进行了极大的充实和调整，增加了驶入式货架和巧固架、进口叉车、电动拖车，在软件上投入使用了仓储信息管理系统和超声波定位系统。

仓储信息管理系统采用条码标签，配合手持终端自动识别设备，实现对库内商品的进出管理、批次管理、空间管理、货位管理、拣配管理等智能化操作，快速便捷地实现数据传递，优化库存空间、减少不必要的人力、设备资源的浪费，提高营运效率。驶入式、横梁式各种货架形式的堆码，再加上移动货架(巧固架)的灵活运用，不仅节省固定式货架投资，而且仓储空间利用率可达70%以上。超声波定位系统，无须人工的货位确认，彻底地排除了人为的过失，真正实现出入库过程中的无纸化管理。

二、冷链物流选址

(一) 概念

冷链物流选址是指在一个具有若干供需节点的经济区域内选择一个合适的地址设置冷链物流企业(园区)的规划过程。一个理想的冷链物流企业(园区)选址方案可使商品通过冷链物流企业(园区)的汇集、中转、分发直到输送到需求点的全过程的效能达到最优。

(二) 原则

一是与城市总体规划相适宜。冷链物流企业(园区)的选址必须与城市的总体规划相适宜，因为在城市总体规划中已经确定了城市功能结构、用地规划；冷链物流企业(园区)的用地规模通常很大，考虑低价因素及对于环境和城市交通的负面影响，通常在城市边缘地带、靠近货物转运枢纽处进行布局。

二是在选址时应当尽量邻近港口、机场、铁路编组站、高速公路网节点等交通便利的位置，同时冷链物流企业(园区)内最好有两种以上运输方式相连。冷链物流企业(园区)必然有大量货物集散，靠近交通便捷的主干道进出口是冷链物流企业(园区)布局的主要考虑因素之一。

三是为了减少成本，应优先考虑将现有仓储区、货场改建为适应现代物流业发展的冷链物流企业(园区)。考虑相关产业协调发展，物流业的发展与当地的区域经济、产业结构、工业布局密切相关，冷链物流企业(园区)的选址要考虑到相关产业的协调发展，同时为相关的工业企业和商贸流通企业的发展留有余地。

(三) 因素

1. 自然环境因素

(1) 气象条件：温度、风力、降水、无霜期、冻土深度、年平均蒸发量等指标。

(2) 地质条件：土壤的承载力。

(3) 水文条件：冷链物流企业(园区)选址需要远离容易水泛滥的河川流域与地下水自溢的区域。

(4) 地形条件：冷链物流企业(园区)应该选址在地势较高，地形平坦之处且应具有适当的面积与外形。

2. 经营环境因素

(1) 环境因素：冷链物流企业(园区)所在地区的优惠物流产业政策对物流企业的经济将产生重要影响。数量充足和素质较高的劳动力也是冷链物流企业(园区)选址需要考虑的因素之一。

(2) 商品特性：经营不同类型的商品冷链物流企业(园区)最好能分布在不同领域。

(3) 物流费用：是冷链物流企业(园区)选址考虑的重要因素之一。大多数冷链物流企业(园区)选址接近物流服务需求地。

(4) 服务水平：在物流服务过程中能否实现准时运送是冷链物流企业(园区)服务水平高低的重要指标。

3. 基础设施状况

(1) 交通条件：冷链物流企业(园区)必须具备方便的交通运输条件，最好靠近交通枢纽进行布局，如紧邻港口交通主干道、枢纽铁路编组站或机场，应由两种以上的运输方式相连接。

(2) 公共设施：冷链物流企业(园区)的所在地要求城市的道路通信等公共设施齐备，有充足的供电、水、热、燃气的能力且场区周围要有污水、固体废弃物处理能力。

4. 土地和环境因素

(1) 国土资源：冷链物流企业(园区)选址应贯彻节约用电、充分利用国土资源的原则。

(2) 环境保护：冷链物流企业(园区)的选址应考虑保护自然环境与人文环境等因素，大型转运枢纽应适当设置在远离市中心区的地方，使得大城市交通环境状况能够得到改善，城市的生活建设得到维护和发展。

(四) 方法

在大量数据资料收集、整理和分析的基础上，考虑各种因素影响并对需求进行预测后，初步确定备选地址方案。根据实际情况，选取适合的数学模型进行计算，并给出结果。常用的选址方法有中心法模型、线性规划模型、非线性规划模型、动态仓库选址等。冷链物流企业(园区)选址决策过程需要从整体上进行平衡和分析，既考虑宏观又兼顾微观，最终加以确定。因此，所得解决方案不一定就是最优解决方案，可能只是符合条件的满意解决方案。

三、冷链物流功能与布局设计

(一) 冷链物流功能设计

冷链物流企业(园区)的功能设计主要采用自上而下的方法，即在确定冷链物流企业(园区)的规划原则后，对物流功能规划所涉及的核心因素进行列举和分析，然后将整个冷链物流企业(园区)划分功能区域，如物流产业区和管理服务区等。规划者再从国际最佳实践经验及市场调查得到的实际需求两个方面入手，为每个功能区域命名、定义、分配相应的面积，引入相关的设施、设备和 IT 系统。功能规划的最后一步将是对冷链物流企业(园区)的核心流程进行定义和描述。这些流程包括集装箱服务、生产原材料供应和配送、生活资料采购和配送、保税物流作业、空港、海港、铁路物流服务等流程。

(二) 冷链物流布局设计

冷链物流企业(园区)的布局设计是根据冷链物流企业(园区)的战略定位和经

营目标，在已确认的空间场所按照从货物的进入、组装、加工等到货物运出的全过程，力争将人员、设备和物料所需要的空间最适当地分配和最有效地组合，以获得最大的经济效益。

结合国内外冷链物流企业(园区)最佳实践案例，冷链物流企业(园区)在布局方面可以吸取的经验有：校园化的设计理念、分割不同的功能区域；按照物流与空港、海港及陆路运输的密切程度安排相关产业；地块规划面积满足柔性需求并有可选的扩展空间；多式联运的设施规划；保持产业加工和高附加值物流企业之间合理的分配比例；充分考虑地理环境和生态环境，有吸引力地设计并考虑环保预留用地等。

冷链物流企业(园区)中各建筑设施的选址和规划应采用科学的定位方法，如运筹学中的最优选址方法、最短路径法、最小费用最大流法、有效的物料进出表法、搬运系统分析法、模糊综合评估法、最优决策方法等。冷链物流企业(园区)规划与设施布局的合理性还可借助商业软件的帮助，利用动画仿真检验其合理性。

四、冷链物流整体规划及商业运作设计

(一) 冷链物流整体规划

冷链物流企业(园区)整体规划的过程主要包括：环境分析、战略定位、市场定位、功能定位、功能区域总体布局、功能区域细部设计等。

(1) 环境分析。开放型物流中心产生集聚效应必须依赖区域物流需求的支撑，需要结合所在区域的产业发展、交通网络的建设、所依托的物流资源业发展、交通网络的建设、所依托的物流资源条件，综合利用内外各种因素对其产生的影响，掌握其发展、变化的大趋势。这样才能对物流供给、物流需求两个方面有清晰的认识。

(2) 战略定位。开放型物流中心的战略定位从四个方面进行阐述：一是明确物流中心与区域产业之间的关联性；二是明确物流中心在区域物流系统中的地位；三是明确物流中心的类型和属性；四是明确物流中心主要服务区域及客户空间分市场定位。

(3) 市场定位。对开放型物流中心的市场定位，主要借助市场营销物流理论来确定物流中心的目标客户群体。

第一步：区域物流市场调查分析。这需要对物流中心的物流市场环境进行调查研究，重点是对现有的物流需求市场和潜在的需求市场进行调查分析。

第二步：划分物流服务细分市场。一般可按物流中心服务的货物品种或客户所在供应链中的位置对物流服务市场进行细分。

第三步：描述细分市场。这主要是对各细分市场的服务需求、市场增长率、

进入壁垒、平均利润率、现有竞争状况、成熟度等进行分析，可采用波特五力模型进行分析。

第四步：评价细分市场。开放型物流中心的细分市场评价指标包括行业市场吸引力评价、资源和能力需求评价、社会效益评价等。

第五步：目标市场定位。开放型物流中心由这三种战略可以有五种目标市场选择模式，分别是密集单一市场、有选择的专门化、服务专门化、市场专门化和完全覆盖市场。

(4) 功能定位。开放型物流中心的功能定位是其战略定位和市场定位的外在体现，是按照战略定位和市场定位对物流中心的物流服务能力进行规划设计，主要是为了满足目标市场客户群体的物流需求。为此，功能定位主要确定物流中心在不同规划阶段应具有的物流服务功能。

(5) 功能区域总体布局。根据功能区域布置的要求及设施优化布局理论，确定功能区域总体布局主要有四个方面内容：一是确定功能区域的数目；二是确定功能区域的类型、承担功能、主要服务对象；三是确定功能区域内部的细部组成；四是确定功能区域的规模、建设面积及相互关系等。

(6) 功能区域细部设计。功能区域细部设计是根据功能区域布局方案，对每一功能区域内部空间进行细部规划设计，主要包括：物流设施的布置设计，如搬运系统、仓储机械设施的类型选择、具体尺寸及空间布局设计；物流动线的规划设计，如车辆人流、物流线路的设计；各功能区域出入口的设置；物流辅助设施的布置设计，如绿地、景观、停车场、维修、物流、食堂等设施的空间规划设计。

(二) 冷链物流商业运作设计

冷链物流商业运作设计主要是让冷链物流企业(园区)投资和经营管理者按照公司体制设计业务模式和管理模式，主要包括冷链物流企业(园区)管理公司的组织架构和职责、冷链物流企业(园区)业务运营模式、收益预测、客户分析、销售、市场推广策略、投资收益等财务概要分析。

冷链物流企业(园区)的开发一般分阶段进行。分阶段进行式将比一步到位式开发容易实施，且后一阶段可吸取前一阶段的经验和教训，同时调整与优化下一阶段的营销策略和其他细节。

五、冷链物流园区规划要点

(一) 冷链物流园区业态定位是出发点和落脚点

1. 冷链物流园区业态分类

(1) 产地收储型。产地收储型冷链物流园区主要集中在水产、果蔬等季节性产地区域，以低进高出为盈利模式的冷链物流设施。例如，近海水产收储冷库，产地的苹果、蒜薹、土豆收储冷库，兼具了收储、分选、包装、分拨、农产品检验、存储等主要功能。例如，广西北海某水产收储加工型冷链物流项目，如图 3-15 所示：用地面积 1.6ha，建筑面积 3.0 万 m^2，物流冷库 1.5 万 t，加工间 0.8 万 m^2，水产加工能力 200t/天。

图 3-15　广西北海某水产收储加工型冷链物流项目

(2) 枢纽分拨型。枢纽分拨型冷链物流园区选址在陆、海、空港、保税区和大区域中心，兼具存储、分拨、多式联运、检验检疫、海关查验、物流(电商)集团的区域中心分拨、国家农产品战略调控功能等，以货品存储费、处置费、海关检验检疫费等政策收费为主要盈利模式的冷链物流设施。港口附近的国际冻品分拨中心、保税区冷链物流基地、空港物流中心、电商区域分拨中心等都属于这个类型。例如，福建厦门机场某冷链物流中心物流项目，如图 3-16 所示：用地面积 2.4ha，建筑面积 2.1 万 m^2，存储货位 3.0 万 Torr[①]；分为五个温度带，物流系统采用巷道式自动堆垛机、双伸位货架为核心的全自动物流冷库。

图 3-16　福建厦门机场某冷链物流中心物流项目

① 1Torr=1.33322×10^2Pa。

(3) 节点配送型。节点配送型冷链物流园区选址在大中城市边缘，由供应商、电商或者由城市共同配送服务商建设、运营，以自营产品或者共同配送产品为配送物，以超市、居住区、终端用户为服务对象的冷链物流设施。其主要由温控仓储、分拣、分包、检验、物料、残次品回收等部分组成。例如，广东深圳某水果冷链物流配送分拨中心，如图 3-17 所示：建筑面积 5.6 万 m^2，存储货位 5.9 万 Torr；物流系统采用横梁式货架或者直堆式，以区域分拨、节点配送为主要业态，产品为自营的进口水果。

图 3-17　广东深圳某水果冷链物流配送分拨中心

(4) 市场批发型。市场批发型冷链物流园区选址在城镇边缘，由第三方建设、运营，聚集生产商、贸易商为主体进行经营，面向城镇团体、餐饮业、居民批发零售的综合冷链物流园区。其一般由温控仓储、交易展示、综合服务三部分组成。例如，河北某城市农产品综合批发中心，如图 3-18 所示：用地面积 17ha，总建筑面积 12.1 万 m^2，冷库存储货位 2.0 万 Torr；物流系统采用巧固架+客户自行装卸直堆的市场物流特点的方式，规划中式商铺 200 个，法国伦吉斯模式交易厅 6 栋，综合楼 5 万 m^2。

图 3-18　河北某城市农产品综合批发中心

(5) 生产加工型。生产加工型冷链物流园区由专业生产商建设，针对一类或几类原料初加工和精加工的冷链物流园区。其一般由原料、成品存储、加工车间、生产动力设施及宿舍、餐厅、办公等生产生活服务单元组成，一般不存在标准化建设的通用建筑。例如，山东某公司海洋生物制品精深加工与冷链物流基地项目(图 3-19)：规划面积 16.17 万 m^2，建筑面积 9.0 万 m^2，加工能力 280t/班，冷库库容 26 万 m^2。

图 3-19 山东某公司海洋生物制品精深加工与冷链物流基地项目

(6) 综合型。综合型冷链物流园区是以上几类冷链物流园区业态的整合。例如，湖北某国际冷鲜食品产业园(图 3-20)：用地面积 133ha，总建筑面积 150 万 m^2，冷库存储货位 40 万 Torr；物流系统采用全自动立体冷库、横梁式货架+高位叉车等现代化的冷链物流方式；规划中式商铺 1000 个，法国伦吉斯模式交易厅 4 栋，车对车交易区 2 万 m^2，金融电子商务综合楼建筑面积 6 万 m^2，保税冷链 3 万 m^2，配送加工区面积 2 万 m^2。

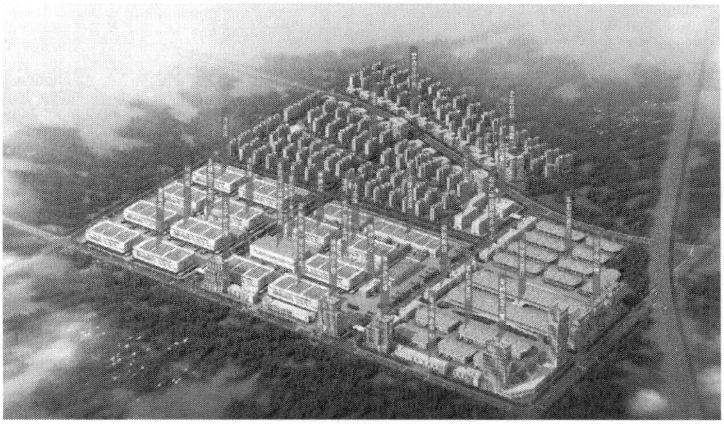

图 3-20 湖北某国际冷鲜食品产业园

2. 业态的定位，对项目建设选址、用地属性提出不同要求

由上面的不同业态列举可以看到，不同业态对冷链物流园区选址有着不同的要求，冷链物流园区区位又决定了业态的成败。

在规划项目中，要充分认识当前用地规划政策的执行力度和刚性，切忌抱有幻想。在工业或物流用地上建设商业批发形态的建筑，以期用高租金或高售价及早收回投资成本，以低的工业物流地价取得商业地产高收益。这种不切实际的运作模式越来越行不通，因为这突破了城乡建设用地规划的法律红线，也违背了用地属性与建筑防火安全设计应相互匹配的消防法律法规。这两条高压线会让各种擦边球手段无所遁形。

3. 分清、定准功能形态，缩短决策周期，投资高效节约

现实情况存在矛盾现象：一边业主有地、有资金、看到行业前景，但没有很好的可用性方案；一边业主有项目，但苦于没有合适的土地和充裕的资金。这需要在充分市场调研的基础上，借助有关协会和第三方的牵线搭桥，才能有针对性地策划项目，准确定位项目功能，开展定制化建设或者针对性建设。这将缩短决策周期，提高资金使用效率。

4. 项目定位需要考虑的因素

1) 当地农业产业特点

如果当地有特色农产品，则可依托当地的农业产业优势，建设产地型冷链物流园区。在产季大量收储，在销售旺季以分拨规模进行 B2B 形态交易。建设以果蔬预冷、水产品分选急冻、畜禽类预冷热销及冰鲜处理为主的冷链闭合前端设施，以提升产品品质，降低损腐率。这是国家倡导支持的冷链物流建设的主要内容之一，也是农业产业化输出端的主要投入方向。

2) 地理位置

如前所述，项目的所在位置决定项目业态的成败。例如，区域中心和海、陆、空港一般按照大宗分拨业态考虑，城镇周边可节点配送业态布局等。

(1) 服务半径。服务半径考虑到综合运输成本、产品的保鲜冻结状态保持时间及客户响应时间。例如，某企业认为区域中心分拨业态的配送半径不大于 300km，城镇节点配送半径不大于 20km。具体情况根据各项目所在地的交通情况和企业的响应能力及客户的要求进行分析判断。

(2) 城市规模。城市规模也是进行业态定位的考虑要素。例如，对于区域节点大城市，可以考虑冷链分拨业态。对于长沙、武汉、成都及北上广深等人口千万级别的大城市，形式以二级行政区划为单位的多节点共同配送业态，配套建设中央厨房。

(3) 城镇现代化进程和饮食传统。城镇的现代化水平决定城镇人群的生活节奏和生活理念。饮食传统决定对冷链在线产品的不同需求。对这些要素的综合判

断是项目建设业态细分的判点。

(二) 用地规划要求、指标与冷链物流园区功能匹配

目前，中国的土地政策和城市规划管理已经走上法治化轨道。在项目建设过程中，要摒弃几种思维模式，即以冷链物流建设之名，行房地产土地储备(等待土地变性升值)之实，或者在非商业用地上非法建设商铺、展销厅等进行租售，以期获取短期高收益回报。事实证明，这些在实际操作中已经无路可走。

在选址过程中，要避免业态与土地分类属性的矛盾。一方面，避免在工业或物流用地上建设批发市场业态的冷链物流园区，以免造成规划消防审批的困难；另一方面，也要避免以商业服务用地的价格获得土地，进行单一分拨或配送业态的建设，以免提高土地成本，延长投资回收期。

冷链物流项目规划特点是建筑密度低、容积率低。在很多土地资源稀缺的大城市，需要综合判断性价比，把握投资回收期，合理进行竖向布局。

作为供地方，土地、规划部门往往按照民建的高强度用地指标要求冷链物流项目。可根据行业特点向政府申请相应的政策，以降低投资成本，冷链物流功能更流畅，功能更加匹配。

项目选址要点：

(1) 先规划设计，再平整土地。在实际操作中，政府为了招商引资的需要，提前将不平整的土地进行削峰补谷式的整平。表面看起来土地平整，但没有进行地基处理，回填质量很差，不能满足作为工程基础的承载力要求。建设单位不得不二次开挖，逐层回填夯实。如果条件允许，应首先进行规划和施工图设计，然后按照设计要求回填土石方，避免造成时间和资金的双重浪费。

(2) 避开高压线、光缆等地上附着物，少花冤枉钱。在实际操作中，很多场地存在既有高压线杆、军用光缆、地下暗涵、西气东输埋管、南水北调管道等地上、地下附着物，或者贴邻有高速、铁路干线等需要交通防护退让的路线。这些设施往往不是供地单位的权属，他们无权迁移。这类土地往往买着便宜用着贵，原因在于：公路、铁路的保护退线使实际可用面积大打折扣；场地被管线分割的支离破碎，无法合理地进行功能布局。

(3) 交通便利性要提前进行规划层面的预判。冷链物流园区的车流量大，外部交通组织的便捷性决定今后使用的便利性。要对用地周边道路交通进行研判，充分考虑出入口设置的数量、位置、宽度是否满足功能需求，周边红绿灯等交通信号设施是否影响车辆进出冷链物流园区等。

六、冷链物流主体设施建设要点

冷链物流主体设施主要包括冷库、车辆接驳站台、分选加工设施和制冷机房。

从系统上概括为六个密切相关的部分，分别是物流系统、冷藏工艺、制冷系统、围护系统、隔热系统、机电系统。

(一) 物流系统

物流系统是冷链物流设施物理形态的核心。仓储和配送的面积分配比例、功能布局、建筑高度、层数的选择等，都要围绕物流工艺对机械化和自动化程度的要求展开。不同的业态定位决定了不同物流工艺的选择。在设计规划阶段，先要确定物流工艺的方向和要求，才能着手总图和建筑形态的规划设计。在实际操作中，往往先拍脑袋进行建筑设计，然后根据空间尺寸进行物流设施布局。这属于本末倒置、浪费空间与投资。

(二) 冷藏工艺

冷链物流是以温控为前提的专业物流方式。不同产品对存储、分拣加工及运输期间的温度、湿度、气体成分等有着不同的要求。这就要求在设计策划阶段，对冷链物流园区可能储配的产品进行预判。根据产品进行差异化冷藏工艺的选择和设计，在物流便捷的基础上，对仓配一体化的冷库按照不同周转期、不同品类产品的存储、拣选加工进行空间分隔，并对每个分隔区域进行温度、湿度甚至空气成分的控制。例如，对不同温度要求、有串味催熟作用的不同果蔬存储空间的分隔，对不同清真食品的分隔，对生、熟食品的分隔，对不同周期产品的分隔等。在此基础上，对制冷工艺进行规划设计。

在实际操作过程中，提前预判存储产品的类别，合理划分温区，适当采用可变温控。注意避免空间过度分隔，尽量合并利用，充分发挥物流设施的效率，减少制冷设施和围护结构、配套设施的投资成本。

在物流系统确定后，围绕物流工艺的需求，合理配置货架类型及数量，确定卸货站台的面积、车辆接驳的方式和数量，配置相应数量的垂直提升设备(电梯、往复式或连续式垂直提升机)。在后期，以施工图设计进行电气、自控、建筑、结构预留预埋设计。这些专业冷链物流配套设施的设置是申请政府补贴的计分选项，应在设计阶段充分考虑。

(三) 制冷系统

制冷系统方案制订的要点有五个方面需要考虑：温区划分、制冷剂、制冷系统类型、末端设备选型、自控程度。

1. 温区划分是制冷系统的基础设计条件

(1) 高温冷库：冷藏设计温度−2～8℃。

(2) 中温冷库：冷藏设计温度−23～−10℃。

(3) 低温冷库：冷藏设计温度–30～–23℃。

(4) 超低温冷库：冷藏设计温度–80～–30℃。

2. 制冷剂包括氨、氟利昂、二氧化碳

(1) 氨。优点：自然工质、性能优越、价格低、环保性能好、系统成熟。缺点：安全性差、受安监部门监管严格。

(2) 氟利昂。优点：系统简单、集成度高、稳定可靠。缺点：环保性能差、价格高。

(3) 二氧化碳。优点：自然工质、价格低、环保性能好。缺点：系统复杂、造价高。

3. 制冷系统类型

(1) 直膨系统：系统简单、造价低、易于模块化，但运行费用高，适用于小型氟利昂系统。

(2) 桶泵系统：系统复杂，需要集中机房，但运行费用低。

(3) 复叠系统：系统复杂，适用于–25℃以下系统，运行效率高。

(4) 载冷系统：系统相对简单，适用于–25℃以上系统，安全可靠。

4. 末端设备选型包括排管和冷风机

(1) 排管：传统蒸发器、价格高、安装周期长、不易于除霜、但是库温稳定均匀、干耗低、能耗低，适用于中低端客户。

(2) 冷风机：价格相对低、易于安装、除霜方便、降温速度快、但是干耗略高、能耗高，适用于高端客户。

5. 自控程度包括手动控制、半自动控制、全自动控制

(1) 手动控制：造价低、人工成本高、容易误操作，逐渐被淘汰。

(2) 半自动控制：造价相对低，可实现部分功能自控，但是仍离不开人工操作，误操作概率更大。

(3) 全自动控制：造价高，可实现无人值守，降低人工成本，提高系统效率。

(四) 围护系统

围护系统从物理形态上可表述为，构成冷库围合空间和支撑体系的建筑、结构系统。围护系统从建筑形式的角度，主要分为多层建筑、单层建筑；从建筑墙体材料的角度，有砖砌墙体、钢筋混凝土墙体、钢罩衣、蒸压轻质混凝土板、岩棉夹芯板等；从结构材料的角度，主要包括钢结构、钢筋混凝土结构及混合结构；从结构类型的角度，包括框架结构、刚架结构、无梁楼盖结构、排架结构等；从地坪防冻体系的角度，分为架空做法、通风管做法、加热地坪做法等；从屋面通风散热的角度，包括阁楼层做法、通风层做法、无措施做法等。以上各部位的做法需要根据业态、物流模式等进行综合判断选择。

(五) 隔热系统

隔热系统，是指将冷库内温控房间六个面包围起来，减缓库外温度波动对温控房间温度造成干扰的隔热构配件及技术措施。从隔热体系看，隔热系统有冷库内保温和冷库外保温两种体系。通常，土建冷库内保温体系较为符合现行《建筑设计防火规范》(GB 50016—2014)的要求，且造价较低。日本土建冷库采用外保温体系，构造简单、施工难度大、造价较高。

隔热材料：根据不同的结构形式和工期及造价，选择不同类型的隔热材料。隔热材料燃烧性能不能低于 B1 级，导热系数、密度、抗压强度、尺寸稳定性等指标要满足设计要求，同时发泡闭孔率等防止水蒸气的指标要达到国家有关规范要求。隔热层的厚度选择，要在一次投资和运营电费消耗之间取得平衡。

作为隔热材料保护层，隔气材料设置在隔热材料的高温侧，且要达到设计空气渗透阻的要求，以保证隔热材料长期的隔热性能。

防冷桥措施也是隔热系统中节能和保持冷库长期性能需要考虑的重要因素。墙体与结构主体间、冷库门口处、吊顶吊杆处、不同温控房间管道穿越处等都需要相应的防冷桥处理。

(六) 机电系统

配套上述系统的有关通风、给排水、自控、报警、照明、消防等的机电系统配置，以支持整个系统可靠、高效、安全的运行。

冷链物流园区是一种看似简单，但系统繁杂且互相关联的建筑体系。冷链物流园区的建筑不同于普通仓库和民用建筑，应该由专业的建筑设计公司设计建造。

七、冷链物流相关设施

(一) 分拣、加工、包装配套设施

根据冷链物流园区围绕产品的出入库区和业态的需要，应配套相应的分拣、加工、包装功能用房和设备。设备的配套要根据不同的产品和不同的客户需求进行预判和有针对性地设计实施，才能达到事半功倍的效果。

(二) 展售设施

展售设施主要是指围绕冷链物流园区的经营产品进行展示和销售的功能建筑。一般，展售设施分为中式天地楼商铺、柜台式交易厅、法国伦吉斯式的交易设施、拍卖行等各类设施。此类设施的规模应控制在规划用地属性控制的规模内，同时此类设施设置在冷库和加工间周边时应严格按照《建筑设计防火规范》(GB 50016—2014)要求，留出防火间距，严禁贴邻上述建筑。

(三) 其他配套设施

其他配套设施包括污水处理、供热、供电、净水设施等。根据不同的冷链物流园区功能，可适当选配。

八、项目设计建造注意事项

1. 建设规模、标准定位不合理，贪大、求洋、盲目投资

从项目前期商业策划角度，应该摆正心态，做好主业经营，遵循市场调研和行业预判。对于土地和资金充足的企业，可与有关物流运营公司协作，有针对性地规划建设，不贪图规模大，盲目扩大规模；不求洋，盲目投资不匹配业态的物流自动化设施；适当前瞻，按照国家标准化、信息化、冷链闭合的政策导向，与当地补贴政策匹配，做到适时、适度、适用的冷链物流园区才是最好的园区。

2. 以一般民用住宅建筑设计建造的思维来设计、建设冷链物流工程建筑

商用住宅建筑入住体验让人们将冷链物流工程建筑的设计实施过程等同于一般住宅建筑。住宅建筑的策划、建造、入住的过程：策划定位→主体及一般电气水暖设计、施工→装修→空调安装→购买家具→入住。

据此推导冷链物流建筑的工程策划设计实施的错误过程：参观→比量(放大或缩小规模)→主体建筑设计、施工→按照内部空间大小购买货架等物流设施→请制冷设备供应商进行二次制冷设计→结构返工变更甚至重新加固，墙体及结构砸洞→制冷工程施工→试车投产。建筑、结构设计前期没有考虑响应的柱网、荷载，返工加固砸洞费时费工，空间浪费，物流设施效能低。

专业的思考实施过程：市场调研→确定业态规模→参观考察→可行性研究精准定位定量→物流工艺+建筑结构+制冷工艺+机电配套同步确定方案设计实施→施工安装→试车投产。这种以物流工艺和冷藏工艺为设计核心，据此进行建筑、结构、机电、自控设计实施，才可以提高空间利用率，避免结构的浪费和降低安全隐患。

3. 主体设计建成后才考察确定物流设备和制冷设备

业主虽然聘请专业的设计公司，但事先没有考察确定物流设备和制冷设备。在设计或施工完成后，才选定设备厂家。这可能出现设备荷载、尺寸、基座基坑尺寸、预留洞、预埋件与原设计不同的现象，从而造成设计或施工返工，费时费钱，严重的会造成使用功能或建筑形态的终身缺憾。

九、基本资质及设计建设有关规范

1. 冷链物流工程规划设计所需基本资质

国家住建部颁发的商物粮行业相应专业资质(或综合甲级设计资质)，同时应具有省级质量技术监督局颁发的压力管道 GC2 级及以上设计资质。

2. 采用的基本规范

(1)《工业企业总平面设计规范》(GB 50187—2012)。

(2)《建筑设计防火规范》(GB 50016—2014)。

(3)《民用建筑设计统一标准》(GB 50352—2019)。

(4)《冷库设计规范》 (GB 50072—2010)。

(5)《室外装配冷库设计规范》(SBJ 17—2009)。

(6)《物流建筑设计规范》(GB 51157—2016)。

(7)《屋面工程技术规范》(GB 50345—2012)。

第七节　冷链物流金融业务模式和风险把控

随着经济社会的发展，对冷链物流的需求不断扩大，发展冷链物流金融业务可作为物流金融创新的一种典型模式。

一、冷链物流金融业务模式

(一) 物流金融传统业务模式

物流金融主要运作模式为资产流通模式、资本流通模式、综合运作模式，主要产品有信用证担保、仓单质押、买方信贷、授信融资、反向担保、保兑仓等多种产品和金融机构合作模式。金融机构对冷链物流企业的融资主要表现在信用贷款、仓单质押、贴现、融资租赁、有价证券的交易和担保业务中。

(二) 针对冷链物流金融的创新业务模式

金融机构创新金融产品模式。对于冷链物流企业，其产品对低温环境要求较高。与普通物流企业相比，冷链物流企业的建设成本更高，需要更高的运营成本。所以，金融机构应积极探索多种抵押担保方式，积极支持优质冷链物流企业的发展。表 3-3 为部分针对中小型冷链物流企业的金融创新产品特点。

表 3-3　针对中小型冷链物流企业的金融创新产品特点

金融创新产品	信贷融资方式
综合授权	银行给予经营状况良好且信誉等级高的中小企业一定的授信额度，提高企业融资率
担保贷款	由中小企业的关联方对其贷款提供担保而放贷
保全仓库质押贷款	以中小企业的流动资产为抵押发放一定的贷款，但前提是货物要放入银行指定的仓库作为质押物
应收账款买断	银行购买中小企业的应收账款债权，将其贷款先行支付对方，然后向买方索取
应收账款质押贷款	将中小企业销售过程中质量较高的应收账款作为抵押物贷款

(三) 基于冷链物流行业协会参与下的物流金融模式

中小企业冷链物流金融的风险在于其业务基础是分散的个人信用，有很大的不确定性。冷链物流行业协会将分散的会员以组织的形式动态地联系在一起，规范化管理。在“团购模式”的形式下，将分散的个人信誉转化为集体信用，并设立担保基金，可集中向金融机构申请融资担保授信额度。

(四) 基于冷链物流供应链金融模式

1. 供应链金融的贴现模式

作为供应链环节的关键，核心企业在与上下游企业的经济谈判中具有一定的垄断地位。中小型冷链物流企业可通过与核心企业业务往来将其提供的商业汇票向银行申请贴现,并将其产品作为质押物移交到银行指定的第三方冷链物流企业。

2. 供应链金融的保兑仓模式

中小型冷链物流企业向银行申请采购融资，由银行向核心企业支付集中采购贷款。核心企业将货物作为质押物送交银行指定的第三方冷链物流企业仓储和监管。中小型冷链物流企业在规定日期内提货，并向银行分期偿还贷款本金及利息，而银行根据收到的还款额指示第三方冷链物流企业向中小型冷链物流企业发货。

(五) 基于第三方冷链物流企业的物流金融模式

作为中介服务商，第三方冷链物流企业为供应链中各方提供货物加工、运输、仓储、配送的服务，拥有大量稳定的客户群体。第三方冷链物流企业可深入供应链的各环节，能够替代核心企业成为银行对冷链供应链的控制节点。

该模式为银行对第三方冷链物流企业给予一定的授信额度，由第三方冷链物流企业对与其长期合作的中小型冷链物流企业提供快捷灵活的融资服务，并对其融资进行担保，其以客户质押的货物为反担保。第三方冷链物流企业直接监管质押贷款业务，商业银行不参与该质押贷款的资质审核。

二、金融风险分析及应对建议

(一) 冷链物流金融风险分析

1. 法律环境风险

冷链物流金融业务牵扯到各方主体，质押物在流动时易产生所有权纠纷，而我国冷链物流金融尚处在发展阶段，缺乏可依据的指导性法律文件。

2. 信用风险

中小型冷链物流企业有可能会在质押过程中使用不合法的产品或质量比较差的产品代替优质产品。第三方冷链物流企业则有可能采用不正当的手段获取金融机构的资金，从而增加金融机构的资金风险。

3. 质押物风险

质押物的风险来源：一种是质押物的特殊性，冷链物流企业的质押物都是生鲜产品，不易储存；二是监管机构，即第三方冷链物流机构保管不善。

4. 技术风险

在冷链物流金融业务开展过程中，若缺乏有力的技术支持，信息网络技术落后，价值评估体系不完善，则造成质押物数量和质量不匹配。

(二) 冷链物流金融风险应对建议

1. 加强信息化管理

冷链物流金融服务开展后，客户价值识别、个性化服务需求等较高的要求迫使银行金融机构收集和掌握大量信息来保证决策的可信度。因此，建立一个强大的信息系统来有效地保证服务质量和效率是必不可少的。

2. 拓展冷链物流金融融资渠道

银行可采用资产重组、资产并购、首次公开募服等方式扩大其市场规模。通过建立风险损失补偿基金和对资金进行整合，冷链物流金融运营商可对中小型冷链物流企业业务中发生的风险承担赔偿责任。

3. 完善政策法律法规

由于冷链物流金融业务的迅速发展，参与冷链物流金融的各方主体会变得越来越多，当事人的利益诉求也会变得复杂多样，政府应尽快出台相关法律法规政策，理清相关当事人之间的关系，减少不必要的法律纠纷。

4. 加强专业人才引进与培养

影响冷链物流金融业务发展的一个重要因素就是对人才的培养。只有不断地培养高素质的复合型人才，才能从整体上规范和创新冷链物流金融业务。

第四章　冷链物流岗位职责与要求

第一节　冷链物流人才岗位主要职责

冷链物流人才的培训培养，是一个政产学研用结合、一二三产融合发展、培养复合型人才的典型案例，对带动区域发展、实现国家战略有重要意义和作用，将产生重大的经济和社会效益[29]。

一是促进三大标准体系的构建。冷链物流标准化建设工程的核心任务：完善冷链物流标准体系，推动标准体系更新，弥补标准体系的短板，形成“不断链”的冷链物流综合性标准体系。通过标准的实施，规范冷链物流的操作和管理，提高流通标准化水平。加快冷链设施标准化改造，促进冷链运输标准化器具的使用，降低流通损耗，提高流通效率。

二是促成三大标准体系的良性循环(图 4-1)。知识标准体系的建立能有效促进复合型人才专业水平的不断提升；同时人才标准体系的建设又反作用于知识标准

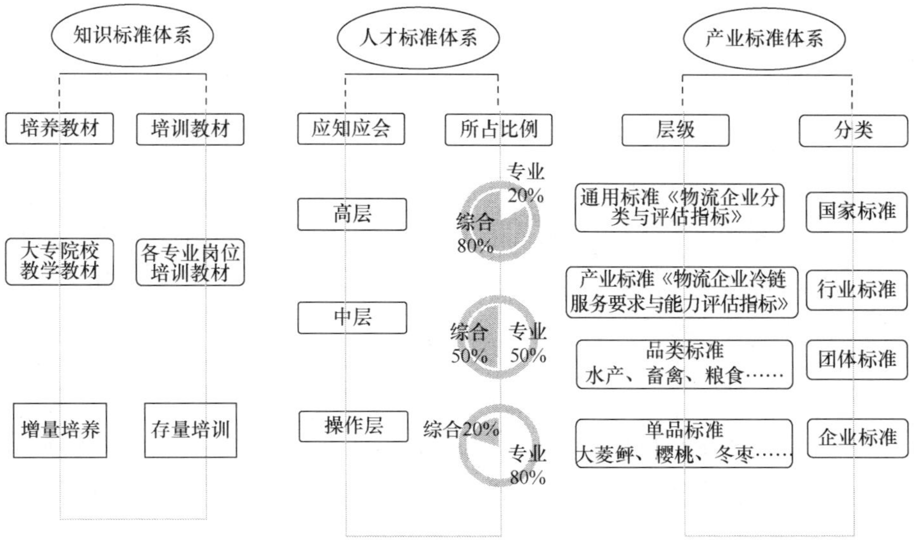

图 4-1　三大标准体系建设架构图

执笔人：黄宝生、姜沛宏、陈东杰、范志强

体系，对知识标准体系的建立起到完善作用。建立完备的知识标准体系对于产业标准体系的发展起到一定的指导作用，同时来自产业的实践经验又反作用于知识标准体系，对知识标准体系的建立起到修正与完善作用。

产业标准体系完善助推人才的不断成长，同时人才标准体系的建立对于相关产业的发展又起到支持与促进作用；打造一个大循环生态体系(图 4-2)，实现三大标准体系(知识标准体系、人才标准体系、产业标准体系)的良性循环，三者相辅相成，互相配合，共促发展[30-32]。

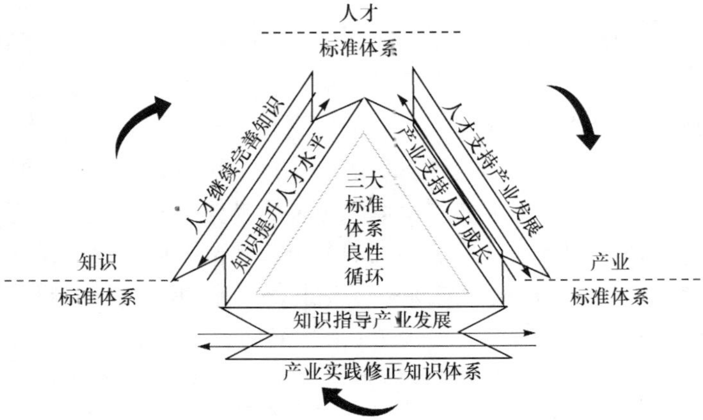

图 4-2　三大标准体系良性循环

一、战略规划层

(一) 企业的战略规划层

企业的战略规划层是指对一个企业或组织在一定时期全局的、中长远的发展方向、目标、任务、政策及资源调配做出的预测、判断、决策和管理工作。它包括公司在完成具体目标时对不确定因素做出的一系列判断，公司在监测各种活动的基础上制定战略规划。

(二) 工作职责

战略规划层需要根据企业生存和发展的需要，通过对企业所面对的宏观环境、微观环境进行研究分析，结合企业内外部的资源与优势，利用战略管理的相关工具为企业的中长期发展规划提供对策建议，帮助企业制订、修改、实施、评价战略方案，并帮助其不断完善。

企业的战略规划通过分析企业战略管理现状，判断企业战略管理方面的主要问题，确定战略管理咨询的课题，设计战略管理的改善方案并指导实施。从狭义的角度讲，企业的战略规划是指帮助企业为了实现生存和发展的目的，对战略的制定过程和实施过程所进行的管理。从广义的角度讲，企业的战略规划是帮助企业从战略的高度，运用决策与计划、组织与指挥、控制与激励等职能，对解决关系企业长远生存和不断发展的全局性重大问题所进行的管理。

(三) 基本素质要求

基本素质要求：具备扎实的相关理论基础及综合管理知识和技能；了解企业的运行现状、发展趋势、存在问题；有丰富的高层管理实践经验，熟知行业和企业内各项内容，面对一线工作、管理工作等问题能随时做出判断；具有灵活的创新思维和知识概括、展示能力；有系统思维能力，能用综合的知识去解决复杂的问题；了解宏观政策，能够洞悉行业、竞争对手发展特点，与时俱进；具备出色的沟通能力，包括与政府、分管部门、企业的高层、企业的中层、企业的基层、竞争对手、行业协会、科研院所等的沟通；信任感，包括企业领导层、管理层和实操层各级人员的信任。

(四) 岗位特点

1. 视野广阔、眼光前瞻

充分认识企业战略的系统性、长期性、艰巨性等特点，立足高远，站在未来的角度看企业，力争使企业能有持续且长远的发展。

2. 头脑清晰、方法创新

随着当今经济的飞速发展，企业间的竞争越来越激烈，在这种情况下，企业要想生存和发展只有通过创新，战略与众不同，规划超越别人之所想，才能领先。战略规划层就要本着以创新为原则，结合企业本身实际情况，为企业制订适合企业自身特点且有竞争力的战略方案。

3. 逻辑清晰、计划系统

战略规划层是基于企业整个管理进程，任何一种战略在制定后，都必须要有效地贯彻实施，它的实现依靠企业活动中的人这一环节。因此，战略规划管理是一项复杂的系统工程。该岗位人员必须以系统论为指导，对企业生产活动的各种要素进行分析整合，使企业战略能够落地。

4. 实干为本、高效执行

战略规划不是一个表面的概念，它渗透在企业中的每个环节，能够操作和推行下去十分重要，否则毫无价值可言。战略能否落地表现在：基于目前的环境，结合自身条件，就企业现在及未来在工作中要做什么、何时做、何地做、何人做、如何做的问题进行周密的部署、详细的阐述和具体的安排。也就是说，战略是一系列具体的、明确的、直接的、相互联系的行动计划的指令，一旦付诸实施，企业的每个部门、每个员工都能明确自己的目标、任务、责任及完成任务的途径和方法，并懂得如何与其他部门或员工相互协作来确保目标的实现。

5. 顾全大局、层层分解

战略目标本身具有宏观性、全面性的特点。但战略目标作为一种总目标、总任务和总要求，只有将其分解成某些具体目标、具体任务和具体要求，才便于在企业的运营中发挥作用。以美国通用汽车公司为代表的一些国际公司，既能够在空间上把总目标分解成一个方面又一个方面的具体目标和具体任务，又可以在时间上把长期目标分解成一个阶段又一个阶段的具体目标和具体任务，战略目标的分解应自上而下，逐层分解，形成部门的子目标，直至最基层的目标，帮助企业实现战略目标的可操作性。

(五) 工作内容

简而言之，工作内容包括：剖析企业外部环境；了解企业内部优势和劣势；帮助企业迎接未来的挑战；提供企业未来明确的目标及方向；使企业每个成员明白企业的目标；提高成功概率。

工作内容的具体工作表现：企业现有战略评估与建议；企业战略资源与能力评估；企业总体发展战略梳理与明晰；公司业务战略选择与制订；公司业务组合分析与策略设计；公司并购战略分析与设计；集团战略规划与支撑体系设计；集团战略目标体系设计；集团企业业务整合与组织管控模式设计；战略执行体系设计。

二、综合管理岗

综合管理岗要求能够描述冷链物流管理的基本内容、国内和所在区域的市场概况、所在组织业务相关的法律法规和标准；了解所在组织的战略目标和市场目标、了解所在部门在组织中的定位和目标；具有冷链仓储与配送、库存管理、冷链运输、冷链安全和健康保障的法律法规等基础知识储备；了解冷链物流领域产品、服务和技术的发展动态。

综合管理岗主要工作是负责办公室的综合协调、文件秘书工作，人力资源管理中的人才考察、调配和档案管理工作，以及各类信息的收集、整理、上报等工作。综合管理岗下设综合管理主管、后勤管理主管和合同专员三个岗位，各岗位职责分述如下。

(一) 综合管理主管

综合管理主管岗位职责：协助部门经理制定部门各项规章管理制度和管理流程，督促部门人员严格执行，做到依章办事、有章可循；协助部门经理建立部门组织框架，明确人员编制计划，制定各岗位工作职责，协助制定部门各项工作流程；

制定部门综合管理工作目标、计划，并组织实施，协助制定部门长期发展规划；协助部门经理编制公司年度工作计划及经营指标；按集团要求，负责组织起草综合性业务信息抄报，如季度、月度工作计划及完成情况，整理、汇总年度工作总结；负责部门各项费用的预算与控制；负责固定资产、办公用品、损耗品的申领、采购及管理，做好固定资产管理台账；负责制订、印发部门文件，公事来往信函、资料和公文的收发、登记、拟办、传阅、催办、归档工作；负责来访、来客人员的接待工作，组织安排重大会议及重要活动；搞好部门内部企业文化建设及培训等工作，并做好培训记录；负责组织编制合同范本，建立系列化合同体系。

组织和协调集团律师及外聘法律顾问审核拟签订的合同或者协议书中的法律内容，为合同签订提供法律支持，保障集团的法律利益，为集团商业项目的健康、安全运行提供全面的法律保障；组织制定部门合同管理制度，对合同的订立、变更、执行、终止实行监督及跟踪管理；监督管理合同的汇总、分类、归档保存、调阅登记等工作；组织和协调集团律师及外聘法律顾问处理法律方面的事务；负责部门员工的考勤管理；日常后勤事务的处理和管理；完成上级领导交办的其他任务。

(二) 后勤管理主管

后勤管理主管岗位职责：协助综合管理主管起草部门各项规章管理制度和管理流程；协助综合管理主管建立部门组织框架，汇总、整理各岗位工作职责，协助制定部门各项工作流程；负责部门年度目标、年度目标完成情况、半年度目标、半年度目标完成情况、季度目标、季度目标完成情况、月工作计划、月工作计划完成情况、月报等各项信息抄报的汇总、整理和提报工作；负责固定资产、办公用品、损耗品的申领、采购及管理，做好固定资产管理台账；负责协助综合管理主管做好部门各项费用的预算与控制，以及年度、月度资金预算的提报；负责部门所有重要文件、资料及档案的收集、汇总、分类、整理和保存；负责部门与其他单位及部门的工作联系函及相关文件的发放和接收工作，并做好相关记录。

及时收集和了解部门全体员工的工作动态，协助上级领导协调部门全体员工的业务工作，掌握全部门的主要活动情况；在上级领导下负责部门具体管理工作的实施检查、督促、落实执行情况，并督促办理，及时向上级领导反映；负责部门办公会议的组织和服务工作，做好会议记录，并及时整理、印发会议纪要和会议议定事项，并检查督促会议决议的贯彻实施；协助综合管理主管做好重大会议及重要活动的组织和安排工作；协助综合管理主管做好公司重要来宾的接待安排(机票、酒店、用餐等)及重要会议的组织与会务工作；组织汇编公司大事记、图片库等文献资料；协助综合管理主管搞好部门内部企业文化建设及培训等工作，并做好培训记录；负责办理部门各项行政工作的审批流程；负责部门相关费用的报账工作；协助部门上级领导做好综合、协调工作和处理日常事务；完成上级领导交办的其他任务。

(三) 合同专员

合同专员岗位职责：负责起草部门合同管理制度，协助拟定具体经济合同管理实施细则；对合同的订立、变更、执行、终止实行监督及跟踪管理，确保符合法律及相关制度规定；起草编制合同范本，建立系列化合同体系；协助综合管理主管与集团律师及外聘法律顾问协调、沟通，审核拟签订的合同或者协议书中的法律内容，为合同签订提供法律支持，保障集团的法律利益，为集团商业项目的健康、安全运行提供全面的法律保障；负责对外签订重大经济合同的起草准备、参与谈判和初审工作，严格掌握签约标准和程序，发现问题并及时纠正；负责合同的汇总、分类、归档保存、调阅登记等工作，建立合同管理台账；负责合同信息输入计算机的工作，实行信息化管理。

控制合同副本或复印件的传送范围、保守内部商业机密；组织和协调集团律师及外聘法律顾问处理法律方面的事务；跟踪商家合同履约的完成情况，并督促其如期兑现，汇总合同签订及执行总体情况，提出有关工作报告和统计报表，并就存在的问题提出相应建议；完成上级领导交办的其他任务。

三、制冷工艺岗

(一) 岗位描述

制冷工艺岗是指制冷工运用各种技术手段，对制冷设备进行安装、调试、操作、保养、检测、修理和排除故障的岗位。

(二) 岗位职责

(1) 制冷压缩机、辅助设备及冷却设备启动前的准备：根据制冷系统的负荷情况，确定冷量与启动方案；按交接班记录进行正常工作；对一般故障进行分析并予以排除。

(2) 系统的运行操作：制冷系统的排污及气密试验；充加制冷剂；冷冻机油的更换；处理异常情况；合理选择融霜时间，对蒸发器进行融霜操作。

(3) 制冷系统的调整：调整温度、压力等基本参数；调试制冷压缩机、辅助设备及冷却设备。

(4) 制冷系统的故障排除及维护保养：处理正常长期停机；分析、处理一般性故障停机；制冷压缩机、辅助设备及冷却设备的维护保养；对轻微湿冲程等一般性事故进行应急处理。

(5) 制冷系统的交接班：能在制冷系统正常运行时交接班，并能对运行参数进行分析；在制冷系统操作调整的状态下交接班，并分析运行参数的变化趋势。

(6) 熟悉制冷系统设计：包括压缩机、阀件、换热器等常见部件的选型及设计；设备制冷剂改造工程方案的设计、技术监督、管理、服务；制冷运行岗位的设备安装调试、检修、技术改造和竣工验收工作；完成领导安排的其他工作。

(三) 任职资格

任职资格包括：制冷与低温技术、暖通、空调或相关专业大学专科以上学历，2 年及以上制冷行业工作经验；具有扎实的制冷、暖通等专业知识，熟练掌握制冷理论，熟悉制冷系统设计流程，熟悉国家有关冷链物流方面的标准和规范，并对制冷设备技术的发展方向有比较深入的见解。

能熟练使用计算机辅助设计软件进行辅助设计(熟悉工程制图，包括二维制图和三维制图)，熟悉制冷压缩机结构及安装使用技术，熟悉制冷工艺及制冷配件选型、制冷匹配等；责任心强，具有较好的沟通协调能力及团队意识；持冷气技工或制冷操作证。

四、仓储作业岗

物流公司的仓储作业岗，一般设有仓储经理、文员(内勤)、分拣员、收货员、保管员、仓库管理员、搬运入库员、安全员、设备管理员、复核员、发货员等。

(一) 仓储经理岗位职责

仓储经理岗位职责包括：负责建立仓库高效运营项目标准化作业体系，与业务相关部门的协调体系；参与公司经营战略制定；根据公司年度经营规划，制订仓储部门工作计划；负责全面质量管理工作；负责控制仓储部门的预算，降低仓储费用成本；负责审查各种统计报表；能够对公司仓储、物流系统进行规划、分析、设计与优化；负责公司仓储管理队伍建设、选拔、配备、培训、评价员工；组织库房管理、出入库管理等各项制度的实施；货物的出入库管理，组织仓库的现场管理；组织改善仓储环境和作业效率，提供准时、安全、有效的仓储作业服务；负责部门内的职责分工；对员工制订阶段工作计划并督促执行。

(二) 文员(内勤)岗位职责

文员(内勤)岗位职责包括：主要负责商品出入库单证审核发放、手续办理、信息录入、运营数据汇总、差异处理等工作；编制商品出入库的各种报表，统计数据，并及时上报；外部客户与仓储相关单货差异事项的协调处理；外部信息与仓储部门信息对接的第一联系人，通过其甄别后交相关人员处理；协调好本岗位与其他岗位的关系，保证各项作业的顺利进行；完成上级主管安排的其他工作；协助经理处理一些日常行政工作。

(三) 分拣员岗位职责

分拣员岗位职责包括：随时掌握仓储设施设备的可用性，并能提出改进意见；熟悉存储商品的品种、规格、型号、性能及理化性质；根据分拣单分拣商品；对分拣过程中发现的商品问题及时上报；严格按照分拣单分拣商品；做到单货相符；熟悉库区的划分及货位的分配原则，能够迅速根据单据取到商品；做好已分拣完商品的单货匹配，并转复核人员二次复核；协调好本岗位的关系，保证各项作业的顺利进行；完成上级主管安排的其他工作。

(四) 收货员岗位职责

收货员岗位职责包括：负责入库商品的数量验收、质量验收和包装验收；对验收中发现的问题及时妥善处理；详细做好验收记录，并生成验收报告；根据验收结果给出改善性的意见或建议；选择合理的验收方法和验收设备，降低验收成本，提高验收效率；公司逆向物流商品的收取与检验；做好相关岗位的协调工作，提高工作效率；完成上级布置的其他工作任务。

(五) 保管员岗位职责

保管员岗位职责包括：做好商品的保管工作，严格遵守仓库保管制度；对保管的商品及时检查，做到账物相符；安排好货物的存放地点及存放方式，方便存取；加强仓库的温湿度管理，保持良好的货物存放条件；定期清扫保管区域，做好防虫、防鼠工作；定期检查通风、照明、防火、防潮等设施的情况，确保其正常运行；定期检查保管货物的品种、数量及质量状况，出现问题及时处理，并做好相关记录；不定期对保管货物进行盘点，做好盘点记录及盘点结果的盈亏处理；做好相关岗位的协调工作，提高工作效率；完成上级布置的其他工作任务。

(六) 仓库管理员岗位职责

仓库管理员岗位职责包括：严格执行库存控制管理制度和管理流程；能够结合实际情况分析库存情况，形成统计报表；能够进行库区优化、货位优化、分拣路径优化等工作；负责做好待滞品、废品的处理工作；负责跟踪仓储作业运营数据，并能对数据进行分析；负责与公司业务相关部门的有效沟通；负责部门信息化的建设，优化控制系统，降低成本；做好相关岗位的协调工作，提高工作效率；完成上级布置的其他工作任务。

(七) 搬运入库员岗位职责

搬运入库员岗位职责包括：严格按照搬运流程及注意事项完成货物的装卸搬运工作；搬运时要结合相关岗位的作业特点，选用合理的搬运方式和搬运器具，减少不必要的搬运环节，缩短移动距离；严格遵守搬运要求，轻拿轻放，严禁野蛮作业；严格按照货位规则摆放商品，并能提出合理的改进意见；及时进行补货作业，确保货位商品能够满足拣货的数量要求；做好搬运设备的日常维护与保养工作；加强搬运工作的安全管理，避免事故的发生；作业后及时清扫现场，保持现场整洁；问题商品的发现与提报；分析商品存放规则的合理性；做好相关岗位的协调工作，提高工作效率；完成上级布置的其他工作任务。

(八)安全员岗位职责

安全员岗位职责包括：负责制定安全计划和防范措施；负责制定仓库安全管理制度，拟定各岗位的安全生产管理制度；负责设备安全生产所需的各种设施设备，包括消防设备、安全标示、警示牌等；加强分拣、搬运作业的安全管理，避免事故的发生；定期进行安全检查，消除安全隐患；定期开展安全生产培训及安全知识宣传活动；做好相关岗位的协调工作，提高工作效率；完成上级布置的其他工作任务。

(九) 设备管理员岗位职责

设备管理员岗位职责包括：负责制定设施设备的使用和保养制度；负责仓库内设施设备的维护与管理；定期对设备进行检查调试，排除故障；定期开展设备操作人员的技术培训，传授设备的维护和保养方法；加强对设备的技术改造，提高生产效率；做好相关岗位的协调工作，提高工作效率；完成上级布置的其他工作任务。

(十) 复核员岗位职责

复核员岗位职责包括：负责分拣商品的单货二次复核；负责分拣商品的打包，贴面单；按一定规则对打包的商品进行分类存放；能够提出工作流程改进方案；做好相关岗位的协调工作，提高工作效率，降低差错率；完成上级布置的其他工作任务。

(十一) 发货员岗位职责

发货员岗位职责包括：负责已打包的商品单货二次确认；根据发货规则与快递或第三方物流公司进行商品交接；处理与快递或第三方物流公司往来业务的差异事项；能够提出工作流程改进方案；做好相关岗位的协调工作，提高工作效率；

完成上级布置的其他工作任务。

这是一个培养管理人才的岗位，特别适合于物流相关专业的高校毕业生，仓储物流管理工作的系统性、复杂性及从业人员的整体素质等多种因素影响，使仓储物流管理工作人才缺失。从事仓储物流管理方向的工作需要扎实的理论经验和现场实践经验，因此作为储备干部人员需要对仓储物流管理部门各个岗位的工作进行熟悉。该岗位的晋升方向一般是部门主管、经理。

总体来说，仓储作业岗是起着承前启后的重要作用，前面接触的是供应商、客户，后面对应的是运输配送，在整个物流过程中的“出”和“入”上至关重要。

五、运输配送岗

物流运输配送几乎包括了所有的物流功能要素，是物流的一个缩影或在某小范围内物流全部活动的体现。一般的配送集装卸、包装、保管、运输于一体，其中，运输与配送尤为重要，对于车厢内温度带管理、商品管理都有一定的要求。

一般来讲，运输配送部主要由配送主管、送货司机、配送员组成。

(一) 运输配送部整体岗位要求

运输配送部整体岗位要求包括：向公司分管运输负责人汇报；制定战略规划、业务模式，制订业务发展计划；负责公司运输资源的回程配载、零担配送业务、第三方物流业务在区域内的市场营销、客户开拓、业务发展；实施区域人力资源管理策略，吸引相关人才，鼓励员工提高工作技能，激发员工提高工作热情；制定内部管理制度，建立内部控制和监督体系；监督和评估内部各方面的绩效指标，从中发现持续改进的机会，并加以实施；建立营运成本的核算体系，负责营运成本的分析、控制；建立高效、协作的团队，完成公司下达的区域绩效指标；注重流程管理，不断提升工作效率，改善服务质量，提供高水平的物流服务；与客户维持良好的关系，并不断寻找新的机会；负责区域范围内各配送门店、网点的建立、管理与控制；吸引、整合社会冷链物流资源，负责冷链物流资源的采购，并与供应商建立良好的协作关系；负责公司物流信息系统在区域内的实施。

(二) 配送主管岗位职责

配送主管岗位职责包括：制定运输配送日常管理制度并负责落实执行；负责运输配送计划并监督实施，根据配送区域、配送货量、配送时间的不同，制定合理的配送路线，节约运输成本，提高配送效率；负责对运输配送人员进行调度和安排，做到人车适配，满足客户服务要求；负责部门内异常情况的处理与汇报工作；负责车辆的组织、调配和管理，对车辆油耗、维修、保养、保险、事故、违章、保洁等做到精细化管理；负责部门与部门之间、部门与客户之间的沟通、协调工作；协助上级领导做好部门员工的考核工作；积极听取其他部门对本部门的工作建议，对运输配送部负责，完成上级领导临时交办的其他工作任务。

(三) 送货司机岗位职责

送货司机岗位职责包括：服从上级领导的工作安排和调配；出车前检查车辆水箱、汽油、机油、轮胎等状况，重点检查制冷机组是否正常运转，发现异常应立即上报上级领导，确保送货过程的安全；货物装车时协助配送员核对配送货物数量的准确性，按送货路线安排货物装车顺序，协助货物装车；要具有高度的责任心、态度端正，对客户热情；对客户的抱怨要耐心倾听，做好解释工作，维护销售人员与客户之间建立的良好关系，按公司规定配合客户调换货工作；送货途中安全行驶，不得无故改变行程，拖延送货时间，不违反交通规则，停车要安全，不能影响交通秩序，下车要锁好车门；送货途中发生突发事件要及时与上级领导取得联系，由上级领导决定处理方案；未经允许，不准公车私用；完成上级领导交办的其他工作任务。

(四) 配送员岗位职责

配送员岗位职责包括：服从上级领导的工作安排和调配。出车前带齐送货单，询问公司业务部是否有当天途经路线需要收款的欠单；在货物装车时，送货员要对照送货单核对货物数量的准确性，并在送货单上签字确认；出车后必须随身携带手机，确保通信正常，对上级领导的呼叫，应立即应答。

要具有高度的责任心、态度端正，对客户热情；点货时发现货物差错应立即通知门市部，由业务部调查处理；对客户的抱怨要耐心倾听，做好解释工作，维护销售人员与客户之间建立的良好关系。

当送货到客户处时，在不违反公司退货规则的情况下客户要求退货的，配送员验收后必须于送货当天退回仓库，由仓库管理员签名确认，将退货单交门市部录入计算机库存后移交财务部。

协助司机记录客户地址和送货路线；负责现金客户收款工作和账期客户欠款凭证的办理，当天将货款和欠款凭证上交财务部核对；完成上级领导交办的其他工作任务。

总的来说，配送是物流活动中一种非单一的业务形式，它与物流、商流、资金流紧密结合，主要包括商流活动、物流活动和资金流活动，可以说是包括了物流活动中大多数必要因素的一种业务形式。从物流来讲，配送的目的是将货物送达，特殊的配送则还要以加工活动为支撑，所以包括的方面更广。但是，配送的主体活动与一般物流不同，一般物流是运输及保管，而配送是运输及分拣配货，分拣配货是配送的独特要求，也是配送中有特点的活动，以送货为目的的运输则是最后实现配送的主要手段，从这一主要手段出发，常常将配送简化地看成运输中的一种。

从商流来讲，配送和物流的不同之处在于：物流是商物分离的产物，而配送是商物合一的产物，配送本身就是一种商业形式。虽然配送在具体实施时，也有以商物分离的形式实现的，但从配送的发展趋势看，商流与物流越来越紧密的结合是配送成功的重要保障。

六、质量监控岗

(一) 岗位设置目的

质量监控岗设置目的包括：

(1) 建立冷链物流监控体系及标准，推进冷链物流质量体系的运作与实施。

(2) 对冷链物流各环节进行质量监控，全面提升冷链物流过程中各环节的质量水平。

(3) 提高冷链物流行业的质量、降低企业和行业的产品损耗及成本，为社会提供高质量的产品，促进行业健康发展。

(二) 岗位职责

质量监控岗的岗位职责包括：

能制订生产、仓储、配送、运输、销售环节的质量控制方案；能制定、评价、优化冷链物流质量控制与追溯管理流程；能制订可视化的质量控制和追溯实施方案；能进行库存分析，能制订、实施和评估库存控制方案；能制定、执行、评估冷链仓储与配送安全管理制度和流程。

可在既定方案的框架下，解决局部问题，优化部分环节的流程交接；能对供应链环境进行分析，确定物流发展的战略需求；能进行冷链物流组织结构设计；能对冷链仓储与配送系统提出功能需求；能根据客户需求制订冷链仓储与配送服务方案、审核服务合同；能对冷链仓储与配送市场进行分析，撰写市场分析报告。

能执行冷链货物的安全、品质、卫生等控制流程；能使用冷链物流监控系统和设备进行物流和质量的追溯操作；能执行对温度、湿度、环境、作业时间、货损率、遗失率等指标的监测，提高对冷链物流的监控。

根据质量监控岗分析的任务和程序，将质量监控岗分解成若干工作单元和环节，方便逐项完成，提高工作效率。

整理好相关文件，为质量监控岗中有问题的工件和在出现问题后能够及时找到相关责任人做好准备工作，如“质量检验记录单”“作业指导书”等与质量监控岗相关的文件。

组长应掌握一定质量检验方面的相关知识，能够在检验员和操作工出现问题时给予及时处理和解答，减少问题的发生，提高工作效率。

能够与冷链物流过程中的其他流程相协调，在出现问题时能够及时做出整改，使整个质量监控岗做到标准化、规范化、制度化。

处理好质量监控岗各个环节的关系，同时能够提出自己对本岗位的想法。

对入岗的新员工进行培训，并定期对检验员及其工作技能进行检查与考核，巩固质量管理体系的员工基础。

协调管理，服从安排，完成每天布置的任务。

七、信息技术岗

现代冷链物流依托卫星定位、物联网、移动互联等先进信息技术应用，按照规范化、标准化要求配备车辆定位跟踪及全程温度自动监测、记录和控制系统，积极使用仓储管理、运输管理、订单管理等信息化管理系统，按照冷链物流全程温控和高时效性要求，整合各作业环节。借助先进的管理技术和组织方式，建立冷链物流数据信息收集、处理和发布系统，逐步实现冷链物流全过程的信息化、数据化、透明化、可视化，加强对冷链物流大数据的分析和利用。实现冷链物流的信息及时处理、配送流程优化，以及存取选拣自动化、物流管理智能化，形成资金流、物流、信息流的一体化。

高速发展的冷链物流对物流行业内信息技术人员的从业能力提出了较高要求，信息技术人员需要为冷链物流企业提供综合服务，使冷链物流上下游企业、政府管理部门、相关职能部门的信息能够及时、准确传递。信息技术人员通常应具有内外政策法规、冷链物流需求与供给等信息的查询、采集、发布和维护等功能。

(一) 信息技术部门主要职责

信息技术部门主要职责包括：制定和完善公司信息技术相关的规章制度；制定公司信息技术建设的总体规划及本部门的工作计划并组织项目实施；制订计算机系统、网络系统应急方案，保障公司信息技术系统安全运行，并提供相应的技术支持；信息技术人员的培训和考核；计算机硬件、网络设备和信息系统(软件类)的选型；审核公司计算机硬件设备与网络设备的采购、报损和报废工作；对公司网络系统进行定期或不定期的专项检查，并对公司内部员工使用的计算机进行定期或不定期的杀毒，保证网络流畅；负责公司重要数据的保密和备份管理，并对公司信息系统进行定期或不定期的各项检查。

对公司信息系统 ID 账号建立关闭、权限分配、数据备份等重要动作的实施。负责跟踪先进信息技术研究的发展，及时调整公司信息技术业务，辅助公司战略发展；负责信息技术资料的归档、交接工作。

(二) 信息技术人员岗位职责

1. 管理岗

管理岗岗位职责：负责参与公司各信息系统的具体实施，含前期调研、中期实施、后期运维及各部门的协调；制作各信息系统培训资料，并组织定期培训；定期或不定期对各信息系统进行数据评估，并提出优化建议；与信息系统实施方保持沟通，及时反馈使用中出现的问题；统计公司内部员工各信息系统的有效使用率，如办公自动化审批时效，并提供相应的评估报告；定期或不定期对信息系统数据库的安全性进行检查；监督信息技术专员的日常工作，尤其是账号和权限分配方面的工作；定期提交信息系统运行报告；负责与网站建设方沟通，对网站版面进行定期或不定期的优化。

2. 技术岗

技术岗岗位职责：负责公司内各信息系统的日常维护工作，含账号开启关闭、权限分配、流程管理、数据备份等；对每个系统、每个操作都必须进行记录；配合人事部门在员工入职和离职的情况下，提前做好邮件开通和关闭、账号权限分配和禁用等工作，并做好相应操作记录；与公司通信员保持实时沟通，及时更新公司网站和门户系统上的信息，并对公司网站版面提出优化建议；协助信息技术经理完成其他工作。若有需要，将集团和各子公司通过虚拟专用网络进行综合组网，以保证公司各部门员工在内网和外网都能顺畅、安全地访问公司网络。

3. 基础岗

基础岗岗位职责：解决现行网络架构运行出现的故障，并提出优化方案；负责为公司内各信息系统服务器选型，并提供专业的技术支持；搭建公司邮件、域控、网络附属存储等服务器并提供技术支持；负责对机房内所有设备，包含机房空调、机房报警进行定期巡检；负责计算机和网络设备的采购；定期进行数据库或重要数据备份；负责公司内部员工在桌面应用(含办公软件)、局域网、广域网、电话、视频会议、邮件收发、账号、杀毒软件、打印机、复印机等的日常运维工作；协助系统架构工程师对系统架构搭建、网络故障和服务器运维等的方面工作的开展；负责对计算机和网络设备进行资产管理，配合财务部人员进行定期盘点；配合人事部门在员工入职和离职的情况下，提前做好计算机安装、贴标和归还设备入库等工作。

第二节　冷链从业人员职业能力要求

中物联于 2001 年启动“中国物流人才工程”，随着经济和社会的发展，特别是近几年物流产业的快速发展，新技术的应用，物流行业新业务、新岗位的出现，使得社会和物流行业对人才的需求从数量上、规格上和质量上都发生了变化。物流各专业领域也越来越重视其从业人员的培训与教育的专业化问题，也纷纷提出专业化职业标准的制定需求。近年来，冷链物流的蓬勃发展也对冷链物流人才专业化培养提出要求，冷链物流人才已经被列为十大紧缺人才之一，目前年缺口在 12 万人以上，而现在开设冷链物流专业的院校和获得权威认证机构颁发证书的人才几乎为零。

因此，根据《国家发展改革委办公厅关于印发 2013 年物流行业标准项目计划的通知》(发改办经贸〔2013〕2492 号)，中物联、中国物流与采购联合会冷链物流专业委员会、全国物流职业教育教学指导委员会、招商美冷(香港)控股有限公司、山东省商业职业技术学院、厦门市质量技术监督局、国家农产品现代物流工程技术研究中心等单位联合起草制定了《冷链物流从业人员能力要求》，为冷链物流从业人员的培训提供指导意见。

本标准主要对以下四类人员提出相关要求：

(1) 物流员级从业人员。物流员级从业人员的主要职责是根据作业流程的规定，完成冷链物流仓储、运输、信息处理、冷链物流系统的使用和维护等作业操作。

(2) 助理级从业人员。助理级从业人员的主要职责是根据作业管理的要求，对冷链物流仓储、运输、信息处理、冷链物流系统的使用和维护作业操作实施监督和指导。

(3) 中级从业人员。中级从业人员的主要职责是根据业务的需求，对冷链物流仓储、运输、信息处理、冷链物流系统运营等资源和流程进行管理和优化。

(4) 高级从业人员。高级从业人员的主要职责是根据所在行业的发展趋势和所在组织的战略，确定冷链物流业务发展战略和商业策略，对冷链物流业务系统和网络进行规划和实施，组织重大业务流程设计和实施。

标准全文请查阅本书的第五章冷链标准化篇。

各类人员的具体从业职业能力要求参照标准《冷链物流从业人员能力要求》(T/CFLP 0005—2017)执行，见表 4-1～表 4-4。

表 4-1　物流员级从业人员职业能力要求

岗位职能	工作内容	技能要求	相关知识
行业认知	冷链物流作业认知	(1) 能描述所在部门和岗位主要作业内容； (2) 能描述所在部门和岗位作业相关的法律规定及标准； (3) 能描述所在部门和岗位健康及安全相关规定与流程	(1) 冷链物流基本概念； (2) 冷链物流基本作业流程； (3) 冷链物流作业健康与安全相关知识
	组织环境认知	(1) 能描述所在组织业务类型、经营范围； (2) 能描述所在部门和岗位的工作内容、职责	(1) 冷链物流企业类型； (2) 所在组、部门和岗位信息

续表

岗位职能	工作内容	技能要求	相关知识
冷链物流加工、包装和装卸搬运作业	加工作业	(1) 能根据作业流程对货物进行加工作业； (2) 能记录预加工处理的信息	货物冷链物流加工的知识和流程
	包装作业	(1) 根据货物特性和包装要求选择包装材料； (2) 能根据作业流程进行包装预处理，在指定的包装环境下实施包装作业； (3) 能根据作业要求进行包装标识、记录包装信息	冷链物流包装的知识和流程
	装卸搬运作业	(1) 能根据货物特性和作业要求选择、使用装卸搬运设备及设施； (2) 能根据作业要求进行装卸搬运，记录作业信息	冷链物流装卸搬运的知识和流程
冷链物流存储与配送作业	仓储预处理作业	(1) 能根据货物冷藏要求进行存储预冷处理和保鲜处理； (2) 能记录存储预处理的信息	(1) 冷链存储预处理的知识和流程； (2) 预冷处理和保鲜处理的方法
	仓储作业	(1) 能执行入库、出库、搬运、分拣、拣选、盘点、库存、流通加工、包装等冷库仓储作业； (2) 能使用冷岸仓储管理信息系统	(1) 冷链存储操作的知识和流程； (2) 存储管理信息系统和信息设备的使用方法
	配送作业	(1) 能执行冷链货物配送作业； (2) 能执行冷链退货作业	(1) 冷链配送作业的知识和流程； (2) 冷链退货检查、清点、签收、装载的知识
	温度控制与湿度控制	(1) 能根据存储环境对不同货物品类进行温度控制； (2) 能根据存储环境对不同货物品类进行湿度控制	(1) 冷库分类的知识； (2) 货物品类与冷库温度带和湿度带的知识
冷链物流运输作业	运输预处理作业	(1) 能根据货物运输要求进行运输工具的选择、运输工具预冷处理和装载等作业； (2) 能记录运输预处理的信息	(1) 冷链运输预处理的知识和流程； (2) 冷链物流运输工具的知识
	运输作业	(1) 能执行冷链运输货物受理、运送、交付、签收、退货等工作； (2) 能执行冷链货物运输代理作业； (3) 能使用运输信息系统	(1) 冷链运输车辆的认识； (2) 冷链运输与配送操作的知识和流程； (3) 冷链运输代理的知识
设备和系统的使用与维护	制冷系统的使用与维护	(1) 能使用制冷系统和按流程操作预冷、保鲜、速冻等设备； (2) 能根据货物包装要求使用包装材料； (3) 能执行制冷系统日常维护作业，能对制冷设备进行日常保养	(1) 货物品类与温度控制和品控的知识； (2) 制冷系统的知识； (3) 制冷系统使用与维护的知识和流程； (4) 冷链物流包装材料的知识

续表

岗位职能	工作内容	技能要求	相关知识
设备和系统的使用与维护	保温和保湿系统的使用与维护	(1) 能操作保温设施设备来提高冷库的保温性能； (2) 能使用保湿材料和操作保湿设施设备来控制湿度； (3) 能对保温系统和保护系统进行日常维护	(1) 货物品类与温度控制和湿度控制知识； (2) 保温设备的使用与维护知识； (3) 保湿材料和设备使用与维护知识
质量监控作业	冷链物流质量控制和追溯作业	(1) 能执行冷链货物的安全、品质、卫生等控制流程； (2) 能使用监控系统和设备进行物流质量的追溯操作	(1) 冷链物流货物安全、卫生控制流程； (2) 冷链物流监控系统和设备的使用方法
安全、节能与环保	作业安全与健康保障	(1) 能描述所在组织的作业安全和健康的要求与规定； (2) 能执行冷链物流作业的安全流程； (3) 能对事故按照应急方案进行先期处理，并协助相关部门调查处理	(1) 所在组织作业安全和健康的规章制度； (2) 冷链物流安全作业的知识和流程； (3) 事故应急处理流程
	节能和环保处理	(1) 能执行作业环节的节能方案； (2) 能执行作业环节的环保流程	(1) 冷链物流作业环节的节能知识和流程； (2) 冷链物流作业环节的环保知识和流程

表 4-2 助理级从业人员职业能力要求

岗位职能	工作内容	技能要求	相关知识
行业认知	冷链物流认知	(1) 能描述冷链物流的应用领域和作用； (2) 能描述冷链物流的基本作业内容； (3) 能描述冷链物流作业相关的法律法规和标准	(1) 冷链物流基本概念； (2) 冷链物流基本作业流程； (3) 冷链物流作业相关的法律法规和标准
	组织环境认知	(1) 能描述所在组织业务类型、经营范围； (2) 能描述所在部门和岗位的工作内容、职责	(1) 冷链物流企业类型； (2) 所在组织、部门和岗位信息
冷链物流加工、包装和装卸搬运作业管理	加工和包装作业管理	(1) 能根据作业流程制订货物加工和包装方案； (2) 能根据作业要求配置作业资源； (3) 能对加工、包装作业进行监督和指导	冷链物流加工和包装的知识、流程
	装卸搬运作业管理	(1) 能制订装卸搬运作业方案； (2) 能对装卸搬运进行监督和指导	冷链物流装卸搬运的知识和流程
冷链物流存储与配送作业管理	仓储与配送作业组织	(1) 能制订仓储和配送的作业方案； (2) 能制订仓储和配送的作业计划，对作业资源进行规划	冷链仓储和配送的知识与流程

续表

岗位职能	工作内容	技能要求	相关知识
冷链物流存储与配送作业管理	仓储与配送作业管理	(1) 能制订仓储和配送的作业方案； (2) 能执行仓储与配送作业质量管理和控制； (3) 能执行仓储与配送作业的绩效考核； (4) 能对仓储、配送作业流程和作业资源配置提出改善方案及建议	(1) 冷链仓储和配送的知识和流程； (2) 冷链仓储和配送作业质量管理及绩效考核的知识和流程； (3) 作业管理的知识
冷链物流运输作业管理	运输作业组织	(1) 能制订运输的作业方案； (2) 能制订运输作业计划，对作业资源进行规划和调度	冷链运输作业的知识和流程
	运输作业管理	(1) 能对运输作业进行监督和指导； (2) 能执行运输作业质量管理和控制； (3) 能执行运输作业的绩效考核； (4) 能对运输作业流程和作业资源配置提出改善方案及建议	(1) 冷链运输的知识和流程； (2) 冷链运输作业质量管理和绩效考核的知识与流程； (3) 作业管理的知识
设备和系统的使用与维护管理	设备和系统使用与维护管理	(1) 能制订设备和系统使用与维护方案 (2) 能监督和指导设备及系统的使用与维护作业； (3) 能对设备和系统使用与维护的流程提出改善方案及建议	(1) 货物品类与温度控制和品控的知识 (2) 冷链物流设备和系统使用与维护的知识及流程
质量监控作业管理	质量监控作业管理	(1) 能执行质量监控的作业管理方案、计划； (2) 能对质量监控的结果汇总、反馈和提出改善方案	冷链物流质量监控的知识和流程
安全、节能与环保	作业安全与健康保障	(1) 能描述所在组织的作业安全和健康的要求与规定； (2) 能制订所在岗位的安全流程的执行方案和计划，分析并反馈执行结果； (3) 能组织对事故先期处理，并协助相关部门调查处理	(1) 所在组织作业安全和健康的规章制度； (2) 冷链物流安全作业的知识和流程； (3) 事故处理流程
	节能和环保处理	(1) 能制订作业环节的节能和环保执行方案； (2) 能对作业环节节能和环保的执行进行监督、指导与反馈	(1) 冷链物流作业环节的节能知识和流程； (2) 冷链物流作业环节的环保知识和流程

表 4-3　中级从业人员职业能力要求

岗位职能	工作内容	技能要求	相关知识
行业认知	冷链物流管理认知	(1) 能描述冷链物流管理的基本内容； (2) 能描述冷链物流国内和所在区域的市场概况； (3) 能描述所在组织业务相关的法律法规和标准	(1) 冷链物流管理基础知识； (2) 冷链物流市场情况； (3) 冷链物流法律法规和标准

续表

岗位职能	工作内容	技能要求	相关知识
行业认知	组织环境认知	(1) 能描述所在组织的战略目标和市场目标； (2) 能描述所在部门在组织中的定位和目标	(1) 所在组织战略目标、远景和市场定位； (2) 所在组织、部门和岗位信息
冷链仓储与配送管理	仓储与配送经营	(1) 能对冷链仓储与配送系统提出功能需求； (2) 能对冷链运输市场进行分析，撰写市场分析报告； (3) 能根据客户需求制订冷链仓储与配送服务方案，审核服务合同	(1) 冷链仓储与配送系统的知识； (2) 冷链仓储与配送市场分析的知识
	仓储与配送运作	(1) 能制定、评估、优化冷链仓储与配送管理流程； (2) 能对冷链仓储与配送信息管理提出功能需求； (3) 能进行库存分析，能制订、实施和评估库存控制方案； (4) 能制定、执行、评估冷链仓储与配送安全管理制度和流程	(1) 冷链仓储与配送管理的知识； (2) 冷链库存管理的知识； (3) 冷链仓储与配送安全管理制度、流程
冷链运输管理	运输经营	(1) 能对冷链仓储与配送系统提出功能需求； (2) 能对冷链仓储与配送市场进行分析，撰写市场分析报告； (3) 能根据客户需求制订冷链仓储与配送服务方案，审核服务合同	(1) 冷链运输系统的知识； (2) 冷链运输市场分析的知识
	运输作业	(1) 能制定、评估、优化冷链运输管理流程； (2) 能对冷链运输信息管理提出功能需求； (3) 能对冷链运输配送的运营成本、运营绩效评估进行管理； (4) 能制定、执行、评估冷链运输安全管理制度和流程	(1) 冷链运输管理的知识； (2) 冷链运输安全管理制度、流程
设备和系统选型与使用评估	设备与系统选型	(1) 能描述当前冷链物流设备和系统的发展概况； (2) 能提出设备和系统采购的要求与厂家分析； (3) 能参与或组织设备和系统的选型工作	设备和系统的市场情况
	设备与系统使用评估	(1) 能制定设备和系统的管理流程； (2) 能对设备和系统的使用及维护进行评价，并进行流程优化	(1) 货物品类与温度控制和品控的知识； (2) 冷链物流设备和系统评估方法；
质量管理	冷链物流质量控制与追溯管理	(1) 能制订冷链仓储、配送、运输环节的质量控制方案； (2) 能制定、评价、优化冷链物流质量控制与追溯管理流程； (3) 能制订可视化的质量控制和追测实施方案	(1) 冷链物流仓储、配送、运输质量控制的知识； (2) 冷链货物生产、消费的知识； (3) 冷链物流可视化作业和管理的知识

续表

岗位职能	工作内容	技能要求	相关知识
安全、节能与环保	作业安全与健康保障	(1) 能描述所在行业和组织的作业安全及健康保障管理体系； (2) 能制定所在部门的安全和健康保障管理制度	(1) 冷链安全和健康保障的法律法规； (2) 所在组织作业安全和健康保障管理体系
	节能和环保处理	(1) 能制订冷链环保作业和管理方案； (2) 能制订冷链物流运营的节能方案，对节能方案进行风险评估和保障分析	(1) 冷链仓储与配送环保的知识； (2) 冷链物流运作节能和环保的知识； (3) 冷链物流运作节能经济性分析的方法和工具
行业发展分析	行业发展分析	(1) 能阐述冷链物流产品、服务和技术的发展与创新对所在组织的影响； (2) 能阐述行业技术、产品和服务的发展趋势	(1) 冷链物流行业发展动态； (2) 相关领域产品、服务和技术的发展

表 4-4　高级从业人员职业能力要求

岗位职能	工作内容	技能要求	相关知识
冷链物流行业认知	冷链物流行业分析	(1) 能描述冷链物流行业发展现状和趋势； (2) 能描述所在组织在行业的定位和发展方向	(1) 冷链物流行业发展政策、法规； (2) 冷链物流行业发展现状和趋势
	组织环境认知	(1) 能描述所在组织的文化、使命和目标； (2) 能描述所在组织战略目标及实现方案	(1) 所在组织文化、使命和目标； (2) 所在组织战略目标
冷链物流市场分析与商业策略制定	市场分析与规划	(1) 能对冷链物流宏观市场、行业发展进行业务发展分析； (2) 能对客户、合作伙伴、竞争对手进行市场分析，撰写市场分析报告； (3) 能制定、评估企业的市场发展规划	(1) 市场分析的知识、方法和工具； (2) 市场发展规划的方法和工具
	商业策略制定	(1) 能对企业商业策略提出物流发展需求； (2) 能根据企业商业策略制定与之配套的物流策略	(1) 企业商业策略的知识； (2) 企业运营模式和盈利模式的知识
冷链物流信息和技术规划与实施	设备设施规划与实施	(1) 能制订制冷系统、保温系统、保湿系统的使用方案； (2) 能制定冷链物流设施设备使用规划； (3) 能对冷链物流设施设备及相关系统进行经济性和安全性的评估	(1) 制冷系统、保温系统和保湿系统的知识； (2) 冷链物流设施设备的知识； (3) 设施设备规划和实施评估的方法和工具
	信息系统规划与实施	(1) 能制定、评价冷链物流信息系统规划和实施方案； (2) 能够利用冷链物流信息系统进行决策分析	(1) 冷链物流信息系统设计知识； (2) 数据统计与分析方法

续表

岗位职能	工作内容	技能要求	相关知识
冷链物流系统规划与实施	冷链物流系统规划	(1) 能制订、评估、优化冷链物流仓储、配送和运输系统方案； (2) 能进行冷链物流网络的规划与设计； (3) 能对冷链物流系统进行绩效评价	(1) 冷链物流系统规划的知识； (2) 冷链物流网络设计与优化的知识
冷链物流战略管理与供应链管理	冷链物流发展战略制定与实施	(1) 能对供应链环境进行分析，确定物流发展战略需求； (2) 能进行冷链物流组织结构设计； (3) 能设计冷链物流系统流程方案和实施方案	(1) 物流战略知识； (2) 物流核心业务分析的方法
	供应链管理	(1) 能制定供应链管理策略； (2) 能进行供应链管理流程设计； (3) 能进行供应链绩效管理	(1) 供应链流程管理的知识； (2) 供应链绩效评价的知识
行业前沿发展分析	行业前沿发展分析	(1) 能阐述国家战略和产业政策及发展对冷链物流行业及其所在组织的影响； (2) 能对行业前沿发展进行跟踪和分析	(1) 冷链物流行业发展动态； (2) 相关行业发展的前沿情况

第三节　冷链物流仓储人员作业要求

一、冷链物流仓储作业流程及要求

(一) 入库准备

存货人应提前向保管人提供“入库通知单”，“入库通知单”至少包含以下信息：存货人、产品名称、产地、批号、数量、规格、保质期、运输公司(司机)及车牌号、运输时间、预计入库时间、储存温湿度要求等。保管人应根据“入库通知单”做好各项准备工作，确定储存货位，以便产品抵达后及时进行入库作业。

(二) 入库检查

当运输工具抵达冷库时，保管人应索取无公害以上安全证书、检验检疫证或合格证，重金属与农药残留检测单及“入库通知单”等，检查运输工具外观情况，并记录相关信息。

对于施封车辆，应在启封前核对施封信息和启封许可文件，检查和记录施封完好情况，并在保管人和存货人或承运人同时在场的情况下进行施封车开封，做好相应记录并确认。卸货前，保管人应查验司机、车辆信息，检查车厢温度记录仪、产品的温度和外观质量，并记录结果。

凡没有无公害以上安全证书、检验检疫证或合格证的，以常温车运输的，不予以卸货，并立即通知存货人或承运人。

(三) 卸货作业

卸货作业应在冷库封闭式站台进行。保管人应及时、快速卸载产品，并对卸货时间予以记录。卸货作业应根据产品特性、包装标识进行操作，避免不良作业行为导致低温物品及其外包装破损。产品卸载宜采用托盘集装化方式。对于已经集装化的，要确保符合集装化质量要求，否则应重新采取集装化措施。

应依照产品特性、标签信息和生产日期分别进行集装化作业。对相同品名、批号的产品宜实行固定数量的集装化作业。包括码盘作业在内的集装化作业应在封闭式站台或冷藏(保温)车厢内进行，作业时间应符合低温物品特性。码盘作业应符合《托盘单元货载》(GB/T 16470—2008)中托盘单元货载的要求。

(四) 入库验收

在入库检查、卸货和搬运入库的过程的中，保管人应逐项核对低温物品信息、储存条件信息等，发现差异应记录并及时联系存货人或承运人确认。产品入库后经确认无误，保管人和存货人(或承运人)应在入库交接记录凭证上签字确认。保管人和存货人有约定的，可由保管人向存货人签发仓单。查验证书、检测合格后的产品，在系统中生成编码，并在产品包装箱上粘贴编码。

(五) 搬运作业

产品卸货后应及时搬运至相关库区储存。产品搬运宜采用机械设备。在搬运的同时扫码，并在系统中录入信息。

(六) 堆码作业

堆码作业宜采用机械堆码设备。

堆码作业应遵循安全、整齐、通风、便捷和先进先出的原则，不应在冷库门口附近和人员进出频繁区域堆码。

堆码不得超过冷库地坪承载负荷和外包装承载强度，堆码作业应符合产品特性、产品包装标示和低温仓库消防的安全要求，不得将产品直接接触地面。

冷库内单件产品或集装单元四周间距应在 10cm 以上，并保持纵横直线贯通。在冷库内，产品堆码作业的安全距离见表 4-5。

表 4-5　低温物品堆码作业安全距离　(单位：m)

序号	项目	指标
1	距冷库(≥0℃)顶棚	≥0.3
2	距冷库(<0℃)顶棚	≥0.5
3	距冷库顶排管下侧	≥0.3
4	距冷库顶排管横侧	≥0.2
5	距冷库无排管的墙	≥0.2
6	距冷库墙排管外侧	≥0.4
7	距冷库冷风机周边	≥1.5
8	距冷库风道	≥0.2

有刺激性气味或异味的、有不同温度保管要求的、容易交叉污染和需要特殊处置的产品应分库区储存。

堆码作业完毕，保管人应及时将相关信息录入库存管理信息系统。

二、低温储存作业标准

(一) 保管作业

保管人应根据产品特性确定检查重点和频次，发现问题时应做好记录，并及时通报存货人。

对有保质期要求的产品，保管人应按事先约定的期限及时向存货人发出通报；对接近保质期的产品，应及时向存货人发出预报或按系统提示操作；对超过保质期的产品应做好标识，通报存货人尽快处置，并做相应的记录。保管人应加强对品质问题的产品管理，专门记录、备查。

(二) 盘点作业

保管人应对库存产品按批次盘点结清，并定期进行月度、季度和年度盘点。产品的盘点包括品名、品种、规格、批号、数量、保质期等内容，应查验是否与库存系统记载内容一致。盘点完毕，参加盘点人员在盘点表上签字；发现问题时应查明原因，并与有关方面沟通。

(三) 出库准备

在产品出库前，存货人应向保管人发送出库通知，内容包括：存货人、提货

人、提货日期计划、产品、批号、规格及数量、运输要求(包括承运人信息、运输工具等)等信息。

保管人确认出库通知后，应及时做好产品出库人员、设备、工具、作业空间等的准备工作。

在产品出库前，保管人应提前核实库存情况，发现问题立即与存货人沟通、协调。保管人根据出库通知单拣货，对需要拆零、拼箱出库的产品，应做好拣选、分装等作业。拣货完成后，保管人应检查待出库产品数量及包装情况，并记录结果，数量有差异的应进行调整。因包装受损或其他原因可能影响运输的，保管人应采取整理、加固、清洁等措施；需要改换包装的，保管人应取得存货人的同意。

(四) 交货作业

交货前保管人应查验提货人、司机的有效凭证、车辆信息及车内定位与温度记录传感设备，经核实后安排交货，并将提货人、司机、车牌信息录入系统。

无制冷源车辆不得装运冷链物品。提货人信息有问题的，应及时通知存货人处理。交货作业宜在封闭式站台进行。保管人与提货人应对交接的产品信息进行核对，产品信息确认无误后共同在出库交接记录凭证上签字确认。出库交接记录凭证经签字确认，保管人即可向提货人交付产品，并扫码录入系统。

(五) 环境控制

保管人应按规定对冷库内的温湿度自动控制、记录与传感仪器等设施进行校准和维护，确保准确调控、记录并向系统传输库内温湿度。保管人应根据产品特性及时设定冷库温度、相对湿度，定期通风换气。低温仓储作业过程中应加强库门的管理控制，减少开门次数、缩短开门时间，不得长时间开门。当储存区域不能满足产品存储条件且无法立刻恢复时，保管人应立即向仓储经理汇报并提出作业需求建议。

(六) 安全控制

保管人应制定并落实作业机械设备操作安全制度。低温作业人员上岗前应经过安全培训、技术培训，应了解制冷设备装置的相关知识，以液氨为冷媒的冷库作业人员应掌握液氨泄漏时防范知识和救护知识。制冷设备操作人员应取得特种设备相关操作证书。保管人应根据《低温作业分级》(GB/T 14440—1993)的规定，并结合实际情况对个人最长连续低温作业时间做出规定。

低温作业人员应穿戴适宜的防寒劳动保护用品；低温装卸、搬运作业的人员应穿戴防滑、防砸安全靴；叉车工应佩戴安全帽，并应佩戴眼镜做防雾处理。

卸货作业应防止产品、作业设备、工具、托盘在移动过程中与人员和设施发生碰撞。保管人应定期对冷库除霜，根据产品特性和保管要求对冷库及作业设备、托盘、工具进行清洁与消毒。低温仓储其他安全控制措施应符合《冷库安全规程》(GB 28009—2011)中 9 和 10 的要求。在产品储存过程中，保管人应及时掌握产品质量及变化情况，一旦发现问题应即刻通报存货人。

(七) 信息处理

信息处理应贯穿低温仓储作业的全过程。保管人与存货人在签订产品仓储保管合同时，应对作业信息的记载内容、记录形式和传递交换方式做出约定。保管人应在系统中全面、准确、及时地记录相关作业信息，未经存货人同意不得向第三方透露。存货人、提货人、承运人的名称和地址不得使用简称。产品入库交接记录和出库交接记录应采用纸质形式。经交接双方签署的产品出、入库交接记录不得单方面涂改。

第四节　冷链运输与配送人员作业要求

一、基本要求

温控食品运输与配送应选择合适的冷冻冷藏车，车辆应当安装定位与温度记录及传感设施。无制冷源车辆不得装运冷链物品。

食品级不应与非食品级货物混装，不应与任何有毒、有害、有异味的货物同车装。不同温度要求的物品不应混装。

温度记录仪应在车辆装运货前开启并进行记录，运输途中应核查厢体内温度变化情况，发现温度异常时应采取措施，确保货物温度。

二、装卸货及交货要求

在货物装运前，应使厢体内温度达到产品载货所需的运输温度。在车辆装运货物时，应保证厢体内的气流循环畅通。货物与厢体顶板、厢体前板距离应不小于 150mm，与厢体后板、厢体侧板、厢体底板间应保持足够距离，宜采用不小于 50mm 的导流槽。厢体门宜装门帘。车辆装载、码放完毕应及时关闭厢体门，并检查厢体门密闭情况。完成装载后检查制冷机组设定温度，确保符合货物要求的温度。

在车辆卸货时，应尽快操作。分卸时，应及时关闭厢体门，以维持车厢温度。必要时应控制分卸次数。在交货时，应出示收货时的温度记录并将运输过程中的温度数据交给收货方。

三、冷冻冷藏车的保养及清洁要求

冷冻冷藏车出车前应确认车厢的卫生条件满足承运食品的要求，符合国家卫生防疫要求。在运输业务结束后，厢体内应进行清洗。在定期或必需时，应进行消毒。清洁后厢体内应无杂物、无油污、无异味。

在每次运输后，应检查车辆和与温控有关的各种机械设备、装置、设施及电子记录装置等，确认其处于良好技术状态。

应根据运输制冷机组生产厂商的维修保养要求，定期对制冷机组进行保养。

应定期检查厢体的密封性，检查密封车门的橡胶密封条、门闩、铰链处等，保证车门与门框的密封性。

第五节　教育部(1+X)食品冷链物流师系列岗位培训课程设置

根据农产品冷链物流行业技术需求和人才培养需求，基于农产品冷链物流技术集成体系和要素组成(图 4-3)，本领域(行业)设置食品冷链物流师职业资格证书。

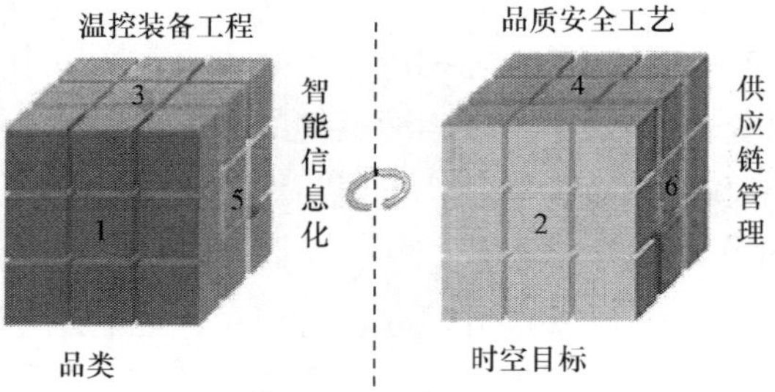

图 4-3　农产品冷链物流技术集成体系和要素组成

根据食品冷链物流师职业要求，需要培训岗位食品冷链品控、冷链装备、冷链信息数据和温控供应链管理等四类岗位。每类岗位培训课程包括三类：基础课程、核心课程和关联课程。食品冷链品控岗位的基础课程包括食品营养与化学、食品工艺学、食品微生物学、食品法律法规、食品包装技术等；核心课程包括食品物流学、农产品贮藏加工学、食品安全检测技术、分析与检验、食品追溯技术；关联课程包括制冷原理与设备、冷库设计、冷链运输原理与方法、物联网技术与应用、传感器原理及应用、食品供应链管理(图 4-4)。

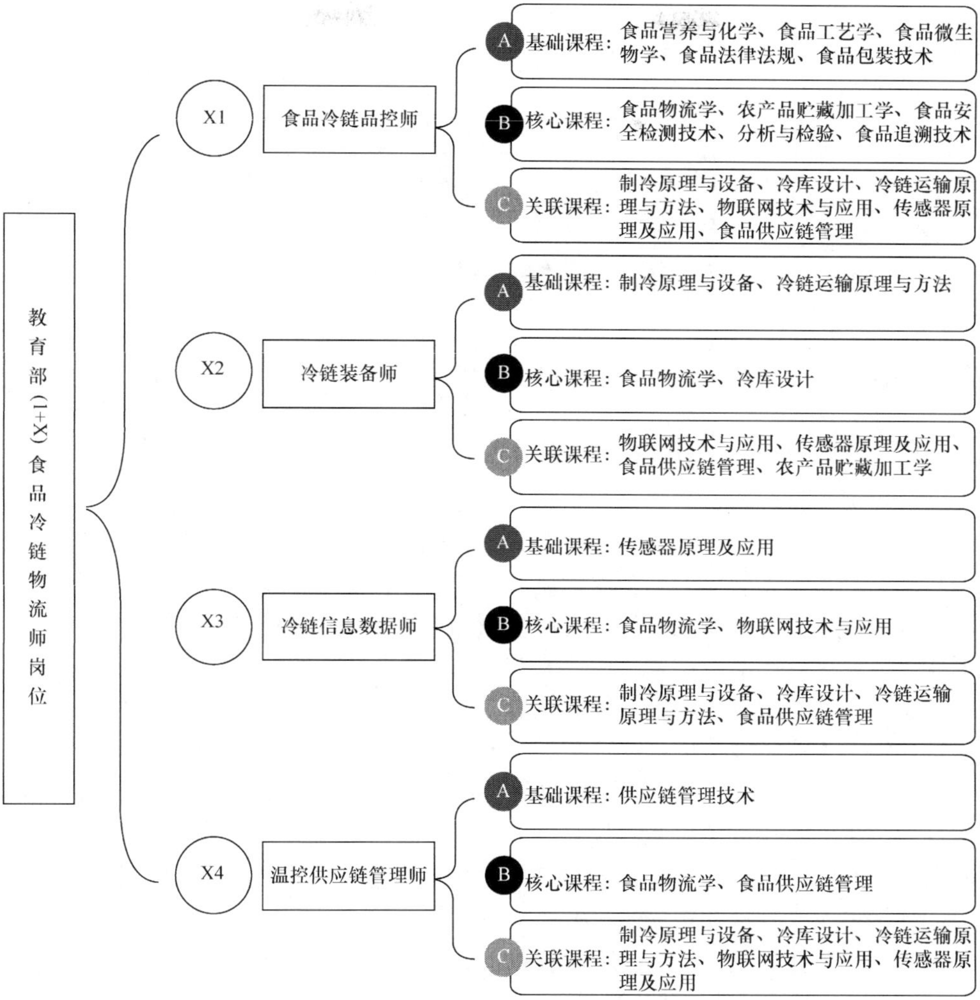

图 4-4　教育部(1+X)食品冷链物流师(X)系列岗位培训课程教材清单

第五章　冷链物流标准化

第一节　冷链物流标准化介绍

一、冷链物流标准体系建设的必要性

(一) 农产品冷链物流的特点

农产品冷链物流在运作过程中表现出以下特点：

(1) 高成本性。农产品冷链物流以保证农产品品质为目的，以保持低温环境为核心，其冷链系统比一般常温物流系统要求更高，为保证农产品始终处于规定的低温条件下，必须安装温控设备，使用的冷藏车或低温仓库需采用先进的信息系统等，所以农产品冷链物流的成本较高。另外，生鲜农产品生产和消费分散，市场供求及价格变化较大，天气、交通等各种不确定因素较多，容易发生因资产高专用性和不确定性造成沉淀成本和机会成本，增加冷链物流的运作费用[33]。

(2) 复杂性。农产品冷链物流的参与者众多，物流市场空间范围大，常常形成众多类型的物流链条，系统较复杂。另外，农产品在流通过程中，产品品质随着温度和时间的变化而变化，不同产品都必须要有对应的温度和储藏时间，这就大大增加了农产品冷链物流的复杂性。

(3) 时效性。生鲜农产品具有不易储藏、易腐烂、储藏时间短等特点，这就要求必须在规定的时间内储藏及销售。

(4) 协调性。由于生鲜果蔬等不易储藏，所以要求农产品冷链物流必须高效运转，物流过程中的每个环节都必须具有协调性，这样才能保证整个物流链条的稳定运作。此外，农产品冷链物流还有物流损耗大、逆向物流的生成率高、市场力量不均衡、农户或个体储运者在物流链中的利益难以得到保障等特点。

(5) 信息技术要求高。农产品冷链物流具有精益性和敏捷性的双层特征，既要求着眼于各物流环节综合成本的最小化，又要求物流速度快、市场反应灵敏；而农产品冷链物流体系复杂，参与主体众多，信息不对称程度较高；物流过程中需要基于安全性的质量监控或实时跟踪，从而需要高度的信息化技术作为支撑[34]。

执笔人：陈东杰、范志强、郭风军、于怀智、张长峰

(二) 农产品冷链物流标准化的重要性

冷链物流关乎食品和药品的安全，影响国计民生，农产品冷链物流发展得好，离不开以冷链设施、冷链技术为基础的支持，更离不开农产品冷链物流标准体系的构建。

农产品冷链物流标准体系是冷链物流标准化建设的基础，研究和编制冷链物流标准体系是冷链物流标准化建设的基础性研究工作，也是建立冷链物流标准体系的开端。冷链物流标准体系是描述冷链物流标准化整个范围、规模和应达到什么程度的工作蓝图，是由标准与法规相互协调和配套，相互填补空缺，共同组成的一个较完备的标准体系。这个体系是一个包括现有的和未来发展冷链物流标准的全面蓝图，它描绘了冷链物流领域应具备的标准系统的配套和完整程度，勾画出标准之间的内在联系，统揽标准化工作全局，形成科学合理且执行性较强的工作规划方案。

农产品冷链物流标准体系是冷链产品质量安全的重要保证，冷链物流是一个上下游各环节协同运作的过程，在产品流通的各环节中，要保证产品质量安全就必须做到有标可依。目前，我国冷链物流系统企业之间的关系较为松散，缺乏协同合作的意识及标准依据，导致我国冷链物流效率低下，农产品品质安全难以保障。冷链物流标准体系要求各流程之间有标准规范，各流程交接有标准明确。冷链物流标准体系是指导性的技术文件，冷链物流标准体系的建立有利于加强冷链物流标准的统一，促进冷链物流标准的协调发展，因此科学合理的冷链物流标准体系是冷链产品质量安全的重要保证。

(三) 构建科学农产品冷链物流标准体系的目的

农产品冷链物流标准体系可减少资源浪费，冷链物流过程需要全程进行温控，这是高耗能过程，需要从能源节约的角度制定完善的冷链物流标准体系。另外，冷链物流对象产品多为易腐产品，过程管理不规范极易造成产后损耗，造成极大的资源浪费，完善的冷链物流标准体系可有效减少社会资源的浪费。

二、农产品冷链物流标准体系构建历程

我国农产品冷链物流起步较晚，最早产生于20世纪50年代的肉食品外贸出口，60、70年代开始在生鲜农产品产后加工、储藏及运输等环节逐步得到应用。20世纪80、90年代我国冷链物流逐渐建立并规范化，初步形成了较为完整的冷链物流体系，1982年我国颁布了《食品卫生法》，从而推动了食品冷链物流的发展，农产品冷链物流也开始起步。进入21世纪以后，冷链物流在国内、国际贸易量和物流总量的比例大大增加，冷链物流开始向信息化、自动化及智能化方向发展，冷链物流标准体系处于萌芽阶段。2004年年底，中共中央国务院在《进一步加强农村工作提高农业综合生产能力若干政策的意见》中明确提出，各地要加快

建设以冷藏和低温仓储运输为主的农产品冷链系统。根据国务院 2009 年颁布的《物流业调整和振兴规划》要求，2010 年国家发展改革委编制的《农产品冷链物流发展规划》正式发布，在分析我国农产品冷链物流发展现状和问题的基础上，提出了到 2015 年我国果蔬、肉类、水产品等农产品冷链物流发展的目标、主要任务、重点工程及保障措施。

三、我国冷链物流标准领域存在的问题

(一) 冷链物流标准领域仍有很多空白没有填补

目前，虽然某些品类或单品的冷链流通规范(要求)已经出台，但相对而言仍存在很多盲区和空白。一是由于冷链物流涉及品类和环节的复杂多样、系统难度大、冷链追溯难、监管难等问题，一些规范和标准难以落地，既存在“无法可依”的情况，也存在“有法不依，有法难依”的现象；二是我国南北地区温差较大，“南果北运，北粮南送”本身就存在因纬度差异带来的大环境温度变化的问题，很难统一规范；三是从事冷链物流业务的主体劳动力大多为司机、操作工等，专业知识水平不高，不能从一线及时反映出冷链物流的欠缺和不足，以形成标准化公约。

(二) 冷链物流标准中存在交叉重复现象

不同地方的冷链物流标准存在交叉重复现象，我国冷链物流标准的制定由各产业技术组织、科研机构、各行业组织协会根据各自特点来制定，制定和发布的标准多且存在交叉重复现象。例如，上海地方标准《食品冷链物流技术与管理规范》(DB31/T 388—2007)、河北地方标准《食品冷链物流技术与管理规范》(DB13/T 1177—2010)中在食品冷链流程、冷藏储存、批发交易、配送加工和销售终端等流通环节的温控上存在重复现象。上海地方标准《食品冷链物流技术与管理规范》(DB31/T 388—2007)和深圳地方标准《食品冷链技术与管理规范》(SZDB/Z 41—2011)中“冷链”“冷冻食品”“冷藏食品”“冷库”和“冷藏运输设备”等概念是相同的，在冷藏储存、批发交易等环节中存在交叉重复现象。

不同领域的冷链物流中也存在重复现象，例如，《水产品冷链物流操作规程》(DB12/T 563—2015)和《果蔬冷链物流操作规程》(DB12/T 561—2015)在货品标识、储存、运输等环节存在重复现象。

国家标准、行业标准和地方标准三者之间关系混乱，标准制定的主体不明确，缺乏协调性，内容上存在一定的重复性。例如：我国标准《畜禽肉冷链运输管理技术规范》(GB/T 28640—2012)中的包装及标识、贮序、装卸载、运输环节，天津地方标准《畜禽肉冷链物流操作规程》(DB12/T 562—2015)中货品包装与标识、储存、运输环节，农业行业标准《生鲜畜禽肉冷链物流技术规范》(NY/T 2534—

2013)中包装、贮存、运输环节和环节内容上存在重复现象，在上述三个标准中这三个环节又贯穿在各个标准中，存在交叉现象。在标准《畜禽肉冷链物流操作规程》(DB12/T 562—2015)和标准《生鲜畜禽肉冷链物流技术规范》(NY/T 2534—2013)中冷链物流的概念也存在重复现象。

(三) 冷链物流标准中基本术语存在矛盾现象

在已颁布的冷链物流标准中所涉及的基本术语不统一。例如，“冷链物流”这一术语，在《物流术语》(GB/T 18354—2006)中定义为：以冷冻工艺为基础、以制冷技术为手段，使冷链物品从生产、流通、销售到消费者的各个环节中始终处于规定的温度环境下，以保证冷链物品质量，减少冷链物品损耗的物流活动。在《食品冷链物流技术与管理规范》(DB13/T 1177—2010)中定义为：为保持新鲜食品及冷冻食品等的品质，使其从生产到消费的过程中，始终处于低温状态，配有专门设备的物流网络。在《生鲜畜禽肉冷链物流技术规范》(NY/T 2534—2013)中定义为：从生产到消费全过程中，产品始终处于低温状态进行生产、加工、贮运、运输、批发和零售等实体流动的过程。“活动”、“网络”和“过程”，从对“冷链物流”的定位上没有统一起来。

再如“冷藏食品”这一术语不同标准中定义也不统一，在《食品冷链物流技术与规范》(DB31/T 388—2007)中冷藏温度要求在7℃以下，而在《食品冷链技术与管理规范》(SZDB/Z 41—2011)中要求中心温度始终维持在8℃以下。

(四) 冷链物流标准体系部门缺乏协调性

冷链物流属于跨部门、跨行业的特殊服务业，冷链物流标准的制定涉及食品生产加工、仓库建设、特种车辆运维、制冷工艺、食品安全、物流操作等多个环节和产业，在统筹工作相对不力的情况下，标准制定会出现各自为战的局面。现行的冷链物流标准体系以部门为主，制约了冷链物流各相关产业标准化之间的统一性和协调性。标准的管理部门除国家统一的标准管理部门外，还有政府和行业的各职能部门，而不同的产业技术组织、科研机构则分散在各政府部门、各行业中。部门的分割使得标准运作缺乏协调沟通，标准化技术组织和科研机构按照传统的分工在各自的产业领域进行标准化工作，相互之间难以交流和配合，难以形成完整的体系，这给冷链物流标准体系建设带来了许多不利因素。

(五) 企业标准化意识淡薄，标准制定缺乏实践指导性

我国冷链物流标准体系还处于起步阶段，缺乏实践经验和基础研究。人们缺乏冷链物流对产品质量安全重要意义的认识，对标准化工作的认知度依然不高，企业也存在冷链物流标准意识淡薄的现象。我国冷链物流相关企业冷链物流标准

化工作需求不足，多数中小企业鉴于对成本的衡量及不规范市场环境的考虑，对标准实施推广、参与起草的积极性不高。现大部分冷链物流标准多为推荐性标准，不具有强制性，而不具有强制性的冷链物流标准在冷链物流行业并不成熟的现实环境下约束力极低，对冷链物流企业指导作用非常有限，导致多数企业对冷链物流标准中存在的空白选择忽视。企业参与标准化工作力度不足，并未指定对应的企业标准，在标准制定工作中缺乏实际存在问题的解决方法，实际运作指导性不足，无法针对其发展需求对行业标准化工作提出实用性的意见和建议。

(六) 冷链物流设备标准化程度低

我国冷链物流起步较晚，市场需求还没有形成足够的规模，很多冷链物流企业都是从传统物流企业转型的中小企业，多数冷库和车辆都是由原来的常规仓库和车辆改装而成的，企业间的设备不能整齐划一，有的企业为追求低成本运作，刻意降低购买设备的成本，造成冷链物流设备成本远低于大型企业，难以实现行业标准化，无法实行企业标准化规范和管理。此外，我国冷链物流基础设施存在结构不合理，部分冷库扎堆建设，导致资源浪费，例如，东部地区冷库多、中西部地区冷库少，肉类冷库多、果蔬气调库少，销地冷库多、产地冷库少，冷冻库多、冷藏库少等。

(七) 国际标准采用比例低

随着经济全球化的发展，我国与世界农业发展更为紧密，农产品冷链物流也面临着全球化的进程。这就要求我国的冷链物流标准体系具有较强的国际性，与国际冷链物流标准体系相一致。我国冷链物流起步较晚，在标准的制定中较少考虑与国际标准的接洽[35]。受我国技术、管理水平及经济的制约，我国冷链物流标准体系国际化还有较长的路要走。因此，我国应加强与国外冷链物流标准化机构的合作与交流，积极开展冷链物流标准化领域的国际交流，及时跟踪国际物流标准化动态及技术发展趋势，加大对国际标准化组织制定的国际冷链物流标准体系和发达国家冷链物流标准体系的研究力度。借鉴其标准化建设经验，探索适合我国国情的冷链物流标准体系建设新思路。

第二节　国家星级冷链物流企业评估的行业意义

一、意义及目的

中华人民共和国国家标准《物流企业冷链服务要求与能力评估指标》(GB/T 31086—2014)于 2015 年 7 月 1 日起正式实施。该标准明确了冷链物流服务的相关术语和定义，规定了物流企业从事农产品、食品冷链服务所应满足的基本要求，以及物流企业冷链服务类型、能力级别划分和评估指标，作为冷链物流市场对冷链物流企业选择的依据，具有较强的可操作性。截至 2018 年 3 月 10 日，全国已评出了五批共 55 家星级物流企业。

为了推动我国冷链物流的发展，加快推进冷链物流标准体系建设，促进冷链物流服务的量化管理与评价，进一步提升居民食品安全保障，中物联按照自愿、公开、公平、公正的原则，依据《物流企业冷链服务要求与能力评估指标》(GB/T 31086—2014)国家标准，在行业内开展冷链物流企业星级评估工作。

参与冷链物流企业星级评估的企业必须满足《物流企业分类与评估指标》(GB/T 19680—2013)所界定的国家 A 级物流企业的要求。

冷链物流企业星级评估工作由中物联负责组织管理，根据《物流企业冷链服务要求与能力评估指标》(GB/T 31086—2014)和《物流企业分类与评估指标》(GB/T 19680—2013)规定，从组织、设施设备、信息化、人员、流程管理、应急预案、冷链物流辅助服务功能等方面对物流企业的冷链服务能力提出要求。对具备冷链服务能力的物流企业，按照其服务能力的高低，依据评估结果分为一～五星级，五星级最高，依次降低。

二、申请流程

自检→申报→初审→现场评估→审定→公示→通告→授牌。

自检：企业对照各资质对应的国家标准进行自检，根据自检结果申报相应类型和等级。

申报：企业向山东省物流企业综合评估办公室(以下简称评估办)提出申请，发送电子版或直接登录网上直报系统进行申报。

初审：首先由评估办预审，预审通过后再报中物联、中国仓储与配送协会相关部门进行初审。申请级别较低的，由地方评估办直接进行初审。

现场评估：申请较高级别的物流企业，由中物联、中国仓储与配送协会按异地评估原则组成现场评估组进行现场评估；申请较低级别的物流企业，由地方评估办组成现场评估组，进行现场评估。

审定：较高级别的物流企业，由中物联评估办提交中物联评估委员会审定；较低级别的物流企业，由地方评估办提交地方评估委员会审定，报中物联评估委员会备案。

公示：公示期限为 7～15 个工作日。

通告：中物联统一发文公布通过审核的物流企业名单，并在相关媒体通告，接受社会监督。

授牌：中物联一般每年的 2 月和 8 月分别分两批截止申报，每年 3 月和 9 月结合一些会议和论坛统一分别向通过评估的企业颁发相应等级牌匾及证书。

第三节　冷链物流领域相关标准介绍

近年来，随着从国家到地方各环节对冷链物流的重视，冷链物流标准在不断完善。

2006 年 12 月，商务部办公厅印发了《超市食品安全操作规范(试行)》的通知，规定了超市生鲜食品的储存、运输和加工的操作规范。

2007 年 1 月，商务部发布了《国家储备冻肉储存冷库资质条件》行业标准，规定了国家储备冻肉储存冷库的质量管理体系、环境、设施设备、管理、安全、人员及资信等方面的要求。2007 年 8 月，上海市《食品冷链物流技术与管理规范》地方标准规定了食品冷链流程、冷藏储存、批发交易、配送加工和销售终端等流通环节的温控、质量卫生管理要求(不包括生产环节)。集贸市场可参考本标准执行。

2008 年 6 月，全国物流标准化技术委员会冷链物流分技术委员会(以下简称冷标委)正式成立，该委员会具有标准的管理、规划、组织和审批职能，参与冷链物流标准的制定。

2012 年，针对冷链物流由西安交通大学、中国物流技术协会、北京邮电大学等 8 家单位颁布了共同起草的首个国家标准《冷链物流分类与基本要求》(GB/T 28577—2012)，该标准规定了冷链物流的相关术语和定义、冷链物流分类和冷链物流的基本要求，适用于冷链物流管理。同年，全国物流标准化技术委员会还颁布了《药品冷链物流运作规范》(GB/T 28842—2012)、《食品冷链物流追溯管理要求》(GB/T 28843—2012)、《畜禽肉冷链运输管理技术规范》(GB/T 28640—2012)等关于食品、药品、畜禽肉冷链物流的国家标准。

在政策的大力督导下，我国农产品冷链物流快速发展，但我国农产品冷链物流标准体系尚不完善。目前发布的冷链物流相关标准有 200 余项，涉及不同的行列，包括食品(果蔬、农产品、水产品、禽肉、奶及奶制品、速冻食品)、医药(生物制品)、其他产品(感光胶片、化工原料等)。冷链物流标准体系的不具备和标准的匮乏，直接影响了行业规模化、现代化的发展，甚至阻碍了整个产业的进步。农产品冷链物流系统作为一个庞大而复杂的共性连体系，最有效的管理手段之一就是实行标准化。通过标准化来统一和简化每个环节和节点，使得效率更高、成本更低。

我国农产品冷链物流标准的制定工作进程不断加快。2014 年，《物流企业冷链服务要求与能力评估指标》(GB/T 31086—2014)、《水产品冷链物流服务规范》(GB/T 31080—2014)两项国家标准正式发布，《食品冷链物流追溯管理要求》(GB/T

28843—2012)国家标准在食品领域开展试点，《道路运输食品冷藏车应用选型技术规范》(WB/T1100-2018)和《冷链物流从业人员职业资质》(WB/T 1063—2016)两项行业标准进入调研阶段。《道路运输食品与生物制品冷藏车安全要求及试验方法》(GB 29753—2013)于 2014 年 7 月开始执行，国家发展改革委等联合出台的《关于我国物流业信用体系建设的指导意见》进行试点，《物流企业冷链服务要求与能力评估指标》(GB/T 31086—2014)于 2015 年 7 月全国范围正式推广执行。《道路运输、食品与生物制品冷藏车安全要求及试验方法》(GB 29753—2013)于 2014 年 7 月开始执行。

2017 年 5 月 9 日，中物联发布 2017 年第 2 号公告，批准发布团体标准《冷链物流从业人员能力要求》(T/CFLP 0005—2017)，该标准规定了冷链物流从业人员的考核、评估、聘用、教育和职业培训。该标准的发布实施将有助于优化冷链物流人才结构，规范大专院校制定相关课程，为冷链物流从业人员培训提供指导意见，该标准于 2017 年 6 月 1 日起正式实施。

一、农产品冷链物流标准概况与温控供应链标准构建

由于鲜活农产品种类繁多、差别大、运输要求不一致等，鲜活农产品冷链物流标准体系的构建存在极大困难,这导致我国鲜活农产品冷链物流标准化存在“断链”严重、标准之间协调性差、可操作性不强等问题，急需构建科学的鲜活农产品冷链物流标准体系，从而明确标准之间的相互关系，增强标准整体的协调性，为有步骤地开展新标准的制定、旧标准的修订及整合工作奠定了基础。

(一) 现有农产品冷链物流标准概况与问题

1. 农产品冷链物流标准化现状

我国农业标准涵盖范围广，包括种植标准、养殖标准、农产品加工标准、农产品质量安全标准、冷链物流标准等。在我国已颁布的标准中，与农产品冷链物流直接相关的标准近 200 项，涉及术语、流通加工工艺技术、流通加工设施装备、运输技术及设施装备、市场管理等多个方面，为我国农产品冷链物流产业的健康发展、保障农产品供应、新型交易方式的创新提供了技术和工程保障。

2. 农产品冷链物流领域标准化存在的问题

1) 知识标准、人才标准缺失

由于农产品冷链物流领域是一个新兴的行业，具有交叉性、复合型等特点，这方面的人才供给断层或不适用的问题十分严重。另外，互联网时代的电商模式等新业态的兴起，导致了知识标准、人才标准缺失，行业标准不完善，理论研究落后于产业发展。

2) 标准不能满足农业产业发展要求

我国农产品流通属于“小生产大市场”模式。我国幅员辽阔，远距离运输、跨温带、跨地区消费是农产品流通的典型特点，农产品及其制品的储运产业发展迅速。但农产品的贮藏品控和储运标准体系建设非常缓慢，加之农产品种类繁多，生物学属性各异，导致农产品冷链物流标准领域仍有很多空白。

3) 多部门管理，标准之间相互矛盾

农产品种植、贮藏、加工、流通内容较多，涉及农业农村部、国家林业和草原局、商务部、卫健委、全国供销总社等多个部委，经常有多个部门发布同一类型的标准，基本术语定义或关键指标在已颁布的标准中出现不统一、不一致的情况。同一标准的重复设立，相互不一致、不融合、不衔接，不仅浪费人力、物力资源，还会导致行业秩序混乱，也间接导致标准的使用率低。

4) 现有标准很多不符合实际需求，一二三产业标准融合难

现有标准与市场实际需求不符，主要体现在三个方面：一是我国标准更新频率低，部分标准编制年代久远；二是标准数量结构性缺失，新兴领域标准数量不足，缺少关于农产品电子商务、净菜加工流通等方面的标准；三是冷链物流标准体系部门缺乏协调性、协同性，一二三产业标准融合难度大。

5) 标准的国际采标率低

随着人民生活水平的提高、电子商务的发展、“一带一路”倡议的推广，生鲜农产品的进出口越来越频繁。但是，我国农产品加工、流通相关标准多针对我国国情，与国际上其他国家和地区的生产力发展水平不匹配，国际采标率极低，导致标准指标不统一，一种产品两套标准、多套标准现象增多，进出口贸易受到很大影响。

6) 标准宣传贯彻有待加强

长期以来，我国农业标准工作重制定轻应用，更多的精力投入到了标准制定、修定当中，对标准的宣传贯彻工作重视程度不够，宣传贯彻力度小、机制不灵活，农产品冷链流通企业标准化意识淡薄、标准制定缺乏实践指导性，导致我国农产品冷链物流经常出现“有法不依，有标不行”的问题。

(二) 农产品温控供应链和冷链物流标准体系的构建路径

近年来，国内外理论界对农产品物流标准的相关研究往往只强调某个局部的功能要素，缺乏综合性、系统性研究，影响产业的发展。对存在问题的表面现象研究多，深层次原因的研究欠缺，导致对农产品流通标准体系构建的科学研究和学科建设严重落后于产业发展，冷链物流的本质实际是温控供应链，一二三产业冷链物流的集合、融合就是温控供应链的生态体系。

为加快上述问题的解决，构建我国农产品温控供应链标准体系，围绕“制标”、“融标”和“贯标”三部分展开。

1. 制标

农业产业温控供应链和冷链物流是一个新兴产业体系。首先要在加强新知识、新产业、新人才标准体系建设研究的基础上，委托相关机构整理现有农产品流通领域的相关标准后，梳理出制标内容和重点，积极推进。一二三产业冷链物流涉及的品类和环节复杂多样，一些规范和标准难以落地，既存在“无法可依”的情况，也存在“有法不依，有法难依”的现象，冷链物流标准领域仍存在很多盲区和空白，构建冷链物流标准体系重要的一步，就是制定适用于农产品生产、加工、流通领域冷链物流的标准。

2. 融标

在新老标准、一二三产业领域和“产加储运销消”不同环节等方面，融合多种标准，形成统一规范。为构建一个完善的农产品冷链物流标准体系，必须要进行融标。以不同农产品的供应链体系建设为主线，以销售为牵引，以物流为支撑，以品控技术为手段，倒逼第一产业向第二、第三产业的服务延伸与产品输送。通过与农业农村部、商务部等部门交流，以上问题近期还没有具体解决的方案，主要是产生这些问题的深层次原因还没有真正的找到。由于农业、食品业的产业特殊性，优化供应链存在诸多难点。第一是政府协同难，也就是政府部门之间的协同协调、政策衔接难。第二是产业融合难，是指一二三产业的融合难，实现接二连三和接二连一应该相向而行。第三是技术集成难、落地难，即节点技术整装集成应用难，往往是“点上是成果，链上不能用”。第四是标准统一对接难，是指供应链数据、标准的兼容性、统一性、系统性难。第五是优质、优价提质增效难。冷链物流和科技成果转化如果没有实现产品优质、优价提质增效，则企业是不接受的，不是成果，就是成本，不仅科技投入无法收回，冷链物流标准再好，没有盈利模式，也无法执行。

3. 贯标

我国冷链物流标准还处于起步阶段，人们缺乏冷链物流对产品质量安全重要意义的认知，对标准化工作的认知度依然不高，企业也存在冷链物流标准意识淡薄的问题。如何使制定的标准落地，也是我们在工作中需要思考的问题，近年来，各级政府出台了许多贯标的奖励政策，有力推动了流通领域 A、星级物流和冷链物流企业贯标、执标。同时对标准实施效果进行监督评价和复审，不断改进标准，提升了标准适用性、有效性、资质性和品牌性。

在贯标方面，以家庭农场、农业龙头企业、农村合作社等市场主体为主要对象，以特定领域或产业的标准使用与落实为目的，政府推动，相关行业协会主导落实，按照以下进程引导和强化市场主体的标准化意识。

试点：特定企业开始执行、落实某项国家标准或行业标准进入试点名单。

达标：企业按照相关标准完善管理、优化流程、提高效率，对企业经营起到一定作用，进入达标企业行列。

示范：在达标企业中，因贯标显著提高企业经营管理水平的，对行业有带动示范作用的，进入示范序列。

二、农产品温控供应链标准体系建设重点任务

(一) 搭建冷产、冷储、冷运、冷销“四冷”工程标准化产销对接体系

当前冷链的断链问题一直困扰业界，在互联网时代，归根结底就是“实物交接和数据交接”的不配套，所以实现不了数据支撑标准、标准支撑品牌、品牌集群打造透明供应链和数据的交接就是品质的交接的目标。目前，冷储管理环节比较规范，干线冷链运输以其高效、快捷、低价形成了市场需求，在冷销环节上传统商贸物流的商超和零售终端只有少数冷柜装有实时温度检测系统。山东省目前正式通过部分食品加工厂、冷库、部分车辆和部分商超冷柜实时温度在线监控的“四冷”示范工程，把模式路径打通，把供应链“四冷”数据标准链体系建立起来。与中物联紧密合作，通过数据采集和云平台建设，打造“链厂(加工间)、链库、链车、链柜(零售冷柜)温控供应链平台，同时考虑与商务部全国资源和地方城市、企业资源对接兼容性、数据接口、异构模式等软硬件兼容的标准建设问题。

(二) 电商与物流两大业态的融合推进

电商冷链温控物流品质控制大数据缺失、标准化滞后。电商冷链物流与传统物流有着较大差别，其中，多品类、多批次、小批量、快速度、跨时空的 B2C、C2C 特点，就是与传统冷链物流的最大差别。“时空”概念对冷链物流品质的影响尤为重要，例如，某种冷链物流品从深圳到哈尔滨，应该用什么样的包装？“3T 指数”(3T 指的是：时间 Time、温度 Temperature、品质忍耐度 Tolerance)是怎样的？农产品上行“最先一公里”和下行“最后一公里”全程问题如何解决？数据的交接，就是品质的交接。温控品控大数据就成了实体冷链物流企业实操的短板，尤其是冷藏运输，难度极大，不仅对装备、工艺提出更高要求，对驾驶员也提出了很高的专业要求。因此，建立电商冷链温控追溯体系和相关标准迫在眉睫。

加大科技投入，解决三产融合中接二连三、隔二连三、接二连一、隔二连一电商业态的关键技术集成和瓶颈，推进“2623”工程建设，形成数据支撑标准、标准支撑品牌、品牌支撑供应链体系的良性循环。

(三) 推进中央厨房+温控供应链产业标准体系建设

中央厨房是一二三产业融合发展的产物，中央厨房的建设与推广，可以避免

初级农产品生产的盲目性，中央厨房产品标准化保障了食品安全，可加快实现家里吃、酒店吃、外卖吃、天上吃、车上吃、船上吃食材的标准化、便捷化、数据化。中央厨房的服务半径与温控供应链的建设相辅相成，因为食材供应链辐射范围决定了中央厨房产品的销售半径。目前，国内中央厨房能赚钱的仅有10%左右，除了受消费者的接受程度制约外，食材供应链的非标准化供应、物流、销售造成了生产数据与物流数据和消费数据的不衔接、不透明。

（四）开展知识体系建设和复合型人才培养培训工程

加快农产品温控供应链知识体系建设。只有建立相对完善的知识标准体系，才能有效促进复合型人才专业水平的不断提升；人才掌握了相对完善的知识标准体系，才能正确高效地去执行产业标准体系；产业标准体系在实践中逐步完善的进程中，对知识标准体系可进一步修正、补充和提升。知识、人才和产业三大标准体系在否定之否定的扬弃上升中，进而实现“冷链物流知识标准”、“冷链物流人才标准”和“冷链物流产业标准”三大标准体系的良性循环。

加强冷链物流复合型人才培养，支持高等院校设置冷链物流相关学科专业，发展职业教育和继续教育，形成多层次的人才教育、培训体系，推动人才队伍建设。强化人才交流，坚持“引进来”和“送出去”相结合，鼓励相关行业协会、企业引进市场急需的冷链物流专业人才，引导企业员工到高等院校进行职业再教育。支持高等院校设置冷链物流相关学科专业，编制冷链教材，加快电商冷链知识标准、人才标准和产业标准体系建设，形成多层次的人才教育、培训体系，推动人才队伍建设。

第四节　农产品智慧温控供应链体系构建及意义

一、农产品智慧温控供应链体系特点

（一）农产品智慧温控供应链是一种特殊的供应链

供应链或供需链，是伴随着人类的供需关系产生的，从人类科技发展史信息和能量双维动力看，“古丝绸之路”是一个完整的国际供应链业态。供应链体系包括物流、商流、资金流、信息流等基本要素。近年来，在系统分析文化、贸易、旅游和迁徙等社会要素对物流影响的基础上，提出了物流的人文流要素。一般认知中，往往把供应链中的物流或商流放在第一位，其次是资金流，最后依次是信息流和人文流。这种认知不仅低估了信息流在整个供应链体系中的作用，而且在实践中往往把信息流片面地等同于信息化。在整个供应链体系中，信息流贯穿于

物流、商流、资金流等各要素中，担负着信息传递功能，是一切活动的先导。信息流解决的是信息传递方式的对称性、速度和质量。古代信息流的传递方式落后和对称性极差，严重影响了商流贸易、物权转移、资金流交易支付和物流的物理交付效率[36]。因此，信息流、商流、资金流、物流从古至今都通过信息化水平的逐步提高和迭代来实现高效。通过创新合作模式，加强“五通”，即政策沟通、道路连通、贸易畅通、货币流通和民心相通，以点带面、从线到片，逐步形成区域大合作格局。

农产品生鲜类，是一种生物学属性复杂的特殊商品和供应链体系。从农产品生产、流通和消费的角度分析，不论是传统的商贸冷链、温控物流，还是电子商务的品控物流，最终都要回归到优质、优价商业价值的实现。农产品商业价值的实现，最终要回归到不同品类的品质、卖相和品牌提升，技术、装备和管理都是保障手段，是为了实现其物流价值。农产品的优质、优价是冷链、温控物流的需求基础，智慧温控供应链的构建是优质、优价实现的基础，互联网、物联网、大数据、云计算和政策环境提供实现智慧温控供应链的装备技术及生态圈基础。因此，农产品智慧温控供应链体系的构建必将促进我国从无害消费向品质消费的跨越。

(二) 信息化技术的提高和迭代实现高效供应链体系

供求信息的有效传递是形成商流的前提。在古代，信息主要通过信使、驿站、烽火台等来传递，物流、信息流、人文流在同一时间和空间内完成，这样信息的对称性较差；纸媒的出现虽然实现了通过信件来传递商流信息，但采购商与供应商的交易也只能通过面对面来完成，这种商流信息传递方式成为贸易的瓶颈，产生的信息不对称成为小范围交易利差形成的来源。对于资金流也是如此：在纸币和票号出现之前，铜钱等货币需要以物流运输的方式来完成，物权转移的资金交易、支付与产品的交付一般也是在同一时间和空间内完成的，供应链体系的基本要素的功能实现是合一的。近代以来，伴随着电报、电话的出现，信函的提速，纸质传媒、广告的盛行，信息对称性和快捷性有了较大的提高，信息流、物流开始部分分离，而且信息流传递的快捷性极大地促进了商流的发展。资金流开始以银行卡、支票、电汇、钞票等形式完成，实现了资金流与商流的分离。

互联网，尤其是移动互联网的快速发展，催生了电商供应链新业态。微信、微博、短信、视频、语音等新传媒使信息流的对称性得到了极大的提高，信息传递通过互联网实现了跨时空、全天候。完成电商供应链“送到”和“退到”使命的快递物流商，成为主要的线下服务主体。交易信息流、商流和资金流与物流完成时空的全分离。现金流实现了的移动在线支付，支付宝、微信交易支付等，还有资金的退付，几乎都实现了全时空运营，没有了时空限制。移动互联网的发展提高了信息传递效率和信息对称性，物联网、大数据、云计算、区块链等新技术使数据信息传递智能化、无人化、低成本化和共享化。供求信息、商流信息、资金流信息、物流信息、人流信息支撑交易和物权转移的各类信息将极度对称和智慧化。未来的商流信息极度高速对称，导致中间环节的生存空间越来越小，各产业供应与采购多数会实现一票制，即平台交易实现供求物权转移，温控冷链物流商会为农产品供应商或渠道商和采购商完成一票制。未来的资金流，眼纹、音纹新技术，无现金化、数据货币、数据金融化、新一代众筹模式等将重构征信体系和金融安全，会影响整个支付体系发生更加颠覆性的变化，更多的商流一票制，使资金流效率大大提升。而不管信息流、商流和资金流多么得快捷和现代化，物流移动实现价值的物理属性永远不变，但智慧冷链、温控、品控物流的环境感知、采集、传输、计算应用成本会越来越低，完全可以应对物流业态和空间移动模式将发生的巨大变化。冷链物流服务供求信息实现在线匹配，如果不能实现智慧化，各物流园区聚集的空间价值将受到挑战。

(三) 物流是现代供应链中的短板

美国经济学家伊文思说：市场上只有供应链而没有企业，企业与企业之间的竞争是供应链和供应链之间的竞争。这个体系中有四个主体：第一是供应商(人)，从冷链业态讲就是初级农产品、食品生产、加工或供应商；第二是渠道商，即批发、零售或电商(平台)；第三是物流商，也就是自营或第三方冷链物流商；第四是采购商或者采购人，由团体和个人对应渠道商的批发和零售。一二三产业的供应链呈现梯级供求链条，如初级农产品生产者既是加工企业和渠道商的供应商，又是农业生产资料的采购商。传统供应链是依托供应商、渠道商、物流商和采购商四个线下主体形成的。传统供应链是一个“人、场、货”的模式，即人要到特定空间采购，物流商将货物送到渠道商指定空间(如商超或批发市场)，使之交易。这种模式采购人不关心物流成本和速度，因为物流成本含在商品价格中，是在同一空间和时段完成信息流(供求选择)、商流(物权转移)、资金流(交易支付)、物流(物品交付)，是通过人的移动完成了“五流合一”的采购供应链流程，基本上是同时空模式。

在现代供应链的物流中，尽管物品移动实现价值的物理属性没有改变，但距离、时空、品类、城乡、境内外等因素，使物流成为现代供应四流中最短的一块板，冷链物流等成为短板中的短板，直接影响着智慧温控供应链体系的构建。物流业是国民经济的基础性、战略性产业，党中央要求用信息化与现代物流来改造传统产业。物流是供应链的一部分，供应链离不开物流，但供应链与物流在功能、边界和本质上是不同的，物流业严格来讲是一种硬实力，而供应链是一种软实力。

电商供应链是现代供应链的重要组成部分，它的商流渠道变成了线上网商平台，快递物流商成为主要的线下服务主体。现代的供应链即电子商务和传统供应链，现在正在向线上渠道和线下渠道相结合的方向发展，也就是供应链 O2O 模式。线下的渠道商也在极力地打造自己的线上平台或与大平台商合作。线上的平台商也在积极地与线下的渠道商进行合作，相向而行。例如，盒马鲜生既有“人、场、货”模式，也有“货、流、人”模式，把货找人和人找货融为一体，成为零售的温控供应链新模式。物流商也在融合，很多物流园区既有传统物流，也有网仓物流，从干线整车物流、零担物流，到 B2C 的快递物流。因此，今后渠道商和物流商与供应商的关系，已经是一个依赖性关系，也就是说为供应商专业服务的能力与质量，尤其是冷链物流的专业要求更高，决定了供应商对冷链服务商、渠道商的信任度和依赖度。渠道商和物流商为采购商服务的质量和采购商的体验，决定了对渠道商和物流商的信任度和依赖度(黏性)。将来供应链不再是一个单纯的运价的竞争，而是渠道商、物流商与供应商、采购商全链条上的诚信与服务、理念文化的竞争。在国内外的所有地区，电商供应链与传统供应链会同时融合发展，它与物流是一个永不分离的关系，这是因为物流业态物品移动实现价值的物理属性是亘古不变的，但智能化、快捷化、无人化竞争会更加激烈。

二、智慧供应链体系构建的国家战略

2017 年 4 月 12 日，国务院办公厅文件《关于加快发展冷链物流保障食品安全促进消费升级的意见》(国办发〔2017〕29 号)，这是国务院第一次专门针对冷链物流这样一个专业物流业态出台的文件；2017 年 10 月 13 日，国务院办公厅印发了《关于积极推进供应链创新与应用的指导意见》(国办发〔2017〕84 号)，其中提到要构建农业供应链体系，提高农业生产组织化和科学化水平，建立基于供应链的重要产品质量安全追溯机制，推进农村一二三产业融合发展。2019 年，中央一号文件《中共中央国务院关于坚持农业农村优先发展做好“三农”工作的若干意见》对加强农产品物流骨干网、冷链物流体系建设和一二三产业融合发展又提出了新的要求。

2009 年是物流元年(物流由管理成为一个产业)，2017 年是中国的供应链元年(供应链也由管理成为产业)。一个以农业为主区域经济的发展，智慧温控供应链模式创新起着非常重要的作用。服务农业的供应商、渠道商、物流商和采购商，融合为一个跨时空优质的智慧温控供应链体系，对区域农业和流通的发展是至关重要的。因此，农业区域的地方政府要重视供应链生态圈的构建。

(一) 创新构建智慧温控供应链大数据平台

所有的技术革命都必然要解决行业原来解决不了的痛点。大数据包括特色优质农产品物流品控技术数据库和农产品物流品质监测数据库两大部分。前者为农产品物流品控知识数据库，包括农产品的自然属性和生物学属性、在物流各环节采用的技术参数和操作规范。基于农产品传统物流和电商物流模式，通过采集农产品品类在生产、加工、贮藏、运输、销售、消费六个环节的各类信息数据，以三个环境(时空、包装和微环境)和3T数据(时间、温度、品质忍耐度)为重点，打造“2623”工程(图5-1)，包括流通方式、仓储数据、物流过程的环境数据监测、品质指标的变化等，进行数据的统计、筛选、挖掘与分析，构建农产品透明温控供应链体系，实现农产品物流过程一体化、智慧化管理。

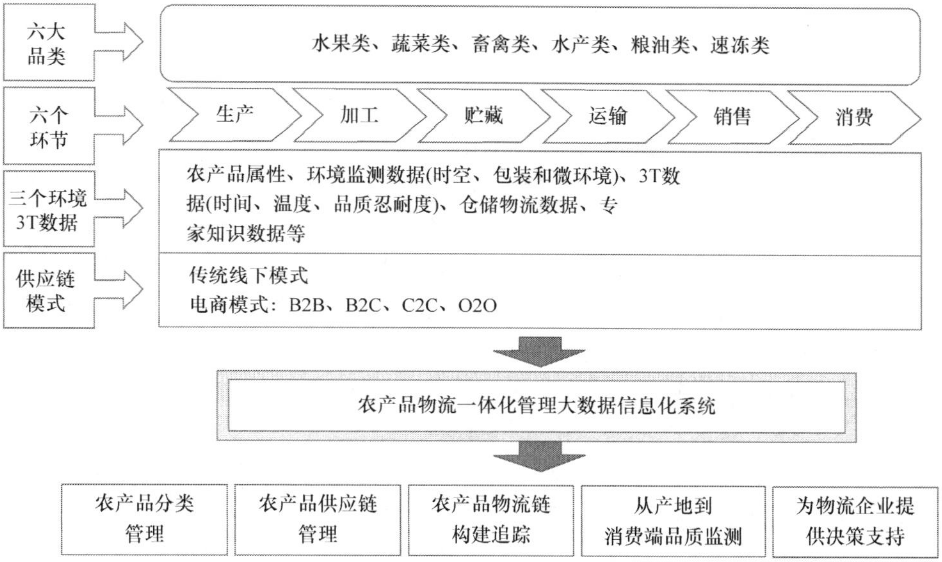

图5-1　“2623”工程示意图

平台能够实现农产品从产地至消费端到端级别的品质监测；自动化地将各类数据(货物的属性数据、物流路线规划数据、环境指标采集数据、仓储位置数据等)抽取到大数据平台中，并实现对这些数据的结构化和规范化存储；对物流企业、操作人员和客户群体提供货物数据的查询和展现；对物流相关的大数据进行分析、统计、挖掘，为物流企业的生产、调度、规划提供优化建议和决策支持，对特种货物(如生鲜类、冷肉类食品)建立损耗/变质模型；对仓储和物流过程中的监测数据进行实时监控，并对出现异常的数据(如环境温度过高、运输周期过长)通过短信、邮件等方式提前进行预警，防止损失的实际发生；实现对物流过程全链路的追踪，周期性地统计物流过程的多种数据和因素(如物流周期、运输成本、货品保鲜率等)，分析其短板和瓶颈之处，并给出优化的建议(如对物流线路的优化规划)等。大数据平台在建设和应用上要实现以下创新：第一，在温控供应链和冷链物流理论研究和知识架构上，进行了原始性的集成创新，形成了“三硬一软”、六面集成研究架构和温控供应链集成产业技术体系架构；第二，针对电商冷链品控物流，提出了 A−C+B=X 的建模公式并在实践中取得了初步成果；第三，在温控供应链方面，根据供应链第一性原理重新定义了信息流、商流、资金流、物流和人文流供应体系新架构，并对其五流具体内涵概念重新定义、梳理和逻辑关系表述。这些成果对本领域的理论创新、企业实践和产业健康发展，以及加快落实国家相关文件都有着积极的推动作用。

(二) 加快构建温控供应链三大标准体系

从原始人类的食物有了剩余后，就有了贮藏保鲜和品控的技术需求，由于商品交换的时空跨度、速度和范围的扩大，温控供应链知识、人才和产业标准体系建设严重滞后并制约着产业的快速发展。冷链物流三大标准体系的构建，也是一个政产学研用结合、一二三产业融合发展和复合型人才培养的过程，对实现国家农业、食品产业供应链战略有着重要意义和作用。要实现三大标准体系的良性循环，首先要在理论创新、技术创新、模式创新的基础上，构建一个知识标准体系，因为现在在温控供应链高度交叉的学科领域没有一个相对完善的知识标准体系。首先要建立知识标准体系的研究架构，如品类、时空、装备、工艺、信息、供应链环节业态要素关系的共性基础和分类研究。只有建立了相对完善的知识标准体系，才能有效促进复合型人才专业水平的不断提升；人才掌握了相对完善的知识标准体系，才能正确高效地去执行产业标准体系；在产业标准体系在实践中逐步完善的进程中，对知识标准体系可进一步修正、补充和提升。知识、人才和产业三大标准体系在否定之否定的扬弃上升中迭代更新，进而实现温控供应链的知识标准、人才标准、产业标准三大标准体系的良性循环。

自 2015 年以来，从国家标准化管理委员会、国家发展改革委、商务部等标准主管负责部门，到以冷链委、冷标委为代表的行业标准制定的协会，再到冷链物流行业龙头企业和科研院校专家，都在加快冷链空白领域的标准制定，以及整个冷链物流标准体系的完善。从冷链物流的基本分类与要求，到水产、肉类、餐饮、乳制品、海产品，再到冷藏车、冷库、冷藏箱，冷链物流的标准化进程不断加快。一是依据相关国家标准，推动标准化托盘、包装箱的批量使用，减少流通环节，降低流通成本；二是通过《物流企业冷链服务要求与能力评估指标》(GB/T 31086—2014)国家标准，全面开展星级冷链物流企业的评估认证，尤其要重视、鼓励和支持较低星级的企业参评，通过行业组织开展评估企业，发现问题，了解企业需求，进而完善标准体系；三是联合国有实力的科研机构或组织完善和构建冷链物流领域的三大标准体系培训教材，加快知识标准体系、人才标准体系和产业标准体系的建设进程。

(三) 亟须建立电子商务模式下农产品品控物流标准体系

农村电子商务发展得如火如荼，但目前农产品电商冷链品控物流标准国内还基本是空白的，严重制约了农产品上行和农民增收。2019 年中央一号文件《中共中央国务院关于坚持农业农村优先发展做好“三农”工作的若干意见》，针对一县一业、一村一品发展提出了新要求。但现状是农产品上、下行标准制定严重滞后。生鲜电商冷链标准最终也要在各品类生物学物流属性研究基础上形成，才更具可操作性和时效性。这也是一二三产业融合在本领域制标、融标和贯标的重要责任。

现代新型农产品流通模式为农产品电子商务，农产品电子商务是冷链物流行业发展的一大亮点。农产品电子商务的蓬勃发展使得各种生鲜电商如雨后春笋般出现，但据统计有 99%的生鲜电商都在亏损。其主要原因是冷链设施的购置、全程冷链的设计与配送、消费者理念的培育都需要大量成本的投入，另外，未成熟的冷链仓储及配送条件，专业冷链第三方企业缺乏以及电商模式下农产品冷链物流标准不健全，快件在装载时不加区分地进行混装。面对当前生鲜电商的火热和国家对冷链物流与供应链产业的空前重视，亟须面向需求建立电子商务模式下农产品冷链物流和温控供应链标准体系。

(四) 通过数据化，实现标准化，促进品牌化，优化供应链

农产品冷链物流和供应链管理与工业品(普货)物流和供应链管理有着很大的区别。农产品都是经过种植或繁殖的自然生长过程获得的有机体，采后仍有生命活动的延续，因此农产品都是生鲜易腐产品，商品寿命短，保鲜困难，为保持农产品的鲜度、品质及功效，要求尽量减少装卸搬运次数，在储存期间与运输途中需要特有的物流设备如冷库、冷藏车等，以及专门的技术如保鲜、包装、储藏技术等，同时对物流过程的要求也非常苛刻。正因为农产品与工业品的物理属性不同，所以供应链规模和技术保障要求也不同。农产品供应链管理运行的根本目标就是以最小的物质、人力、时空消耗去扩大物流辐射半径和延长产品保鲜保质期，以满足不同季节和不同地域消费者的有效供给,从而保证农产品市场价格的稳定，同时最大限度地实现和提高农产品市场价值。在供应链上下游推行标准化工作，引导和扶持我国食品、农产品领域生产企业和流通企业打造共生品牌，好的食品原材料和加工工艺，如果没有全程冷链保障，到消费者手里都是零。因此，鼓励生产加工企业选择星级冷链物流企业，愿意为高品质物流服务支付高成本，保障了食品优质，保证了市场占有率，在实行“品牌共建”的战略道路上，最终保障的是企业的利益最大化。温控供应链和冷链物流的标准体系建设是一个中长期性的工作，同时要与时俱进地不断引进新技术，适应新形势，不断改进完善既有标准，建立健全新标准。

(五) 现代科技与食品产业供应链结合难点及对策

由于农业、食品业的产业特殊性，优化供应链存在诸多难点。第一是政府协同难，也就是政府部门之间的协同协调，政策衔接难。第二是产业融合难，是指一二三产业的融合难，实现接二连三和接二连一应该相向而行。第三是技术集成难、落地难，即节点技术整装集成应用难，往往是“点上是成果，链上不能用”。第四是标准统一对接难，是指供应链数据、标准的兼容性、统一性、系统性难。第五是优质、优价与提质增效难。成果转化如果没有实现产品优质、优价与提质增效，企业是不能接受的，不是成果，就是成本，不仅科技投入无法收回，而且没有盈利模式。

三、智慧温控供应链体系建设的方法论与多元思维模型创新

在国家“大众创业、万众创新”的号召下，一二三产业发挥各自领域优势在技术创新与模式创新方面都取得了很好的业绩。随着新经济的发展，给双创提供了新的命题：推动创新升级和一二三产业融合发展，以技术和模式融合创新，构建自然科学和社会科学大集成、大协同升级版 3.0 的双创生态圈，为现代供应链发展和区域经济时空价值再造提供新动能和新引擎。

战略、模式、技术和产业创新构成了一个社会科学和自然科学完整的区域与企业发展新方法论及多元思维体系。首先是方向确定，走什么路的战略和定位问题。其次是供应链和商业模式。模式和业态创新应该是一个社会科学的范畴，技术创新属于自然科学的范畴。支持模式创新的技术瓶颈的突破，关键装备是技术创新等。马云应对淘宝支付和光棍节痛点，利用互联网、信息科技研发支付宝和阿里云等新技术就是支撑商业模式发展的关键技术，不仅解决了电商支付问题，还把企业支付打造成了支付企业，又把支付企业再造成了科技金融企业。正是科学的方法论成就了阿里系成为我国最大的电商供应链企业。还有当前制约生鲜电商发展的冷链物流和品控、追溯技术等都属于自然科学的范畴。技术创新是模式创新不可分割的重要组成部分；模式创新和技术创新是实现产业创新和既定战略目标的重要支撑体系，三者相融相配，缺一不可。

只有完整科学方法论的指导，才能做出最好的顶层设计和战略战术方案。所以说，写好剧本是拍好片子的前提，拍好片子是实现高票房价值(绩效)的前提。战略(理论)、模式、技术和产业创新是社会和自然科学大协同、大集成宽领域创新的新方法论，是发展最顶层的设计体系。什么是变革时代选方向，平和时代比速度：盒马鲜生案例就是选准了新零售方向，在业态基本定型后就开始了高速开店期。如何抓住这种机遇，就要确定我们的发展定位和战略方向，探索适合自己的发展模式和盈利模式，明晰还有哪些技术瓶颈需要突破。电商和物流融合的现

代供应链领域，有着巨大的机会，甚至可以说三百六十行，每一行业都值得重新做一遍，这就是“720 工程”。

智慧供应链有如下几大发展趋势：

(1) 供应链各业态环节，因互联网技术都在进行融合、提升和再造，业态边界越来越模糊，业态融合、重构重组加快。

(2) 由于信息对称和新技术的发展，双追溯透明供应链品牌集群建设成为可能并提速，所以消费者对安全和品质的数据化凭证将更加敏感，食品消费将由感官(1.0)、无数据品牌(2.0)向品牌数据消费(3.0)提质升级。

(3) 供应链技术和模式创新及消费者认知能力的提升，使供应链各业态环节进入了逆化化、快变化、精准化、个性化、平台化和共享化的时代。

(4) 零售餐饮化和餐饮零售化等成为空间价值再造和平效提高的新路径，新零售、新业态创新加快，食材中央厨房化供应链体系逐步完善，并覆盖更多食品供应链业态。

(5) 品牌的迭代升级加快，政府、行业、社会大数据建、供、享对一二三产业融合将起到重要作用，共建、共享、共赢的供应链品牌集群生态体系将有着更强的竞争力。

(6) 隐形竞争、跨界融合持续加剧，互联网企业使供应链企业平台化和平台企业化的智能化企业发展迅速，供应链金融发力，产业金融与金融产业将深度融合，供应链独角兽成长加快。

(7) 交通运输工具影响着人流和物流及供应链各业态的发展模式和时空价值再造，各类集装器、单元标准化载具和高速铁路物流将打造多式联运和物流供应链新版图。

(8) 移动支付、刷脸、音纹等新技术颠覆支付和资金流模式，供应链科技金融将更加迅猛发展，企业、个人征信体系将对其发展进步起到更重要的作用。

(9) 供应链与供应链之间的竞争加剧，以供应链要素品牌集群构成的生态圈体系建设速度和质量将成为区域新经济发展和时间价值再造(亩效、平效、人效)的最重要竞争模式。

由于农产品、食品冷链物流和温控供应链是一个跨产业、跨学科、多业态、多环节的边缘性学科，基础研究及工程技术体系研发相对薄弱，单学科、单环节研究居多。由于要保证在分散的产销之间满足消费者在不同时空上的要求，我国的农产品储藏和移动价值的实现，一直都面临着时间、空间、品种、数量和质量的巨大挑战。目前，我国还没有形成科学完整的系统研究框架和专家队伍，有效技术供求和产业的知识体系不系统、不完善，导致人才标准、产业标准体系发展滞后，急需建立一个边缘交叉学科的复合型专家人才队伍和科学完整的理论、工程技术体系。要实现三大标准体系的良性循环，首先要有一个知识标准体系，这是因为在冷链物流高度交叉的学科领域内目前还没有一个相对完善的知识标准体系。随着新技术的发展和应用，如何把最适合人类消费的农产品的最佳生命状态，快捷、安全、保质地送到消费者手中的研究和实践日趋深入。虽然冷(制冷技术)、链(供应链)、物(生物学)、流(贮藏、运输、配送)有着学科的交叉性、边缘性和系统性，但是信息与能量的双维科技动力，优质安全食品满足消费需求供应链的基本逻辑和第一性原理亘古不变。因此，现有的企业人员岗位设置和知识结构不足以支撑和服务我国巨大的食品市场需求。冷键物流三大标准体系的构建，也是一个政产学研用五位一体相结合、一二三产业融合发展和复合型人才培养的必要进程，对实现国家农业、食品产业冷链标准化和供应链国家战略有着重要意义和作用，也是时代赋予本领域科教工作者的重要使命和担当。

第六章　冷链物流运营案例

第一节　冷链物流综合型案例

一、盖世冷链物流：延伸物流产业链实现冷链仓配一体化

(一) 企业基本情况介绍

山东盖世国际物流集团(以下简称盖世集团)成立于1998年，是一家以物流业为核心，涉足物流、商贸、电子商务、房地产开发四大业态的大型物流企业集团。其现已发展成资产总额210亿元，占地面积7000亩，常温仓储面积150万m^2，冷库30万t，入驻企业3000余家的全国规模最大的物流企业之一。企业拥有济南总部、盖世冠威、盖世济北三个大型物流基地，先后荣获“中国5A级物流企业”、“中国物流百强企业”和“国家级物流示范园区”等品牌荣誉。

盖世集团专注于为客户提供与国际标准同步的冷链物流服务，建立从生产端到消费端的一体化冷链物流服务流程。依托现代化冷链物流服务体系，发展集冷链零担网络化、第三方冷链物流运输等多种功能于一体的综合性冷链物流服务。盖世集团拥有强大的网络系统和运力资源，为客户提供物流信息服务。客户可通过运输管理系统(transportation management system, TMS)网上下单，利用车辆GPS随时监控车辆运输状况，清晰掌握货物从起运地到目的地的实时动态，以此满足客户对时效性和实时性的要求。

(二) 企业冷链业务信息化情况

盖世集团积极引进和开发先进的物流供应链管理系统，包括TMS、仓储管理系统(warehouse management system, WMS)、办公自动化系统、车辆GPS。盖世集团凭借先进的制冷设施、专业的冷链管理能力已成为影响和覆盖山东及周边绝大部分城市和地区，辐射全国并衔接国内外供应链的中国最大的冷链物流综合服务商之一。

(三) 安全管理责任岗位设置与工作内容

1. 客服员岗位职责

客服员岗位职责包括：负责组织客服人员做好客户查询、咨询、投诉等工作，

执笔人：郭风军、姜沛宏、于怀智、范志强、黄宝生、张玉华、陈东杰、张长峰等

不断提高服务质量；负责组织对投诉的业务问题进行分析，提出合理化建议；负责组织客户满意度的调查和统计工作，出具客户满意度调查报告；负责组织对业务事故调查结果确认，协助重大业务事故的调查处理；负责组织对客户服务质量的监督、检查工作；负责组织部门人员检查各办事处和部门存在的问题；负责组织将存在的问题及时反馈到相关部门，并监督、检查整改情况。

2. 运营专员岗位职责

运营专员岗位职责包括：制度与流程建设，负责制定和完善客户服务管理制度及流程，并负责实施；负责 ISO 9001 质量管理在本部门的实施；负责对部门流程进行更新及监督落实。部门标准化的建设，参与制定运作流程标准化的建设，并监督实施；参与制定市场开发管理标准化建设，并监督实施；对外宣传文档、工装、形象等标准化的建设和监督执行。

3. 运作经理岗位职责

运作经理岗位职责包括：安全检查及安全责任落实，对仓库、叉车、货车等物流作业场地和设施设备的安全进行不定期检查，并保证良性工作；对下属人员开展不定期安全培训和督导；对各运作环节存在安全隐患的地方进行整改；对分拣中心的日常管理；指导、监管装卸的日常工作，保证货物安全，维持分拣中心的秩序；负责指导干线车辆的管理及干线运营情况的监控和事故处理；负责货物异常情况处理；制度与流程建设；各运作环节的流程建立与实施；制定相应的奖罚措施，并落实执行；制定相应的运作管理文案，并落实执行。

4. 仓管员岗位职责

仓管员岗位职责包括：做好仓库货物的入库管理工作，负责货物的入库管理；检查、验收、核对入库货物的品种、规格、数量是否与单据相符，有无破损，温度是否合格，登记并建立台账；及时录入系统，货物入库后按顺序摆放，保持库容整洁，无杂物，便于出库；定期做好仓库的安全管理工作，防火，防盗等；做好货物的出库管理工作；根据订单，完成分拣工作；根据公司的业务流程，在接到出库订单后及时核对出库货物的品种、规格及数量，做好出库准备；与其他人员做好交接工作，有破损的说明原因并签字确认。

5. 调度员岗位职责

调度员岗位职责包括：车辆安全工作，加强对司机驾驶安全意识的培训；对车辆行驶轨迹和行驶过程车厢温度的监控管理；提高货物安全防护能力，随时监控车辆轨迹和车厢温度；供应商及外协车辆管理，负责供应商和外协车辆的筛选、合同签订、辞退等工作；对供应商和外协车辆进行奖罚管理；对供应商及外协车辆货物发运安全做好监督管理。

(四) 近期冷链业务从业人员的培训计划与实施情况

在不断提升自身服务的同时，盖世集团将人才梯队建设作为集团发展战略重要的一部分。经过不断地摸索及与各类协会、企业共同探究，不断地强化冷链物流从业人员对冷链物流的认识。

1. 冷链高级人才培训班

盖世集团分四批参与山东省物流与采购协会组织的“山东省冷链高级人才培训班”，共参与培训七人次。培训结束后，将冷链标准化版块及优秀企业的经典案例带到公司与其他工作人员分享，并将所学知识应用到平时工作实践中，为盖世集团冷链物流体系的建设注入有力能量。

2. 仓储、运输作业流程规范

为保证公司良好的业务运营，必须保证各项业务操作规范。公司专门设立运营专员，对作业流程进行修改和完善。2017 年，公司组织 4 次全员内部培训，主要涉及仓库出入库管理、仓库现场作业规范、单据交接流程规范、装卸注意事项、车辆日常管理规范、供应商管理、报销单据审批等环节。

3. 电商冷链物流配套服务模式

针对自有电商平台“天天优菜”项目运营经验，对所有人员进行培训，并组织开展后期工作，完善配套生鲜电商物流服务规范，研究不同宅配模式。对订单管理、车辆管理、配送管理、退换货管理等进行详细分析和汇总。

(五) 主要服务客户及主要服务内容、服务方案与流程

山东聚九元食品有限公司(简称聚九元)是山东邹平一家食品企业，主要生产鸡肉、牛肉，羊肉等制品。由盖世集团服务其冷链物流业务，是盖世集团的重要合作单位，其基本运输流程图如图 6-1 所示。

1. 聚九元项目运输流程

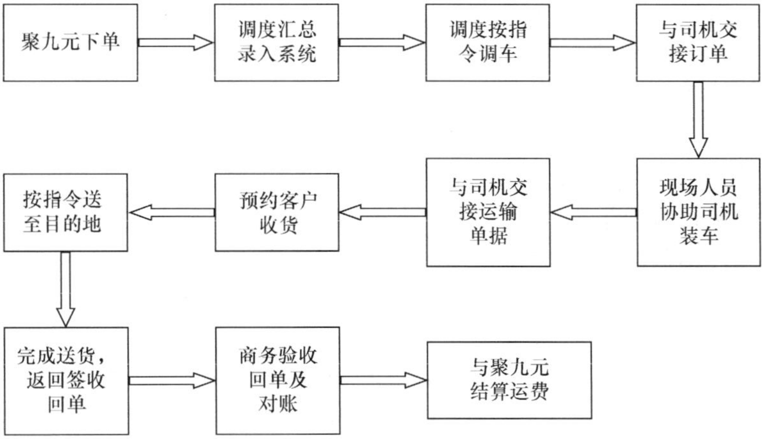

图 6-1 聚九元项目基本运输流程图

1) 下单接单

(1) 聚九元于每天 17 点前下发未来 48h 内的发货订单，通过 Email 或者微信的形式下达至盖世集团市场内勤处；

(2) 市场内勤处根据客户订单汇总货物总量并换算成体积和重量，以及提货工厂和发运需求；

(3) 由市场内勤处根据汇总后的发运内容,将订单信息下达至仓管员和调度员；

(4) 仓管员根据订单安排分拣，调度员根据订单信息安排车辆。

2) 仓管员备货

(1) 仓管员根据订单信息，提前备货；

(2) 按照先入先出原则，备货后将产品放至备货区由其他仓管员二次复核；

(3) 开具出入库单据，并录入系统。

3) 调度派车

(1) 调度员根据客户订单信息，合理安排车辆，并将详细信息告知司机；

(2) 传达给仓管员和操作员。

4) 车辆到达并安排装车

(1) 车辆到达现场，司机告知仓管员提货信息；

(2) 提货信息与实际车辆是否相符；

(3) 车辆与货物是否干净整洁；

(4) 工人装车，并当面与司机交接，双方签字确认；

(5) 核检报告一同交给司机。

5) 车辆发运和到达签收

(1) 根据调度安排将所有产品装车完毕后，检查车辆车况及车厢温度；

(2) 根据运营线路发车；

(3) 货到之前，提前联系客户，并预约收货；

(4) 货物到达，现场交接，完成发运，并签字确认。

2. 运输过程中异常问题处理

1) 产品超期，质检报告不全或内容与货物不符

问清楚司机产品名称、日期，联系聚九元物流专员，说明情况，并协调补发。

2) 货物破损及融化

因货物破损客户拒收，司机必须 2h 内拍照取证，并上报盖世集团调度员，由调度员按照理赔程序操作。同时，需要检查司机全程温度控制情况，并根据实际情况进行责任划分。

3) 因特殊原因导致到货延迟

运输途中若遇到特殊情况，如雨、雪、大雾等天气，司机需要提前告知调度员，并由调度员转述市场内勤，由市场内勤和发货方客户沟通，同时由司机向客户做好解释工作。

货物与单据不符货物发运之后，在交货之时货物与单据不符，少的由司机承担，运费扣除；多的由司机带回，并明确责任，由责任方与司机完成回货运费结算。

3. 回单交接

(1) 市场内勤处每日需要从信息系统导出表格，并跟踪回单回收情况。

(2) 回单负责人从司机处收回验好的回单，并按要求登记。

(3) 打印一式二份的回单登记表，一份签上名字和日期给聚九元物流专员确认，一份盖世集团财务留存。对账无误后，回单负责人将回单联交于财务，开发票后一并寄给聚九元物流专员。

4. 仓库盘点及对接事宜

(1) 每日由仓管员根据订单计划开具出入库单后，录入信息系统。

(2) 每周仓管员与市场内勤处核对现有库存和市场内勤处手工登记是否一致。

(3) 如果仓管员与市场内勤处手工登记数据不一致，则排查本周所有单据，直至解决该问题。

(4) 每月第一周完成月度盘点，并和聚九元进行双方签字确认。

5. 对账及结算流程

1) 对账

由市场内勤处将一个自然月的正常运费、装卸费、货损扣款费用等制作对账单，并核对好回单。确保无误后，邮寄给聚九元物流专员确认，确认无误后签字盖章，并寄回盖世集团市场内勤。

2) 结算

(1) 开具发票。市场内勤处根据应到账金额(对账后金额和增值税税金)及聚九元的开票资料开具发票，并将发票和回单一同邮寄给聚九元物流专员。

(2) 运费结算。按照合同规定，聚九元在回款日前将物流费用汇至盖世集团账户。

(六) 企业经验模式或主要成效

盖世集团在发展的过程中，通过商流、物流、资金流、信息流 “四流合一”的模式运营。

1. 商流

1)“天天优菜”电商平台

盖世集团自主研发农产品电商平台“天天优菜”，致力于为中小型餐饮商家提供一站式、全品类、低价位食材采购，集中中小型餐饮商家的采购需求，缩减中间环节，将原材料以更低的价格提供给中小型餐厅，从价格低、送货上门等多角度为商家提供便利。

2) 盖世集团农贸物流园区

利用盖世集团农贸上千家客户资源，寻找商贸契机，通过与“益海嘉里”龙头企业建立合作关系，以及商贸公司的不断发展，继而推动农产品交易平台的建立，助力盖世集团商贸发展。

2. 物流

1) 仓储业务

盖世集团拥有常温仓库 150 万 m^2，冷库 30 万 t。入驻客户数千家。

2) 仓配一体化业务

为满足客户的不同需求，根据客户的服务内容，制订仓配一体化合作方案，让客户的整体物流成本不断降低，满足客户仓库出入库管理、在库管理、装卸、分拣、包装等多种服务内容。

3) 云仓

盖世集团云仓项目自 2014 年启动，设立 1.2 万 m^2 专业化仓储基地，具备日均处理数万件货品的能力，为客户提供专业的电子商务第三方精细化仓配一体化服务，帮助客户降低仓储、快递运营成本，降低经营风险。现已引进京东商城、凡客诚品、家有购物、韩都衣舍、天猫等知名电商企业，并与之形成了稳定的合作伙伴关系。

4) 零担物流

定位于打造全国规模最大、设施最好、服务最优的现代冷链物流平台，2014 年，盖世集团依托得天独厚的优势，引进仓配一体化模式，启动冷链物流配送项目。现已完成山东省 16 个地市无盲点冷链网络布局，并开通了北京、天津等省外线路，实行班车运输，天天对发。同时，开通山东至全国各地主要物流节点城市的干线运输业务。

5) 三方项目

通过招投标与知名企业建立长期合作关系，根据客户服务内容以项目组的形式派驻现场操作人员，为客户提供物流服务。

6) 市内配送

盖世集团通过“天天优菜”业务与公司仓配一体化客户市内配送业务的整合，于 2016 年在济南、青岛等地已经开展了城市配送业务。通过不断的发展，盖世集团已经摸索出一套完善的综合性宅配模式。

3. 资金流

1) 物流金融

盖世集团拥有“鲁商小额贷款”“利金贷”两大金融机构，满足客户的资金需求。通过“账单质押”“控货融资”等模式给客户提供物流金融服务。

2) 交易平台

通过整合商流、物流、信息流，并结合“联采联购”的模式，建立食品类的商品交易平台。联合 1～2 家产品供应商、3～5 家产品购买方入股，共同搭建产品交易平台，所有资金流均在平台上交易，形成食品交易产业链。

4. 信息流

盖世集团积极引进和开发先进的物流供应链管理系统，包括运输管理系统、仓储管理系统、办公自动化系统、车辆全球定位系统。通过温湿度探头将数据采集到系统中，实现全程冷链物流可视化监管，保证真正意义上的不断链。

(七) 未来3～5年发展规划

盖世集团作为济南市物流重点企业，积极响应国家和政府的号召，大胆创新，勇于挑战，对未来发展进行了初步规划。

1. 互联网+信息化仓储：建设济南特色网仓业务平台

用互联网思维去通盘着眼于物流业发展，借助入驻盖世集团的京东商城、家有购物、韩都衣舍、海红网送、心怡物流等知名电商企业形成综合性电商物流平台，推进具有济南特色的网仓业务平台项目建设，将电子商务与现代物流融合形成物流业与电商、商贸、金融业协同发展的新优势。

2. 互联网+物流园区：开发建设盖世集团云物流服务平台

综合考虑“电子商务+仓储”及“互联网+物流园区”的发展思路，借助盖世集团大量的仓储资源及入驻客户的产品资源，全力推进信息化建设，开发建设盖世集团云物流服务平台。将物流园区变成网上云超市，以及车源、货源等物流信息综合分享平台，实现园区家电、日化、医药、农产品、生鲜、冻品等产品的网上销售和线下配送。与盖世集团未来发展思路相结合，打造盖世集团综合性电商销售平台。

3. 冷链平台+配送专线：树立冷链仓配一体化标杆

冷链物流一直是物流产业的短板，盖世集团将借助现有冷库资源，大力推广仓配一体化模式，开发冷链物流配送项目。目前，盖世集团正在拓展零担网络运输模式，开设多条省内冷链物流专线，下一步将借助济南“旱码头”优势，与大型海运港口和物流企业对接，开拓进出口产品冷链运输业务。

利用现代化冷链仓储中心，运用零担网络运输模式进行运作，通过模式复制将网络覆盖全省。公司还将与大型海运物流企业对接，开拓进出口产品冷链运输业务。借助山东物流的济南聚集效应，将在冷链物流行业中产生标杆意义。

4. 大众餐饮+配送基地：构建民生中央厨房，形成全产业链

利用盖世集团现有庞大的农产品物流资源，打造省内主题最鲜明、规模最庞大的中央厨房产业园。目前，盖世集团正与省内多家连锁餐饮企业商洽，规划建设中央厨房基地。该项目在提高物流配送效率的同时，可在很大程度上推进餐饮标准化，有效解决流通环节中的食品安全问题。盖世集团计划利用现有资源为入驻企业提供平台，打造中央厨房产业区、烘焙产业区、食材配套产业区、净菜加

工中心、冷库和物流配送中心等。建成后的物流园区将是一个横跨种植、养殖、食品加工、商贸服务等多种功能于一体的完整产业链，成为省内主题最鲜明、规模最庞大的中央厨房产业园。这将协助省内餐饮行业真正实现规模化和集约化经营。

5. 现代仓储服务+情景体验交易：打造开放式仓储服务平台

为加速现代商贸物流业转型升级，打造全新载体平台，集团将推进仓储式周末卖场、体验式展示交易中心等项目建设，搭建与市民生活相关的情景感知高效能仓储系统，使仓储系统变成增值中心。

盖世集团将建立高标准、高机械化、多温区园区，配置农产品交易中心、农产品体验中心、检验检疫中心、冷云仓中心、冷链物流技术研发中心、综合服务中心等多种功能区。

(八) 存在的问题

1. 标准化和信息化使用度不高，客户接受程度尚低

目前，我国尚未形成完整独立的冷链物流体系。运输过程仍多采用棉被、塑料苫盖等“土保温”的方法，技术装备相对落后。客户经销产品，利润附加值较低，部分客户很难将标准化和信息化作为关注重点。

目前，部分客户不愿意接受标准化服务内容，模式固化，习惯于过去的运输模式，不愿意尝试信息化带来的便利。

2. 冷链发展期，业务模式较多，核心产品难以体现

因业务开展期，冷链市场业务模式比较复杂，客户类型较多，面点、肉类、调理品、海鲜及生鲜等不同产品对服务的要求是不一样的。发展冷链零担物流，面对的是不同的客户，业务模式相对复杂，在满足客户不同需求的前提下，需要牺牲一部分收益。

3. 专业冷链物流人才相对缺乏

目前，公司人员对冷链物流的了解还处于表面阶段，并未深入探究行业的深层次内容，对冷链物流的操作还处于经验比较匮乏的阶段，对不同类型产品的配套服务尚未有大量的数据作为支撑。

4. 资源信息匹配专业化还有待加强

在针对三方项目物流需要匹配社会闲散车辆时，由于冷链物流行业缺乏有力的车货匹配平台，虽然“运满满”和“货车帮”已普遍使用，但是在冷链物流范畴内应用较少，部分业务在操作时，容易导致有车无货、有货无车的情况。

(九) 点评

盖世集团在原冷链物流平台的基础上，正拓展盖世集团冷链物流配送网络，借助现有 30 万 t 冷库资源，引进冷链仓配一体化模式，专注于冷链零担网络化模

式、专业的冷链物流第三方模式和冷链物流城市配送模式。目前，已实现山东省16个地市冷链运营网络全覆盖，开通了北京、天津等省外线路，以济南为中心800km范围内每天城市班车对发。同时，开通济南、青岛、烟台等城市的市内配送，实现了真正意义上的“最后一公里”门到门服务。

二、喜地实业：创新型全产业链供应链标杆企业

(一) 企业基本情况介绍

山东喜地实业有限公司(简称喜地实业)成立于2010年，注册资本金一亿元，是一家创新“互联网+供应链物流”经营模式，搭建冷链物流体系，拓展农产品、生鲜、食品展览交易、仓储物流、批发配送等业务的新型商贸物流企业。该公司具备基本的冷链物流体系和客户网络，拥有30万m^2的物流园区，配套仓储式展览交易大厅2万m^2、电商创业园区5万m^2。冷库仓容13万m^3，农产副食批发市场10万m^2，配套生鲜配送加工车间8万m^2。2017年，公司总营业收入55738万元，其中冷链物流营业收入19270万元，净利润4536万元。

自公司成立以来，积极探索为中小企业提供全方位供应链仓储物流服务项目。目前，公司仓储、配送等物流服务能力在鲁西南地区服务行业处于中上水平。公司是山东省菏泽市服务业重点培育企业，是第三批山东省中小企业公共服务示范平台，是国家工信部和财政部完善中小企业服务体系支持企业、商务部冷链物流示范企业，也是山东省物流标准化与品牌共建示范基地、山东省中小企业“互联网+”卓越创新企业、山东冷链物流二十强企业、菏泽市服务业重点培育企业、菏泽市创业孵化基地(电商)、曹县返乡创业示范基地。2017年4月，喜地实业通过国家4A级综合型物流企业及4星级仓储型冷链物流企业评估认证。2017年8月，喜地实业通过山东省5A级电商物流园区评估认证，也是全球供应链郑州合作组织标杆企业。

(二) 冷链物流标准化和信息化建设

1. 标准化建设

1) 运输标准化

在冷藏运输过程中，温度波动是引起食品品质下降的主要原因之一。冷链运输必须依靠冷冻或冷藏等专用车辆进行。在运输时，应该根据货物的种类、运送季节、运送距离和运送目的地确定运输方法。在运输过程中，组织“门到门”的直达运输，提高运输速度。水果、蔬菜等需要通风降温的货物，必须在货件之间保留一定的空隙，确保货物完好。

车辆出车前应确认车厢的卫生条件能满足承运货物要求，避免污染货物；食

品不得与非食品货物混装，禁止与危险货物同车装运。

车辆运输途中注意观察行驶温度记录仪工作情况和车厢内温度变化情况。禁止在长途运输时半途关闭制冷设备或调高车厢温度。

2) 装卸搬运标准化

装卸搬运是影响物流效率和冷链物流质量的重要环节。与人工作业相比，机械化、自动化装卸搬运设备，不仅可提高作业效率，还可更大程度地控制冷链食品在搬运过程中的温度波动和损耗(图 6-2)。在作业过程中，应充分并正确地使用叉车、平台搬运车、堆高车、自动导引搬运车(automated guided vehicle, AGV)等机械化设备(图 6-3)。在车辆卸货时，在保证安全的情况下，应尽量加快装卸速度，特别是分卸时，应随时关闭车厢门以维持车厢温度。必要时应控制分卸次数。启用实时监控温度、湿度及运输位置的行驶温度记录仪监控系统，对实时温度和管理视频同时监控，并将数据上传至省监控平台。

图 6-2　标准化作业

图 6-3　封闭月台和升降平台

3) 仓储标准化

冷库主要用作对乳制品、肉类、水产、禽类、果蔬、冷饮、花卉、绿植、茶叶、药品、化工原料等恒温贮藏。配备行驶温度记录仪和温度计，并且遵循以下出入库及在库管理原则：验收合格的原料或成品方可入库存放；相互串味的产品不能贮存于同一冷库内；成品库、冷藏库、包装间的温度应符合要求，成品冷藏库温度在−18℃以下，速冻库温度在−15～−10℃。库内产品需有完整的包装，禁止裸露堆放；不同品种的产品分垛存放、堆放整齐、批次清楚；库内物品与墙壁、地面、天花板保持一定的距离并分垛存放。库内清洁、无霉、无虫害。冷藏库、成品库定期清理消毒；冷库的卫生应有冷库的专门人员负责每天检查；所有进出库产品要每天进行盘点；无进出库作业时必须关灯关门，整个管理过程有视频监控。

4) 流通加工、包装标准化

冷链物流中的流通加工主要是为保护产品所进行的加工，如生鲜食品的冷冻加工、保鲜加工，以及为促进销售所进行的流通加工，如蔬菜、肉类洗净切块等。在冷链物流中，这些活动都应在低温环境下进行，以保证产品的质量和安全性。

在冷链物流的包装环节上，要针对农产品、食品、药品等的不同属性设计符合要求的绿色环保包装方法。首先，要有能够完成产品包装的设备，包装过程中需要用到的填充机、封口机、真空包装机、贴标签机、清洗机、杀菌机等都需要达到相应的技术标准、安全标准和卫生标准。其次，选择合适的包装材料，水果、蔬菜的包装膜要有一定的通透性，肉类产品要采用真空包装，以防腐坏变质。

在流通加工、包装环节中，只有经上岗培训且考核合格的人员才可进行操作。严格从业人员健康管理和卫生知识培训工作。

5) 配送标准化

在冷链物流的配送环节，应做到以下几点：

(1) 安全性。必须将产品完好无损地送达到指定地点，防止产品在搬运、运输过程中损坏，避免给厂家和消费者带来不必要的麻烦。

(2) 沟通性。配送属于物流末端服务，直接与客户接触，必须进行积极有效的沟通。例如，确认客户购买的产品、送货时间、送货地点等内容，配送货物由客户点货后完成验收。

(3) 时效性。必须快速及时地响应顾客的需求，按订单进行配送，接到订单后制定高效的运输路线，选择合理的运输方式和运输工具，将产品及时准确地送达目的地。

6) 零售冷藏货柜标准化

冷链食品进入卖场后，要及时地摆放到冷藏货柜中，冷冻产品应包装完好地贮存在−18℃以下的环境中，冷藏产品贮存在−2℃～15℃的环境中。需要保鲜的蔬菜、水果应当加湿处理。

卖场应对从事生鲜食品货柜操作的人员进行培训，考核合格后方可上岗。卖场应做到定期对冷藏货柜进行整理、清洗和消毒，按时进行货柜的温度检查并要有专门的冷藏货柜维修和保养部门。

2. 信息化建设

1) 加强冷链物流信息建设

冷链物流实施全程温度控制管理，依靠先进的互联网和物联网信息技术作为支撑。对冷藏车辆安装行驶温度记录仪；通过行驶温度记录仪反馈的数据，对产品在途温度控制做到全程监控；通过物流企业资源计划(enterprise resource planning, ERP)系统、车辆 GPS/GIS 做到冷链物流科学管理，对冷藏车辆实时控制；运用条码 RFID 电子标签等技术对冷链产品在库管理，同时对库房进行全面的温湿度监控，全方位保持产品的安全和新鲜。

通过信息技术建立冷链物流供应链管理系统，对各种货物进行跟踪、对冷藏车的使用动态进行监控，从而实现对进入市场的冷链产品进行备案和追溯，为提高政府监控和协调能力提供技术支持。

2) 积极对接山东省冷链物流公共信息服务平台

2017 年，喜地实业冷链物流平台正式对接山东省冷链物流公共信息服务平台(图 6-4)。

图 6-4　山东省冷链物流公共信息服务平台

(三) 企业冷链业务组织情况介绍

喜地实业设有冷链部，负责冷链业务的开展及运营。与冷链业务相关的各职能部门职责如下：

1) 品控中心

(1) 负责质量体系文件的制定、完善和更新；

(2) 负责不合格品的确认、汇总、分析、上报处理；

(3) 协助人事中心对冷链部相关工作人员质量管理方面的教育或培训。

2) 人事行政中心

(1) 办公环境的卫生管理，及时发现问题、及时解决；

(2) 制定和完善人事管理制度、流程、表单和部门岗位职责；

(3) 公司各项文件的收发和存档。

3) 配送中心

(1) 合理规划配送路线，尽可能缩短运输距离，节约运输成本；

(2) 保质保量地完成配送任务，并将相关单据存档。

4) 保障中心

(1) 负责设备维护和规范化操作，水电、消防运行工作；

(2) 保障冷库设备正常运营。

5) 结算中心

(1) 负责收集、整理各货场上交的原始单据，并根据原始资料核对各货场上报的数据；

(2) 做好月底盘存工作，做到真实无误、账实相符；

(3) 每月按时与各客户单位核对往来单据，并认真将结算单和合同进行比对，发现问题及时上报；

(4) 结算员应严格遵守财务保密制度，不得擅自将公司单据、资料带出工作场所；

(5) 对违反工作纪律而造成的损失，视情节严重程度追究当事人责任。

6) 仓储中心

(1) 记录好各个冷库的温度数据，并记录存档；

(2) 产品出入库记录单据存档；

(3) 冷库保持整洁无杂物、无水迹、物品摆放整齐。

冷链业务产品出库及配送流程(图 6-5)：①客户下发订单，工作人员收到订单后，先将订单打印通知仓库按照订单要求拣货备货，通知业务员协调车辆调度等工作；②送货当天仓管员提前按订单要求将配送货物装车，并与货运司机当场清点、核对货物数量及品种，在送货单上签字确认，货运司机在到货前 2h 通知客户准备收货；③货到后货运司机电话通知客户收货，由客户安排工作人员卸货，并当场清点核对货物数量及品种，在送货单上签字确认，留存送货单客户联，其余单据由货运司机带回；④结算中心整理好相关票据，做好收费汇总表交至客户，确认后交回结算中心，统一结算。

(四) 喜地实业近期冷链培训计划和实施

该公司发展业务的同时注重人才的培养，制订了全年的人员培训计划，并在每年 11 月采取内部培训的方式对冷链从业人员进行冷链知识培训。培训后，进行了现场考试评估，培训课程有“冷链低温仓储作业要求”、“存储作业标准”、“低温运输与配送要求”和“冷链物流人才的主要职责”。

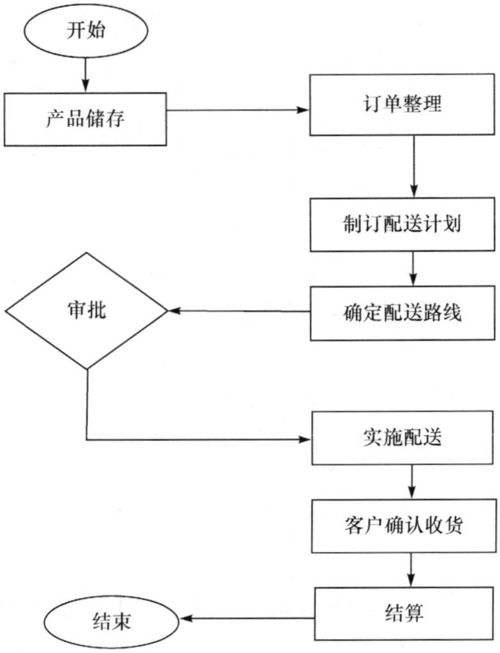

图 6-5　冷链业务产品出库及配送流程

公司积极参与各主管部门举办的培训班。2017 年，山东省商务厅举办了四期冷链物流人才培训,喜地实业于 7 月 10 日派 4 名人员参加了在威海举行的第三期培训班，并都取得了结业证书。

(五) 重点服务客户方案总结

园区重点客户之一——大全水产，是一家集生产、加工、销售、配送为一体的综合性商贸流通企业，年销售额达 5 亿元以上，涉及的业务包括鸡鸭鱼副产品的加工、储存、销售、配送，以及冻品水产的储存、销售和配送。冷库需求类型为低温冷藏库，自营并代理众多品牌冻品，辐射周边数万家大型商场及社区超市。每日冻品吞吐量约 400t。

根据客户企业需求，喜地实业为其租赁了园区外 8000m^2 的鸡鸭鱼原料周转库，园区内 3 万 m^3 的低温储藏库，1500m^2 的商品展销厅，300 个喜地实业连锁会员超市的 1000 组终端销售冷柜，5000 个标准化周转托盘，并为其装卸工作设置专门的泊车通道，标有相应标识，安装升降装置，提供出入库台账管理。同时整合园区配送资源，解决其销售旺季配送运力不足的问题。为其上游供应商配送车辆加装冷链温控检测设备及 GPS 设备。

通过全链条服务，解决了大全水产的商品流通储存问题；通过调配园区配送资源，降低其配送成本 15%；通过管理其销售终端，降低了销售终端产品解冻率 20%，保鲜率达到 95%，降低了销售成本。销售渠道接入园区销售体系，销售额从 2015 年的 3 亿元提升至 2017 年的 5 亿元，大幅提高了其营业收入及业务利润。

（六）企业模式经验介绍

冷链业务的关键就是融合多行业、聚集多业态、形成生态圈。喜地实业将冷产、冷储、冷运、冷销、冷消、冷链的六个环节聚合在一个园区之内，资源优化，标准设施设备推广共享，形成一个全方位的供应链业态。对于我国城区农产品流通，涉及商家商户多、标准不统一、城配运力资源浪费、冷库设施不匹配市场需求、冷链链条不完善、商品质量不保证等众多问题进行了有益的探索和尝试，初步取得了增加园区收入、降低商户成本、减少社会资源浪费、提高农产品质量的有益成果。

喜地实业将继续研究国内冷链流通行业的痛点，城区农贸流通规划欠缺问题，继续优化园区顶层设计，提高园区生态活力，用更高标准、更先进的理念和技术努力打造出喜地实业园区新 2.0 模式，为我省冷链流通高质量发展做一份努力。

（七）点评

喜地实业在仓储、配送等物流综合服务上能力强大，在鲁西南地区服务行业处于上游水平。创新“互联网+供应链物流”经营模式是喜地实业的关键优势，通过搭建冷链物流体系来拓展农产、生鲜、食品展览交易、仓储物流、批发配送等业务，冷链物流标准化建设完备。建立了冷链物流供应链管理系统，冷链物流信息透明化程度高，对各种货物进行跟踪、对冷藏车的使用动态进行监控，实现了冷链物流信息的全程透明化管理。

三、齐畅供应链：第三方冷链物流配送的“齐畅模式”

（一）企业基本情况介绍

烟台齐畅供应链管理有限公司是一家以冷链物流服务为核心业务，专注城市配送，以流通消费型供应链服务、产品整合供应链服务为主体的综合服务商，拥有 4A 级物流资质，荣获“中国冷链双年‘金链奖’优秀区域配送服务商”。公司主要服务于商品生产厂商、连锁超市、连锁餐饮、生鲜农产品供应商等企业客户，从事快速消费品行业的配送中心到网点的 B2B 合同物流，形成了覆盖山东全境、辐射华北地区的“齐畅模式”第三方冷链物流配送。

（二）信息化、专业化的冷链体系

公司集成先进的物流管理技术、信息技术、冷藏冷冻技术、温度跟踪监测技

术，整合了公司商流的清算信息系统、物流的 WMS、车辆运输管理系统及物流信息平台。将温度追踪体系始终贯穿于各系统，逐步建立起完善的温度记录及追踪体系，保障从商品的采购入库、分拣作业、出库装车直至运输配送到门店整体冷链的温控数据全程有效记录，逐步实现封闭化运作，保证广大消费者“舌尖上的安全”。

1. 精准温控管理，建立企业标准

精准温控是冷链的核心。易腐食物对温度敏感度高，全程温度需保持在一定范围内。公司建立起较为成熟的冷链体系和严格的温度带标准。根据商品不同的温度属性要求，分为 5 等级温度带：C4 级，常温带，存储、运输的商品类型有常温奶制品及物料；C3 级，温度带−2～10℃，存储、运输的商品类型有腌菜、鸡蛋、芝士、水果、调料；C2 级，温度带−15～−2℃，存储、运输的商品类型有低温乳制品、咸鱼、干鱼；C1 级，温度带−20～−10℃，存储、运输的商品类型有冷冻面点、冷冻鱼类、加工肉类；F1 级，温度带−30～−20℃，存储、运输的商品类型有冰淇淋、黄油、冷冻肉类、冷冻蔬菜。

2. 整合信息技术，保证全程冷链运行

公司通过温度传感、移动互联网、卫星定位、地理信息系统、物联网等技术，实现对运输过程中的温度、位置、时间等关键信息的实时采集和在线传输，实现温度信息的全程透明监控和远程可视，保障运输过程的全程冷链，实现对产品的新鲜度、品质细致的、实时的管理。

3. 对接销售系统，实现高效配送

整合 ERP 系统、WMS 和 TMS，与门店的订单系统成功对接。通过计算机系统的自动运算，实行订单和路线的合理化匹配，按照公司既有的配送场次循环配送，实现冷链商品的定时达、恰时达，最大限度地提高冷链运输车辆的使用效率和成本控制，保证冷链商品的品质和安全。

(三) 标准化、现代化的应用水平

1. 成熟的设施设备应用

公司自建多温度属性的物流配送中心，占地面积 17548.00m^2。冷库有效使用面积 2534.30m^2，设计库温−25～−22℃；低温库有效使用面积约为 758.00m^2，设计库温 0～6℃。该仓库安装立体仓储货架，仓库内外环境实现全方位智能监控，新扩增建设集货区约 1500m^2。公司自有及租赁车辆均为 4.20m 和 6.20m 厢式货车，配备随车 GPS 模块，车厢采用绝缘材料和保温材料间隔成多温区：冷冻区、冷藏区和常温区。充分利用车内空间，实现每个区隔容积可调，每个区隔的温度较均匀稳定，借用冷冻机制冷，提供货物所需的特定温度范围，实现多温度属性的货物共同配送。

2. 标准化的冷链操作管理

公司搭建智能化全程冷链管理体系，为消费者守护舌尖上的安全。在公司自建的多温物流配送中心，通过仓库信息管理系统将客户委托配送的商品按不同的温度属性实行分仓管理，实现先进先出。通过 ERP 信息系统的开发和升级，将该系统相对应的业务端口对上游客户开放，再通过与送货门店订单系统的成功对接，实现订单的合理化；通过 TMS 的建设，实现配送路线的合理化，按照公司既有的配送场次循环配送，实现冷链商品的定时达、恰时达。

(四) 高效率、全覆盖的冷链流通监管体系

1. 出库装车预冷，确保货物品质

为保障货物温度的相对稳定性，所有冷链运输车辆在即将装货作业之前，必须先预冷(提前制冷)，以免货物在进入车厢后，因温度发生明显变化而影响品质。公司在车辆上安装温度采集和传输设备，将车辆的货仓温度实时采集，并传输到温控系统后台备份，随时了解车辆温度，确保温度在规定范围内。只有车厢内温度达到企业要求，车辆才有资格装货运输，从源头上保障温度安全。

2. 在途运输温控管理，实现全程监控

公司通过车载 GPS 和温控系统，对在途温度进行管理。根据商品温度属性的要求在系统中设置运输温度范围。运输途中，系统实时监测货仓温度。一旦发现超过设定范围，立即触发超温报警，并系统备份，作为后续追溯考核的依据。

3. 建立可视化的监控管理平台，完善监管体系

建立冷链流通信息管理平台，打造实时可视化的监控管理平台，完善冷链流通数据采集存储系统，确保数据完整、准确、可查，满足企业内部管理及外部监管需求。系统通过温度探头实施采集、传输、处理在途温度数据，并最终展示在系统平台上。公司部门负责人或客户只要通过指定账号登录平台即可“看到”车辆行驶信息、在途温度信息，温度管理实现远程可视化和系统化。系统中不仅展示温度的变化曲线，同时结合车辆定位信息可分析引发温度变化的原因。长时间的开门会引起温度升高，应当避免；要保持全程低温，必然要保障全程冷机开启，防止不必要的关冷机行为造成的温度升高。这便于企业及时排查、迅速解决问题，实施针对性管理。

(五) 点评

烟台齐畅供应链管理有限公司有着精准的温控管理和冷链流通数据采集模式。根据商品不同的温度属性要求，对于定量需冷藏的小件商品，在送货时，按配送的数据信息在周转箱中按门店装入相应的商品。该流程可提升作业效率。

烟台齐畅供应链管理有限公司的信息化、自动化投入，大幅度提升了库存周

转、配送作业和仓储及配送管理效率。灵活的服务产品组合，实现了商流、物流、资金流、信息流四流合一的创新经营模式。

四、海南罗牛山：热带冷链物流运作典范

(一) 企业基本情况介绍

海南罗牛山食品集团有限公司冷链物流分公司(简称海南罗牛山)成立于2012年，主营业务为仓储、普通货运及农产品销售等。公司建设的冷链物流园总占地320亩，投资16亿元，建筑面积约21万m^2，总储存容量30万t。作为设备、技术领先的现代化第三方物流企业，公司配备先进的仓储管理系统、运输管理系统、业界领先的17m高VNA窄巷道托盘式货架，拥有恒温(12～18℃)、高温(–4～7℃)、低温(–25～–18℃)、超低温(–55℃)等多温层冷库，以及国内先进的气调库。组建的现代化冷链运输车队全部统一形象标识，通过GPS技术、自动化信息集成技术，对运输车辆全程实时跟踪和路径优化调配。结合RFID技术对运输食品温度进行监控，确保食品质量和安全。凭借先进技术和优质服务，公司已与蒙牛、光明、星巴克等国内一线品牌产品建立长期合作关系。

海南罗牛山冷链物流园区融合物流、仓储、加工、电商、金融、检测等多种功能于一体，拥有食品仓储、城市共同配送、生鲜食材加工、进出岛农产品检测与展示、政府储备、军队及远洋食材供应等多种业务。业务覆盖全海南岛，辐射华南地区，并延伸至北京、上海、天津等各大城市，致力于打造中国南部最大的安全食品物流基地和枢纽。

(二) 企业冷链业务标准化、信息化情况

1. 设备标准化情况

公司设备设施完全符合现行国家和行业标准要求，公司货架主要形式为VNA，货架总高17m，设9层货架，每层货架高1.9m，双托盘位设置，库内为超平地坪，金刚砂加固化剂处理，目的是防止地面起灰和强化地坪硬度；冷库结构为钢架外保温，库板选用晶雪品牌，库板厚度为20cm，采用拼接处理，库顶为压型钢板+挤塑板+防火毡+热塑性聚烯烃卷材，屋面设防雷网；林德叉车24辆，手动车10辆，带秤手动车2辆，T20电动转运车4辆，T30双托盘转运车1辆，L40堆高车2辆，E16C平衡重车2辆，K15窄巷道车2辆。目前，租赁一辆爱尔兰进口多功能窄巷道三向车用于前期工作，提升高度为8.45m，满足目前货架5层工作；库房配备的是塑料标准托盘(1m×1.2m×0.15m)总共采购 2 万个，1m×1.2m×0.9m金属货笼3000个。

2. 信息化建设情况

公司配备了先进的仓储管理系统及运输管理系统(图6-6)。其中，WMS具备

货位识别、温度、保质期、货主信息记录等多种功能，能够实时查询库内货物情况，针对异常情况发出预警。TMS 能够对车辆路径规划、实时温度进行监控，确保食品安全。

图 6-6　设备设施

在温度控制方面，公司温控系统全部联网。通过制冷机房温控系统即可实时查阅每个冷库温度及风机运转情况，并保留温度记录。同时，公司质量控制人员也会对冷库进行每日巡查，记录温度数据，严防温度异常情况。

3. 仓储管理方面

目前，公司拥有及运作冷藏(0～5℃)、冷冻(–25～18℃)、恒温(18～22℃)、超低温(–60℃)近 20 万 m^2，可以满足不同客户的仓储、包装、流通加工等各类仓储作业需求。

拥有专业的仓储(图 6-7)与包装技术团队，可以满足多品种、多规格、多批次的仓储作业，可进行各类冷冻、冷藏品的包装作业。先进的 WMS、专用的冷库 RFID 射频扫码终端、专业的国际品牌立体货架、进口的德国林德专业叉车等，促使整个仓储作业链条更加优质、高效。

(三) 冷链业务组织情况

1. 业务主要涉及客户服务部、运输部、仓储部及贸易部等

品控部具体职责如下：

图 6-7　仓库实景图

1) 食品安全与质量管理

依据国家发布的食品安全和产品质量标准、规程、规范与公司要求，组织制定和完善内控标准、作业规程和规范。指导和检查食品安全和产品质量的内控标准、作业规范使用的符合性。依据公司对产品生产的要求，负责对公司各产品实现全过程指导、服务、检查和管理，负责公司质量安全方面的对外沟通、协调和联络，负责人员的培训、指导和检查，负责指导质量投诉的原因分析和整改。

2) 食品安全和产品质量标准管理及体系认证

组织完善公司标准更新流程，对新标准更新是否及时进行监督。组织实施公司食品安全和产品质量管理体系的内部审核，配合第三方认证机构对公司各业务群食品安全和产品质量认证体系的外部审核。指导对内、外部审核不符合项进行分析和纠正。

2. 问责机制

(1) 在整个流程中，坚持有错必究、岗位与责任相适应、教育与惩罚相结合原则；

(2) 遵循“公开、公平、公正”和“四不放过”原则，即事件(隐患)原因未查明不放过、责任人未处理不放过、整改措施未落实不放过、有关人员未受教育不放过；

(3) 坚持事后追究为事前追究，事后问责为事前问责的原则。

(四) 主要服务客户及主要服务内容

1. 主要服务客户

海南罗牛山冷链物流主要服务岛内市场，为全岛提供仓储、运输、供应链金融一体化服务。

2. 主要服务内容

1) 仓储业务

与全国各大品牌及岛内品牌建立合作关系，采取库房租赁或托盘租赁形式，实现仓储、配送一站式服务水准，同时为大型商超客户提供一站式配送服务。

2) 配送服务

为全岛及省外客户提供冷藏运输配送服务，包括专线运输与零担运输业务等。

3) 供应链金融

通过海南罗牛山自有小额贷款公司，为库内客户提供资金支持。

(五) 企业经验模式或主要成效

1. 实施标准化经验

2015 年，中国物流与采购联合会冷链物流专业委员会及全国物流标准化技术委员会冷链物流分技术委员会编写的《冷链物流标准目录手册》汇总冷链物流基础标准、冷链物流设备与设施标准和冷链物流技术与作业标准，对整个冷链物流标准体系建立起到了指导作用。

海南罗牛山冷链物流项目从建设之日起即严格参照国家相关标准建设，后期设备设施采购也均依照国家、行业相关标准采购。做好冷链设备设施标准化的基础就是国家、行业相关标准。在国家暂无冷链物流相关标准化细则出台之前，主要参照内容为行业标准。

2. 流程表转化经验

2014 年，根据证监会对上市公司的要求，海南罗牛山就内部流程控制展开专项建设工作。内部流程控制是指将公司内部业务流程以流程图形式呈现，通过风险控制等级评定，明确工作流程中风险点，在工作中严加把控。

在公司内部流程控制建设阶段，海南罗牛山作为冷链物流企业将流程梳理重点放在货物管理、出入库、温度控制及产品质量控制方面，通过制定流程图、风险控制表等方式，将货物管理、温度管理及品控管理流程固化，一方面便于新员工认识、了解公司相关工作环节，便于执行；另一方面有利于管理者进行管理，及时发现运营中出现的问题。

3. 体系标准化经验

冷链标准体系除了温度控制、流程控制外，最重要的是质量控制。温度控制主要通过设备、设施标准化来实现；流程控制主要通过内部流程控制建设来实现；质量控制主要通过建立 ISO 9001 质量管理体系来实现。海南罗牛山自 2015 年年底开始进行质量管理体系建设，至 2016 年完成。

质量管理体系建设并非公司内部某一部门的事情，而是整个公司都需积极参与的事情。整个体系建设必须在专业机构指导下开展，需要建立一～三级文件，并需通过企业内审员资质审核后方可执行。质量管理体系不仅是书面文件，更多的是落实到实际操作层面。在指导性文件下，质量管理体系文件中有若干作业指导书，指导书搭配流程控制即可较好地完成整个质量管理体系。

(六) 发展规划

愿景：让中国的区域冷链配送更简单、更专业、更高效。

使命：全心全意为区域冷链配送客户提供更优质的服务；提供有竞争力的全类食品流通解决方案和服务，持续为客户创造最大价值。

2018～2020 年战略规划：

(1) 坚持以仓储、物流、贸易为主营业务，通过合理利用岛外物流资源，将公司打造为全国性综合物流商及食品集散中心。

(2) 仓储、物流业务发展方面，在 2019 年前建立省内城市共同配送系统并完成全岛布局，在 2020 年实现冷链物流管理输出，具体为：2018 年在三亚、陵水布局冷链物流项目；2019 年在儋州、琼海布局；2020 年实现管理输出，通过并购等多种手段实现岛外布局。

(3) 大力发展农产品的集散贸易中心功能。鉴于海口正在申请进口水果进出口岸及自由贸易港，公司以此为契机，在 2018 年前将园区打造成进出口及海南特色农产品集散、分拣中心。同时，公司可利用现有资源优势与岛外优质企业(如山东农大集团)合作，实现合作共赢。

(4) 通过水果、水产的集散贸易中心功能，促进电商大楼和酒店业务发展，电商大楼和酒店可为水果、水产客户提供优质服务。

(5) 合理利用外部资源，通过收购、合资等多种形式整合岛外优质资源，利用岛外优质资源促进仓储、运输、贸易业务的快速增长。

(6) 电商板块将利用天猫、京东等平台，建设海南罗牛山专营店，供给海南罗牛山特色猪肉、咖啡、调味品等产品。

(七) 点评

海南罗牛山有着成熟完善的标准化和信息化设施，拥有国内先进的气调库。全部采用 GPS 技术、自动化信息集成技术对运输车辆进行全程实时跟踪和路径优化调配，并结合 RFID 技术对运输食品进行温度监控，实现整个供应链活动的高效化。

五、獐子岛锦达：以鲜活运输技术为核心竞争力

(一) 公司基本情况

獐子岛锦达(大连)冷链物流有限公司(以下简称锦达公司)隶属于獐子岛集团股份有限公司，于2000年正式成立，前身为集团的物流事业部。从最初一台车的冷冻食品冻虾的运输，逐步扩大至30辆拥有先进配备的冷藏运输车厢，先后运输过扇贝、活鱼、冻虾、冰淇淋、奶油、巧克力、鲜果蔬菜等。

锦达公司致力于打造全国鲜活干线运输和配送型冷储平台，网络覆盖全国各大中城市，主要服务范围：海运、空运、陆运货运代理业务；冷库出租，商品的运输、配送、包装、仓储、搬运、装卸、流通制作、信息服务等。公司拥有先进的冷链物流装备、领先的鲜活产品全程冷链运输技术、标准的冷链物流体系、专业的冷链运营团队、树立良好的品牌服务形象、打造冷链物流专业化的信息系统平台等经营方式和管理方法，以持续创造客户价值。保证食品安全和产品质量，以“准时、高效”赢得了客户的信赖，搭建成国内一流品牌的第三方冷链物流公司。

多年的运输经验与客户良好关系的维护，使锦达公司做到客户眼中的诚信企业，并且先后获得“中国食品农产品绿色运输物流企业”、“最具影响力品牌——华尊奖”和“中国冷链‘金链奖’十佳服务商”等荣誉称号。

(二) 企业冷链业务标准化、信息化情况

由本公司牵头制定《活体海产品冷链物流作业规范》(WB/T 1100—2018)行业标准，用以加强与规范鲜活海产品的运输来保障食品安全，更应有行业协会或国家层面来规范鲜活海产品冷链运输行业。

1. 公司采用ERP和獐子岛物流系统、易流系统进行信息化管理

1) 信息系统的功能介绍

(1) 锦达公司是建立在以獐子岛集团股份有限公司强力支撑的前提下，借助集团业务发展冷链物流业务，逐步形成獐子岛集团股份有限公司的另一大利润增长引擎。

(2) 冷链物流的整体战略目标：以整合社会资源为投资策略，以需要温控的食品为主要业务方向，以“库”的管理能力为配送服务的基础，承接零担业务，逐步形成拼货能力，与“特急送”等合作快速构建到门的服务能力。紧抓“货源”和“资源”，利用冷链物流平台实现“货源”价值获取到平台价值保有的价值传递。

2) 信息系统的特点

(1) 统一面向客户的界面，以服务流程为基础对客户需求进行物流指令转换和服务跟踪反馈；

(2) 统一的运输调度管理中心，实现空运、陆运和城市配送的管理；

(3) 通过二维码和手持作业的应用精确管理批次和库位，减少人为出错，提高仓库作业准确率；

(4) 建立统一的结算中心，将计费和管控点融入业务流程中，减少人为因素，自动化计费，统一结算管理；

(5) 24h 监控车辆动态，掌握车厢温度等。

2. 仓储管理方面

依托獐子岛集团股份有限公司冻品网络销售需求，在全国各主要一线城市设有近百个仓储基地。目前，拥有及运作冷藏(0～5℃)、冷冻(−25～18℃)、恒温(18～22℃)仓库近千万立方米(图 6-8)，可满足不同客户的仓储、包装、流通加工等各类作业需求。

图 6-8　仓储环境

拥有专业的仓储与包装技术团队，可满足多品种、多规格、多批次的仓储作业，可进行各类冷冻品、冷藏品的包装作业。先进的 WMS、专用的冷库 RFID 射频扫码终端、专业的国际品牌立体货架、进口的丰田与力之优冷库叉车等，促使整个仓储作业链条更加优质、高效。

(三) 冷链业务组织情况

业务主要涉及客户服务部、品控部、仓储部及车队，品控部具体职责如下。

1) 食品安全和产品质量管控

依据国家发布的食品安全和产品质量标准、规程、规范和本集团要求，组织制定和完善内控标准、作业规程和规范。指导和检查食品安全和产品质量的内控标准、作业规范使用的符合性。依据獐子岛集团股份有限公司对产品生产的要求，负责对本集团各产品实现全过程进行指导、服务、检查和管理，负责锦达公司质量安全方面的对外沟通、协调和联络，负责人员的培训、指导和检查，负责指导质量投诉的原因分析和整改。

2) 食品安全和产品质量标准管理及体系认证

组织完善锦达公司标准更新流程，对新标准更新是否及时进行监督。组织实施锦达公司食品安全和产品质量管理体系的内部审核，配合第三方认证机构对獐子岛集团股份有限公司各业务群食品安全和产品质量认证体系进行外部审核，指导对内、外部审核不符合项进行分析和纠正。

(四) 主要服务客户及主要服务内容、服务方案与流程

1. 主要服务客户

锦达公司主要服务客户为獐子岛集团股份有限公司及宏发渔场，集中为活体扇贝及活鱼的运输提供服务。

2. 主要服务内容

1) 常规业务服务

(1) 仓储整合：在全国各大区域仓储型企业建立合作关系，采取租用库房形式进行资源整合以达到一站式服务水准。无论是车辆资源还是货物资源，通过以营销模式带动当地仓储型企业赢利而做到租用厂地的价格优惠。

(2) 客服服务：提供订单及配送中心管理、运输过程中的跟踪协调、社会车辆资源调用、库存查询、货物状态查询直至商务结算，以及维护日常客户关系等服务。

(3) 运输服务：保证运输货物质量的同时，提高运行的实效性，保证服务质量。

2) 充实业务能力

(1) 公司根据实际业务定期对司机及其他业务人员开展针对性的培训；

(2) 具备完整的应急方案，保证运输过程中 24h 紧急救援；

(3) 业务进行中完善的自检流程，着力于杜绝问题的产生。

3. 服务方案与流程

1) 活鱼运输

锦达公司承载活鱼产品的运输近 10 年，以充足的经验与装备、运输技术，可满足干支线陆路运输至全国各大中城市，保活运输时长达 40h 以上，成活率达 90%，全程冷链的运输同时缩短大量的运输时间且品质保障，从而重振北方市场，降低了市场价格，使北方人民享受到安全放心的活鱼食品(图 6-9)。

2) 扇贝运输

在活鱼运输成型的基础上，锦达公司依据甲壳类海产品的成活运输条件，调整运输工艺，使国内大部分区域可以享受到安全放心的食品。锦达公司保活运输甲壳类海产品达 50h 以上，存活率达 95%以上，可覆盖国内各大中城市。

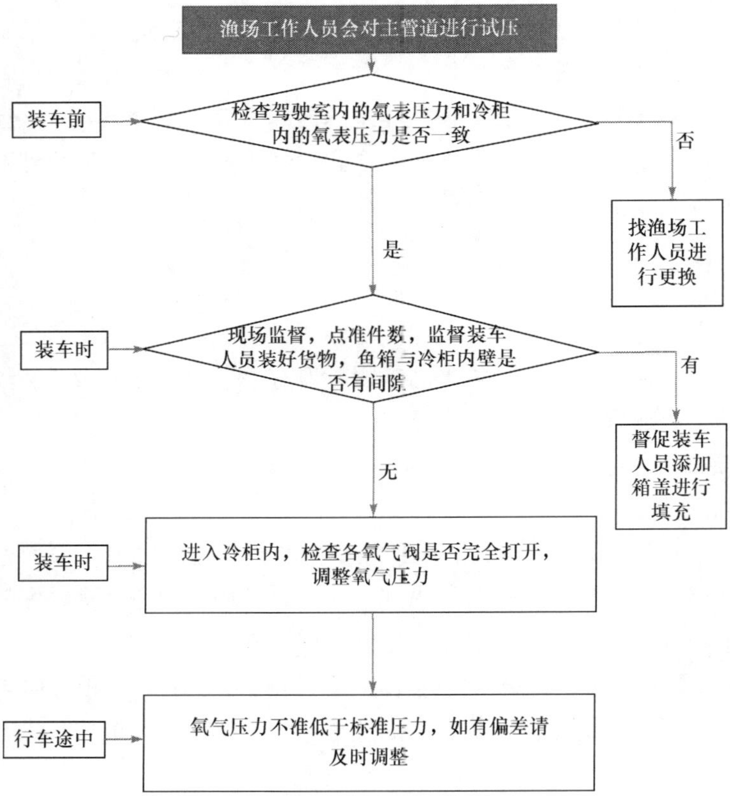

图 6-9 活鱼运输操作流程

(五) 企业经验模式或主要成效

通过对第三方物流资源的重新组合，搭建公司全国配送网络体系。在运行过程中，通过管理体系、制度、标准的建设和推进，加强过程的控制，降低订单的处理时间、货款的确认时间、货损率；加大对硬件设施的投入，提高信息化管理、严格管理在运输途中的温度控制；提高订单满足率、交货及时率；改善司机服务态度等，从而提高服务水平，降低物流成本。

为客户提供物流咨询、物流方案设计等其他增值服务。结合物流信息化项目系统，并与电子商务互为支撑，从接单、运输过程跟踪、验货等过程为客户提供全过程、全方位服务。把物流系统推行到实际业务的运行平台，以收集国内核心城市冷链物流产品及社会信息资源，搭建全国冷链物流货源及服务的网络平台，提供给合作的第三方物流企业，以较低的成本有效管理庞大的数据库资源、定位运营车辆位置、透明化显示给客户动态信息等。

随着冷链物流运输市场的逐步成熟与稳定，公司为保障单票货物的顺利到达，以业务、客服与调度三者合一的方式一对一地有效完成服务跟踪工作，利用操作管理平台，从订单开始至到达客户手中的全过程，有专人全程与客户保持联系，随时联系客户告之车辆位置、预计到达时间等，客户也可以根据物流系统及时了解动态消息或联系公司客服、业务人员了解具体情况。通过冷链物流网络策划、网点布局、配送中心建设、配送计划有效实施和管理，对开拓市场起到支持和保障作用。对于顾客，送货准时、保质保量、物流费用低，可大大提高顾客的满意率，从而赢得顾客、赢得市场。

锦达公司为客户提供一系列的冷藏运输产品运输、仓储服务方案及货代理、船代理、航空代理服务，会根据客户的要求选择合适的运输方式与方案，为客户解决运输中的各种难题。正如公司的企业文化：创造客户价值、实现员工梦想、树立行业典范的使命；严谨务实、热情创新、诚信担责、奉献感恩、令行禁止的核心价值观。

(六) 发展规划

锦达公司专注于温控货物运输及仓储业务，三年规划如下。

愿景：成为知名的专业、智能、服务品质优良的温控货物承运商。

硬件规划：三年后运营车辆达 50 台以上；车辆智能监控设施完备；仓储运输管理及车辆运输管理系统完善、实用；保障品质的冷链物流辅助设施完备、实用。

软件规划：逐步建立完善的管理制度、业务操作流程、作业指导书及管理表单；培训体系完善、保障业务技能普及和安全管理知识技能全面掌握；建立健全执行监管机制，保障令行通畅、执行到位。

人才规划：全面调整、提升管理人员素质；完成关键岗位人才储备；建立人才优胜劣汰的管理机制。

创新方面：了解冷链产业发展趋势，紧跟冷链涉及的新零售及传统渠道改革带来的市场变化，调整企业管理架构、运作模式、客户结构、人才匹配度等。

客户方面：根据产业发展及企业自身情况不断调整客户结构，做好新老客户、不同规模客户、不同市场细分客户、不同品项客户等维度的良好结合，保障企业可持续运营及良性运转。

管理方面：全面绩效管理，建立完善的绩效管理制度、激励体制、薪酬制度、培训制度、行为规范、服务标准、监管制度等留住人才、培养人才，营造良好的企业文化氛围，为企业发展奠定基础。

(七) 存在问题

行业普遍不规范，导致规范企业成本高，形成劣币驱除良币的局面；历史沿袭的原因，很多企业不愿为冷链运输多投入成本，导致许多个体企业用很多恶劣的手段降低成本，市场混乱；行业缺乏有效监管手段，目前主要是依托行业自律或是针对性不强的宏观管理，导致市场宏观调整管理能力弱。

(八) 点评

锦达公司主要承揽全国鲜活、冷冻产品冷藏物流干线运输及区域配送服务。公司注重打造全国冷链物流配送平台，建设国内干线运输及配送网络，提供仓储、中转、配送一条龙服务。公司以鲜活运输技术为核心竞争力，采用自有进口斯堪尼亚车头及配套的公路运输设备，以资源整合的方式搭建国内专业化、信息化、技术化的三纵三横冷链干线运输网络，是国内领先的鲜活领域冷链物流运输企业。

公司以“创造客户价值、实现员工梦想、树立行业典范”的使命，实施品牌服务战略。通过一流运营团队、标准物流节点、专业运输技术、配套运输设备、先进的信息系统和“准时、高效、安全”的服务赢得了客户的信赖，为客户创造了巨大的价值。

第二节 运输型案例

一、上海领鲜：光明乳业的翅膀

(一) 企业基本情况介绍

上海领鲜物流有限公司(以下简称领鲜物流)成立于 2003 年，隶属于光明乳业股份有限公司(以下简称光明乳业)，是一家具有雄厚实力和丰富物流管理经验的冷链物流企业，不仅为光明乳业提供仓储配送服务，也面向社会为第三方客户提供专业的物流服务。公司的物流营运团队深谙冷链体系及物流服务体系建设，具有极为丰富的冷链物流运作及实战经验。根据光明乳业全产业链规划，光明乳业旗下所有物流业务由领鲜物流进行整合，使领鲜物流加快区域整合，打通地区阻隔，由华东走向全国，构建全国共配网络。

其综合物流中心由上海、华东区域 25 座上升至 53 座，覆盖除华东以外的齐齐哈尔、佳木斯、沈阳、北京、天津、石家庄、德州、济南、青岛、太原、西安、咸阳、郑州、武汉、长沙、南昌、成都、重庆、广州、深圳、东莞、南宁、海口、厦门、福州等全国各大城市。仓库总面积由 5.2 万 m^2 上升至 17.3 万 m^2，其中冷藏库 42289m^2、冷冻库 9917m^2、常温库 120682m^2。领鲜物流在华东地区拥有车辆多达 1008 台，其中自有冷藏车辆 296 台，协作冷藏车辆 520 台，常温车辆 192 台。华东以外地区拥有冷藏车辆 322 台、常温车辆 712 台。日配送终端网点多达 50000 余家，由上海及全国各物流中心始发的每日干线线路多达 100 余条，形成高效送达的全国物流网络。

(二) 企业冷链业务标准化、信息化情况介绍

在现代物流业飞速发展的今天，供应链信息化水平是供应链体系优化程度的一个表现。领鲜物流深刻理解到信息化的重要性，较早地实施了 WMS，一方面提升了企业内部管理水平，通过系统指导业务运作；另一方面通过系统实现了与客户系统的对接，提高了沟通效率，降低了沟通成本。目前，该对接包括与客户系统的直接对接或利用生成数据的间接对接。通过核心的 WMS，在接收到客户电子订单后，再通过其他信息系统如 TMS、数字拣选系统(图 6-10)等利用订单数据实现运输线路编排、电子标签捡货等操作。

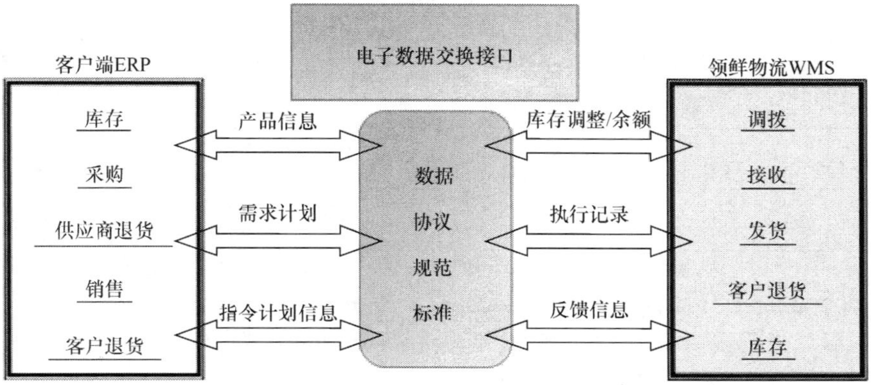

图 6-10　信息化管理

1. 集中式中央大仓库管理

在上海设立中央大仓库，作为库存管理，华东其余城市采用零库存方式，依托现有的冷藏输配送网络，根据订单要求实现 48h 内整个华东现代商超的配送。

特点：订单中心管理，便于控制库存，操作简便，节省成本，充分挖掘领鲜物流现有网络优势。

适用条件：客户业务量不大，而且以上海为主、华东其他城市为辅；客户销售订单中心在上海，总部与物流直接对接；销售渠道以现代商超为主；双方可以实现信息对接和共享。

2. 分布式多中心管理

在华东设立多个配送中心，每个配送中心保有库存，负责一定的区域，所有货物由工厂直接输送到位(图 6-11)。

特点：减少输送环节，提高客户响应速度，更贴近一线市场，管理难度增加，可以充分利用领鲜物流华东配送中心资源及市内配送网络优势。

适用条件：客户业务量较大，足以支撑分中心业务运作；客户的订单管理采用分布式，以独立销售分公司模式运作；双方信息共享、多中心统一的信息平台，实现仓库调拨。

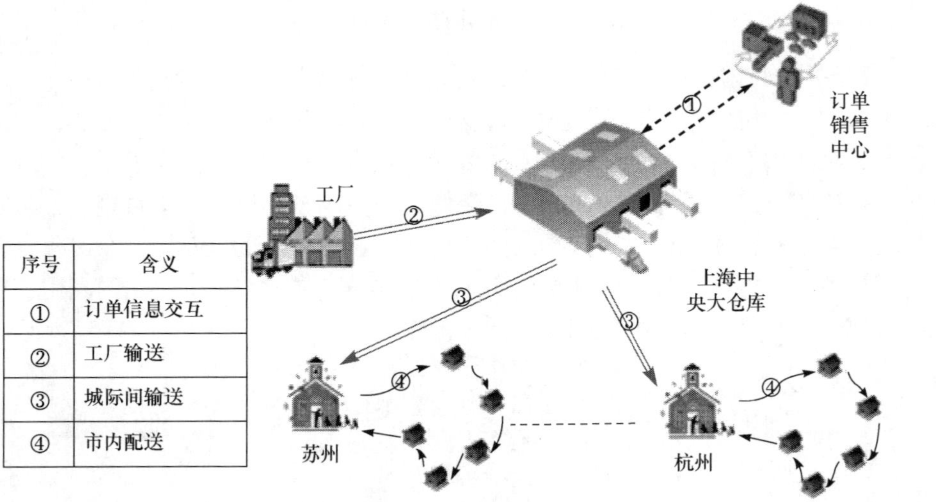

图 6-11　分布式多中心管理示意图

3. 混合模式

将集中式中央大仓库管理与分布式多中心管理结合使用，即在上海中央大仓库保留主要库存，分中心严格控制库存量，充分利用领鲜物流现有的输配送网络和中央大仓库低成本的优势，发挥 WMS 的平台功能，进而降低成本(图 6-12)。

特点：能够充分利用两种模式的优势。

适用条件：有库存的业务，如常温、冷冻等业务类型；客户的工厂较多，或者工厂不在华东，但是发货量适中；客户的销售模式为华东设有销售总部，同时下面设有销售分公司，独立核算；客户与领鲜物流必须能够实现信息对接，提高供应链的管理水平。

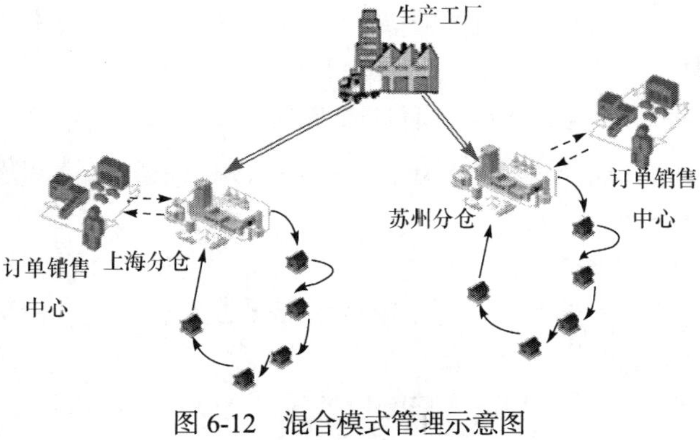

图 6-12　混合模式管理示意图

(三) 主要服务客户及主要服务内容、服务方案与流程

1. 领鲜物流运作案例 1

客户 A 是一家业务覆盖面广且规模很大的食品生产销售企业，其产品既有冷

冻品又有冷藏品，在与领鲜物流合作前，其物流采用自营+部分外包模式。由于业务量大，有多个外包商，日常物流管理难度较大。随着其业务的不断拓展，原来这种机动灵活、小而全的方式随着竞争加剧和销售渠道对物流要求的提高，越发难以满足业务需求，希望有一家专业冷链物流企业能成为其战略合作伙伴，提供专业的物流服务。

为实现自有模式向物流模式的转变,影响了客户A整个营运体系的调整策略，包括IT、销售管理、物流管理、计划等多个方面。

在确定领鲜物流为合作伙伴后，为保证稳妥实现专业化物流，双方进行了长达10个月的准备，从订单模式、计划模式、销售管理、物流配送、仓储管理、客户服务等多个方面、多个供应链环节深入考察和探讨，建立实用且可行的标准操作程序手册。在实际运作中，考虑到客户产品横跨两个温度带，故领鲜物流采用双温车方式，即同一部冷藏车有两个隔舱，通过相关制冷设备设施分别控制不同的温度，实现同一网点两个温度带产品的同车配送，将运输费用下降了近1/3。

目前，双方在物流业务上已合作多年，在确保业务正常有序运作的同时，领鲜物流每日从物流角度向客户A反馈订单执行日报、库存日报等，以便其了解营运结果和销售体系，为其调整经营策略提供一手的数据。

2. 领鲜物流运作案例2

客户B是一家正在积极拓展市场的食品生产销售公司，业务量波动较大，在与领鲜物流合作前，客户B采用自有车辆营运，但是销售波动给车辆资源的配置带来很大难题，要么出现车辆不够导致丧失销售机会，要么车辆闲置，增加成本。同时在拓展销售渠道的过程中面临的最大问题是物流资源的投入，业务拓展前期渠道销售的订单量较小，而每个销售渠道系统的网点分散，导致单车的装载率很低而配送的路径长，投入产出不成比例。

领鲜物流是专业的物流公司，其配送网络已经覆盖相关城市的各个网点，通过整合相似业务和相同网点，实现同一车辆相同销售渠道的共同配送，将客户B的业务量纳入领鲜物流既有配送线路中，提高单车装载率，不仅降低自己的物流成本，也为客户提供了一个合理的物流费用。同时，领鲜物流的资源优势也解决了客户业务量波动时货物运送无法及时到位的问题。领鲜物流先天庞大的分销物流网络，还有力地支持了客户B新增渠道业务。客户B原先物流业务自营时单点的平均物流费用约为其销售额的10%，在领鲜物流承接后单点的平均物流费用约为其销售额的7%，费率下降了3个百分点。

(四) 企业经验模式或主要成效

为全程保障配送产品的冷链质量,也为了确保满足产品质量和节能降耗要求，领鲜物流在日常营运中不断创新管理。在硬件配置和管理体系上不断进行适应性的调整和变革以实现最佳的配送效果。例如，城市配送中经常遇到的问题就是配送网点密集，因此配送过程中需要频繁开关车门卸货交接，而车门开启后车厢内冷气势必会外流造成逃冷，一旦逃冷后在短时间内无法有效恢复车内冷链温度，给产品质量带来一定的隐患。为此，领鲜物流结合多年的冷链城配经验，对配送过程中所存在的难点进行分析，找出症结所在并进行创新变革。从卸货交接的操作规范到门帘的使用，以及后期的双向移动门帘的应用(图 6-13)，使得配送过程中逃冷情况得到有效的控制，从而达到了节能降耗、有效提高配送质量的效果。

图 6-13　双向移动门帘的应用

原先冷藏车辆一般采用固定塑料片门帘，虽有一定的防逃冷效果，但实际使用中上下货不方便而且塑料片受冷后容易受损，存在诸多弊端。而领鲜物流新安装的双向移动门帘采用不对称叠加复合式，通过滑槽便于在车厢内移动，在卸货时可以关门取货，然后开门卸货，真正有效地避免了逃冷情况的发生。同时，在配送过程中货量不断减少的情况下，门帘可前移，减少了制冷机组需要制冷的空间，从而起到节能降耗的效果。

(五) 点评

领鲜物流作为光明乳业一体二翼战略规划中的重要一翼，也是光明乳业全产业链中的重要组成部分，有效地支持了光明乳业新鲜产品的发展。领鲜物流依托良好的物流硬件设施、优秀的运营管理团队、高效的运作效率和丰富的食品物流经验，携手上下游合作伙伴，致力为社会提供高品质、多温度带的食品物流服务。

二、威海中外运：多温区运输模式创新

(一) 企业基本情况

威海中外运物流发展有限公司(以下简称中外运)于 2007 年成立，隶属于中国外运股份有限公司，注册资金 1400 万人民币，是中物联会员单位、山东物流与采购协会会员单位。其凭借在冷链整车、零担、仓配等领域的运作优势，先后被中物联和山东物流与采购协会授予《水产品冷链物流服务规范》(GB/T 31080—2014)

国家标准试点企业、《餐饮冷链物流服务规范》(WB/T 1054—2015)行业标准试点企业、山东冷链物流企业 20 强，2017 年，被中物联评选为“中国冷链物流百强企业”位居 33 位，山东省第 2 位。

企业专注于冷链物流运输领域，除满足客户整车需求外，对 15m 冷藏车进行多温区改造，以适应客户零担运输需求，做到定班发车、准时到达，建成自威海出发涵盖全国主要城市的冷链整车和零担运输网络。企业不断延伸冷链业务链条，现已涵盖冷链医药、生鲜电商、冷链危化品等领域，为食品、餐饮、生鲜、医药、化工等客户提供温控供应链物流服务，服务客户有肯德基、麦当劳、好当家、泰祥食品、海都食品、探鱼、海底捞、中粮、正大、海霸王、和路雪、麦德龙等。

(二) 冷链业务服务范围广、模式不断创新

一是冷链整车运输辐射全国主要城市。中外运自 2007 年开始为肯德基在威海的海产供应商提供鳕鱼排、鳕鱼堡等产品由威海至北京、上海、广州、南京、沈阳、武汉等配销中心的冷藏整车运输业务。随着业务的发展，运输车型丰富，为 4.2m、7.6m、9.6m、12m、15m，运输范围涉及全国一二线城市。

二是冷链零担运输服务(双温区、定班发)。为满足部分客户的小批量、高频次、多温区冷藏运输服务的要求，中外运开通山东至华南、西北、华东、华北等多条零担卡班专线(表 6-1)，通过多温区控制实现冷冻和保鲜货物零担运输，定班发车、准时到达。

表 6-1　专线运输时效表

起止站	时效	辐射区域
山东—广州	36h 到达	武汉、长沙、合肥、福建、深圳
山东—西安	30h 到达	郑州、重庆、成都、兰州
山东—沈阳	18h 到达	大连、沈阳、长春、延吉
山东—上海	18h 到达	苏州、杭州、宁波、南京
山东—北京	16h 到达	天津、石家庄、秦皇岛

三是仓储及配送服务(无缝对接、门到门)。依托中外运在北上广深等地冷库(提供深冷、冷冻、保鲜及其他固定温区)及当地的配送资源，为客户提供全程温控的仓储及市内和区域配送服务，形成干线与市配相结合的运输模式，门到门全程冷链运输服务。

四是冷链多式联运(陆海、陆铁)。依托中外运海运、铁路方面的优势同时为客户降低运输成本，采用陆海、陆铁联运方式进行远距离、大批量的冷藏运输，即陆运→海运/铁路→陆运→客户，保证了全程冷链，同时满足货物品质要求。

(三) 冷藏运输车实施标准化

中外运自备 7～15m 的 20 台大型冷藏车辆，121 台合约车辆，为促进我公司冷链业务的稳固发展，提高冷链服务水平，对冷藏车进行标准化改造(图 6-14)，减少自重、加宽箱体，提高装载容量；制冷机组改造，冷机防撞板改造，箱体内风道、导风槽、地板、隔温板改造来提高温控效果，为客户降低损耗。

图 6-14　冷藏运输车标准化

装卸叉车实施标准化(图 6-15)。由于冷库特殊的温度控制条件，对相关设备的要求也与传统仓储物流行业有明显不同。冷库行业的低温环境对运行的物料搬运设备有更为严格的要求。在中外运系统内冷库使用专用叉车环保、耐寒，减少故障率，提高装卸效率、降低装卸成本。

图 6-15　装卸叉车实施标准化

冷链器具实施标准化(图 6-16)。一是标准化托盘用于存储、周转货物，配合标准化叉车使用，仓储配送作业实现托盘化存储搬运，既提高了送货供应商的来货、卸货速度，也提高了仓储配送效率，实现储存作业的机械化；采取货物带托盘的存储方法，可消除转载时磅码盘拆盘的繁重体力劳动，逐渐实现了托盘流通与联营，托盘装卸、托盘搬运、托盘储存、托盘售货及贯通整个托盘物流。二是生鲜周转筐用于生鲜产品的冷链运输载具，并向企业推广，利用中外运各地分公司优势进行回收作业，周转筐代替了原有的纸质性包装，降低了产品损耗；增加周转筐的投入使得生鲜周转筐配送的运作模式得到改善，提高了装卸效率，降低了人工成本、周转时间及生鲜货损，避免冷链断链。

图 6-16 冷链器具实施标准化

信息管理平台实施标准化。先进的 TMS 平台功能分为订单管理、运输计划、执行管理、运输协同、可视中心、财务中心等。目前，操作 TMS 平台可实现客户直接在系统进行下单，调度根据订单调配车辆并将信息反馈至平台，运输途中双方都可以通过 TMS 平台查看车辆行驶信息和实时温度状态及后续的回单签收、结算等，极大地提高了运作效率，打造全程冷链运输的可视化、透明化。

运输过程与温度可视标准化。车辆安装的视频监控传输系统，对驾驶、装卸等情况实施管控，车辆所有人可以实时查看、全方位对车辆位置精确定位，对驾驶速度、操作、装卸情况进行跟踪，防范社会交通事故、货损率及意外风险。对于现场出现的问题及时处置，避免造成整车货物损失；使用温控装置实时体现温度状态，实时监测冷冻、冷藏区温湿度，对于超温情况及时处理，避免造成较大的经济损失。

(四) 肯德基、麦当劳等运输服务案例

中外运在北京、上海、哈尔滨、青岛、郑州等地负责肯德基、麦当劳的配送中心分仓运营，供应商货物由之前运输至其他冷库然后配送至肯德基、麦当劳的冷库改变为直接运输至其冷库，通过库位调整进行补单操作，减少短驳、降低成本、提高效率(图 6-17)。

京东供货商服务案例。京东在全国有北京、上海、广州、沈阳、西安、武汉、成都七大库存物流中心，京东供货商产品如腌制品等全程温度为 0～4℃，由山东发往深圳、武汉、成都等地，由中外运进行冷链零担运输，当地冷库落地配至冷库，实时监控、全程控温。京东部分产品需要每天补仓，供应商根据订单进行补仓操作，运输频率和成本高。在京东冷库周边设有冷库，将供应商产品大批量运输至冷库，随着京东的日订单对供应商产品进行补单操作，降低成本、提高效率。

图 6-17　运营实景图

冷链零担卡班服务模式案例。早期胶东地区客户每次货量在几百千克不等，每周要求发货一两次，部分产品定性为高档，必须冷链运输保证货物品质。对于这种小批量、多频次的货物配送令发货的灵活性大受限制，如果采用普通运输方式，一旦出现断链势必影响货物品质。公司对客户小批量多频次要求，利用隔温板、温控风扇等进行冷藏车双温区控制，国内率先通过双温区方式做到山东至全国主要城市的冷藏零担卡班。中外运打造多温区运输模式，将不同温控货物集中，共同运输。在车厢内分为冷冻、冷藏、常温等多个温区，把对温度有着不同需求的产品混合装载在一个冷柜中，避免了单温区冷藏车中常见的半仓状态，避免了资源的浪费，降低了运输成本。多温区冷藏车能够实现多种货物同一批次运输，将区域间整车运输的优势发挥到极致，节省了运输时间，实时监控不同温区的温度、车辆位置、行驶方向及速度数据，并实现上传数据，保证了产品质量的同时最大限度地进行资源整合，将成本控制在合理范围，提高满载率、运输率、降低损耗率，适合高端温控产品的配送与分销，充分满足冷链运输要求。

(五) 点评

中外运企业专注于冷链物流运输领域，除满足客户冷链整车需求外，为适应客户小批量、多频次要求，通过科技创新对冷藏车实现多温区控制，在国内率先通过双温区方式做到山东出发至全国主要城市的冷藏零担卡班。中外运打造多温区运输模式，把不同温控货物集中混装实现共同运输，避免了单温区冷藏车中常见的半仓状态，减少了资源的浪费，降低了运输成本，适合高端温控产品的配送与分销。公司在冷链各环节实现标准化和信息化，做到冷藏车标准化、装载叉车标准化、冷链器具标准化、信息管理平台标准化和运输过程与温度可视化及标准化，充分满足现代冷链运输要求。

第三节　仓储型案例

一、山东海洋爱通：温控供应链集成示范平台

(一) 公司基本情况

山东海洋现代渔业有限公司(以下简称海洋渔业)成立于 2018 年 11 月，注册资本金 5 亿元。公司围绕践行山东省新旧动能转换、海洋强省、乡村振兴“三大战略”，重点布局现代海洋牧场、深远海养殖、冷链物流、水产品国际贸易、远洋渔业、科技研发、休闲渔业等相关产业，着力完善水产品国际贸易线上线下营销平台和销售网络，构建高效冷链物流配送体系，打造产业链协同发展模式。

海洋渔业旗下的“冷链物流”板块由山东海洋爱通物流有限公司(以下简称海洋爱通)独立运营。海洋爱通成立于 2002 年，拥有 21300t 单层冷冻冷藏库，提供专业的保税及非保税冷冻冷藏服务，采用“液氨+二氧化碳”复叠式制冷，最大限度地保障货物安全。公司配有全自动化冷库温度控制管理系统，多套制冷、发电设备及西科姆安保系统，实施 365 天×24 小时全天候设备管理及安保措施。冷库内货物存放全部采用金属货架和专业级塑料托盘，货物运输采用日本力至优(NICHIYU)电动叉车，为客户提供安全、安心的服务。海洋爱通可控制专业冷链车辆 70 余台，运力遍及全国各大主要城市，面向中高端客户提供全程冷链运输，每辆车均配有专用车辆管理系统实现全程跟踪。海洋爱通于 2019 年获得国家 3A 级物流企业和 3 星级冷链物流企业双资质。

(二) 企业冷链业务标准化、信息化情况

海洋爱通积极引进和开发先进的物流供应链管理系统，包括运输管理系统、仓储管理系统、办公自动化系统、车辆全球定位系统。海洋爱通凭借先进的制冷设施、专业的冷链管理能力已成为影响和覆盖青岛及周边绝大部分城市和地区并辐射全国的大型冷链物流综合服务商。

海洋爱通运用仓储管理系统，实现了从订单开始的全过程物流信息化管理。其具体功能有订单管理、接货验收、入库、仓存管理、调拨、出库、配送签收、回单管理、远程查询等模块，如图 6-18 所示。

公司车辆定位监控平台除完成车辆调度、监控、管理、考核基础应用功能外，还将与运输管理系统、客户服务管理系统、客户自助服务终端系统对接。通过订单信息与装车信息、车辆信息的关联，无论是内部业务管理人员、客户服务人员，还是客户、收货人都可以实时跟踪到订单的在途状态、运行轨迹及温度状况等。

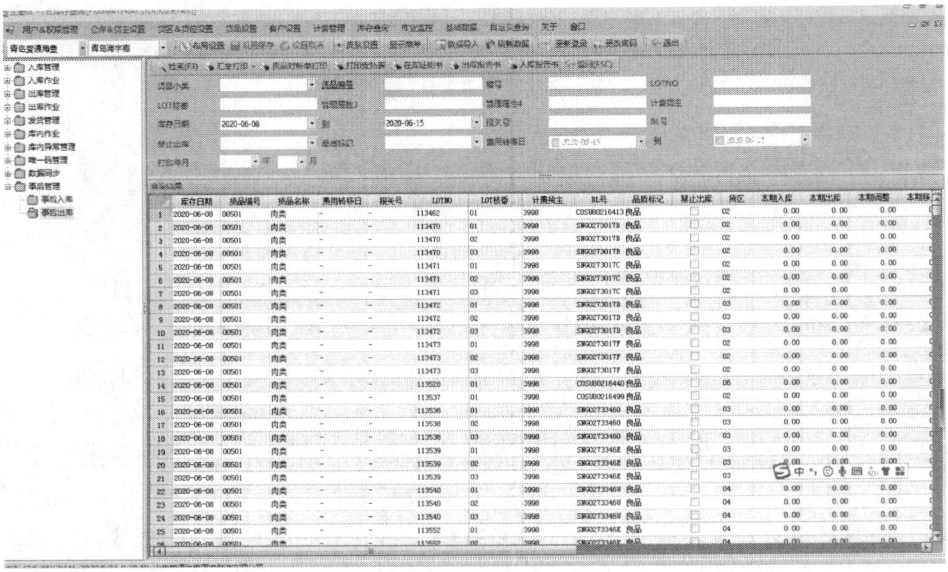

图 6-18 仓储管理系统

(三) 冷链业务组织情况

冷链业务产品出库及配送流程如图 6-19 所示。

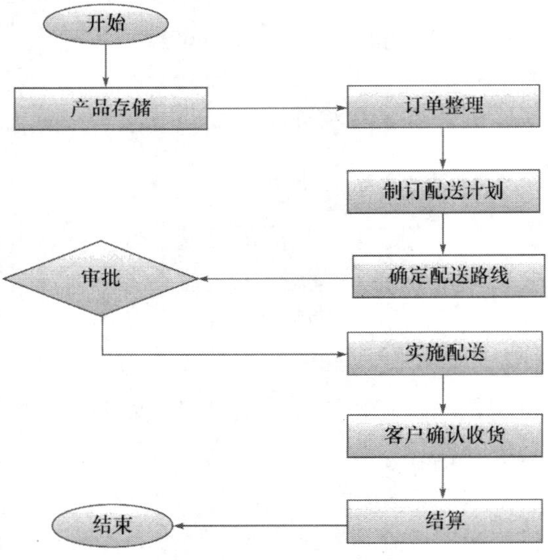

图 6-19 冷链业务产品出库及配送流程

(1) 客户下发订单，工作人员收到订单后，先将订单打印通知仓库按照订单要求拣货、备货，通知业务员协调车辆调度等工作。

(2) 送货当天仓管员提前按订单要求将配送货物装车，并与货运司机当场清点、核对品种及数量，在送货单上签字确认，货运司机在到货前 2h 通知客户准备收货。

(3) 货到后，货运司机电话通知客户收货，由客户安排工作人员卸货，并当场核对货物品种及清点数量，在送货单上签字确认，留存送货单客户联，其余单据由货运司机带回。

(4) 结算中心整理好相关票据，做好收费汇总表交至客户，确认后交回结算中心，统一结算。

(四) 服务内容及服务方案

海洋爱通主要服务青岛市及其周边城市，重点针对港口贸易型业务为客户提供仓储、运输、供应链金融一体化服务，公司具备国际业务开展基础，核心业务相对比较成熟。

一是与青岛及其周边城市主营进口海鲜客户建立合作关系，采取库房租赁或托盘租赁形式，实现仓储、配送一站式服务。在海洋爱通严格的温控管理要求下，公司仓储业务开展顺利，2019 年，仓库利用率整体达到 80%以上。二是为青岛及其周边城市的客户提供冷藏运输配送服务，包括专线运输与零担运输业务。三是通过海洋爱通自有现金额度，为库内客户提供供应链金融服务，赢得客户好评。

(五) 企业模式经验介绍

冷链业务的关键就是融合多行业、聚集多业态、形成生态圈。海洋爱通重点就标准不统一、城配运力资源浪费、冷库设施不匹配市场需求、冷链链条不完善、商品质量难保证等众多行业问题进行了积极探索和实践。海洋爱通以冷链资产为依托，将冷产、冷储、冷运、冷销、冷消五个环节聚合在一个公司业务生态圈之内，依托海洋渔业各版块资源优势，进行标准设施设备共享，与采购、进出口、金融、贸易等业务深度融合，形成一个全方位的水产品供应链生态。2019 年，海洋爱通重点围绕仓储作业、国际运输、国内干线运输开展业务，经过一系列的业务优化和标准化提升，初步取得了增加收入、降低成本、减少资源浪费和提高海鲜产品质量的良好成果。

(六) 发展规划

海洋爱通将以“打造东北亚生鲜产品国际转运中心和国际水产品交易中心”为目标，充分发挥公司的整体优势，面向海内外市场，通过实施经营规模化、功能多元化和国际化的战略，打造全国领先的水产品温控供应链集成示范服务平台。

面向未来，海洋爱通将结合集团公司冷链物流贸易前后端业务开展仓储、运输、货代三位一体的联动业务格局，开拓物流增值服务。公司将全面提升信息化、智能化业务水平，根据业务发展规划，进行仓储管理系统、运输系统、企业管理系统的开发升级，根据海洋渔业的整体发展规划，充分考虑冷链物流贸易前后端的功能性预留和对接功能。

(1) 仓储方面：发挥核心业务作用，利用自动化、信息化提高人员工作效率，积极将港口贸易型业务做大做强，规范并提升仓储管理体系，稳步开展供应链金融服务。

(2) 运输方面：结合本地和目标地地域特色商品，充分利用海洋渔业其他版块业务渠道，确保双向运输货量充足，促使运输及贸易业务成为仓储业务的有效补充和承载。

(3) 货代方面：充分发挥自身仓储、运输、货代一体化服务优势，增加业务对接人员，增强业务开拓力度。

(七) 存在问题

面对快变化、个性化的市场需求，海洋爱通也面临着人才储备不足、部分硬件设备老化、健康、安全、环境-体化管理(health safety enviroment, HSE)及精细化管理不到位、物流增值服务少、客户需求挖掘不足等问题。相信在海洋爱通水产品业务链条延伸和业务功能补充的整体供应链发展大布局下，以上问题也必将迎刃而解。

(八) 点评

资本优势：两大股东资金实力雄厚，具备推动海洋爱通在全国范围内开展冷链业务的资本需求。

传承优势：公司的控股股东母公司山东海洋集团有限公司是经山东省人民政府批准设立，以海洋产业为核心业务的省属大型国有企业。该集团成立于 2010 年 9 月，注册资本金 49.74 亿元人民币，集团以践行海洋强国战略、服务海洋强省建设为己任，现已布局现代远洋运输物流、海洋清洁能源、现代海洋渔业、内河港航投资运营、涉海金融服务等产业领域，发展成一家具有重要行业地位和影响力的综合性海洋产业集团。参股的伊藤忠物流株式会社是世界 500 强伊藤忠商事株式会社的权属公司，在冷链物流领域经营多年。

系统优势：海洋爱通拥有开展高效冷链物流业务所必需的 WMS 和 TMS，并且拓展性良好。

运作优势：海洋爱通在项目正式启动前，会安排商务、仓储、运输、系统 IT，关务等多部门和客户对口部门展开多轮协商及研讨，全面研究客户的业务流程及考核指标要求，不断修正业务流程和方案，确保流程和客户实际需要的高度一致。

二、赤山集团：仓储型水产冷链物流领域的典型代表

(一) 企业基本情况

赤山集团有限公司(以下简称赤山集团)创建于1988年，注册资本8000万元人民币。现有员工8000人，下属企业20多个，涵盖海洋捕捞、水产品加工、机械制造、旅游餐饮、建筑房地产、金融服务业六大产业，属国家级大型企业集团。2019年水产冷链销售收入129884万元，净利润6000万元。该集团先后获得“农业产业化国家重点龙头企业”等荣誉称号。2016 年，在由中国农产品流通经纪人协会主办的“2016中国农产品好品牌500强评选活动”中，“赤山集团”品牌入选“2016中国百强农产品好品牌”。

水产品加工业及冷链物流是赤山集团的传统产业。在公司刚成立时，仅有 1座200t仓储型水产品冷库和四五条45hp[①]的木质渔船。领导班子审时度势，积极做好水产品冷链物流的运作，实行快收快出。同时，对渔船的渔获物按照客户要求和市场需要有针对性地进行加工储存销售，海洋捕捞与水产加工、冷链物流一体化运作，收到显著效果。1989年，以发展壮大为宗旨，以市场需求为导向，赤山集团开始建造一座储货500t、储冰500t的大型冷库。机器制冰的生产及储存有效地解决了渔船出海时间长渔货变质的问题，更好地保证了市场需求，同时增上几条135hp钢壳渔轮，为冷链物流资源提供有效保证。截至1997年年底，赤山集团共有仓储型冷库9座(其中租赁一座200t)，总储存达5700t。海洋捕捞方面小功率渔船逐渐被淘汰，增上600hp渔船十多对，冷链物流业发展成为当地的知名企业。

依托在冷链物流方面的管理经验和市场经验，赤山集团在海洋捕捞及冷链物流方面以“大、名、强”为战略。1999年，建造一座2400t仓储型冷库。2000年，建造库容量达1万吨的金源水产食品公司(以下简称金源公司)。2004年，又建造库容量达2万t的万祥水产公司。2006年，建造库容量达5万t的水产物流中心。2010年，库容量达6万t的嘉美海洋食品有限公司(以下简称嘉美公司)投入生产，该项目被列入威海市重点工程项目。嘉美公司的投产使用，使赤山集团物流仓储单位达十多个，容量达到20万t，水产品年流通总量达40万t，成为胶东半岛最大的仓储群体。针对水产品近年来资源匮乏的实际情况，赤山集团及时改变思路，

---

① 1hp=745.700W。

在大量收购加工水产品的基础上，对水产品进行精深加工，将外贸作为主要市场。金源公司、嘉美公司将鱿鱼作为主要加工出口原料，产品远销国外四十多个国家和地区，外贸收入达 8000 多万美元。赤山集团停止租用冷库，对一些规模小的冷链物流单位进行合并、关停，将其合并为四个大的冷链物流单位，要求各单位树立一盘棋思想，抱团闯市场。合并后的冷链物流单位在严峻的市场形势中同心协力，探索冷链物流新方法、新经验，收到了较好的市场效果。为更进一步扩大冷链物流市场品牌，2016 年，赤山集团又投资兴建了集水产品精深加工与水产物流于一体的总库容量为 20 万 t 的山东海都海洋食品公司，是当年荣成市唯一的“山东省重点工程项目”，同年底投入试运行。以鱿鱼精深加工为主，赤山集团冷链物流库容总量达到 40 万 t，水产品冷链年流通量达到 100 多万 t，成为冷链物流客户必选的企业之一。

海洋捕捞方面赤山集团也不断更新捕捞船，截至 2000 年，拥有 600hp 以上渔船 30 多对，成为荣成市规模最大、设备最先进的海上作业船队，其效益一直名列全省同行业前茅。同时，开辟了国际海上收鲜项目，在海上收购各地捕捞船的新鲜鱼货，直接驶到日本等地市场进行销鲜，每年的销售收入达到 1000 多万元(近几年，由于近海资源匮乏，此项目已停止)。自 2000 年以后，针对形势需要，赤山集团对捕捞渔船进行更新换代，全部更换成冷藏渔船，在海上捕捞的鱼货，直接加工分级冷冻，到岸卸货全部以冻板形势卸货，有效地保证了鱼货质量。捕捞船队现有近海捕捞、远洋捕捞渔船近 40 条，自 2004 年以来赤山集团先后投资建造了 14 条专业远洋鱿鱼钓鱼船、15 条远洋单拖网渔船、1 条 2300t 的远洋运输船；2013 年赤山集团再次投资建造了 4 条大型远洋单拖网渔船和 2 条大型远洋鱿鱼钓鱼船。赤山集团捕捞船队海洋捕捞产量年平均达 5 万 t 以上，产品全部进入内部物流企业流通。同时，捕捞船队大力发展海链运输业务，现拥有远洋运输货轮 2 条，共 7000t，主要从事远洋及近海运输业务。远洋海上运输主要将在大西洋、太平洋等大洋中从事捕捞作业的内部及外部捕捞船的渔获物运输回国，根据客户所处位置停靠最近码头进行卸货，同时利用卫星定位，能够及时掌握运输船何时何地在什么位置，何时靠港卸货等。由于渔获物为冷藏冻板，再加上运输船自身的冷冻系统保持在规定温度以下，在运输质量方面，受到客户好评，有很多客户成为常年固定客户。根据路途远近及所处方位，每吨收取 1000～2000 元的运输费用，此项目年收入近千万元。赤山集团的近海海上运输业务，主要面向内部及外部上下游合作客户运输渔货物，价格一般在每吨 200～500 元，年可创利一千多万元。接到运输船将靠岸卸货的通知后，各相关冷链物流单位立即联系冷藏物流车队在码头等候，运输船靠港后，马上对接卸货。同时，注重做好车辆所载鱼货的保温措施，落实专人押车，到厂后核实数量、质量入库待售(图 6-20)。

图 6-20　仓库实景图

(二) 企业冷链业务标准化、信息化情况

在冷链物流发展过程中，坚持标准化建设、信息化指导的原则，仓储冷库建设聘请专家指导、设计，严格按相关标准进行建设。每个库房内设置不低于两个温控仪，库内温度在库门口自动显示。设备人员每日对各库房巡检，发现问题及时解决。机房设备人员熟练掌握温控软件的应用，每班次做好温度及设备运行记录，记录保存期一年以上，班次交接时，对下一班次人员交代清楚。同时，加大巡查，与库房人员做好沟通，保证库房及时冲霜。车间加工采用统一标准鱼盘，出入库采用标准货架，装卸鱼货采用标准月台，鱼货按名称、标准、规格等实行挂牌、分类储存，每个月与财务人员做好对接，进行库房盘点。各装卸月台、库房门口俱装监控设施，随时对作业场景进行监控，监控的保存期为 6 个月，进一步促进规范。

2017 年，赤山集团被确定为冷链物流标准化良好企业行为试点单位。在市场开发上，坚持以信息指导生产，每个冷链物流单位都有自己的专门网站，在网站上发布产品信息、供销信息，同时在中国渔业网、搜渔利、中国水产交易网、食品伙伴网等大网站上发布信息，开通与国外相关渔业网站的联系。近几年通过外域网站联系客户占客户总数的 50%以上，取得了良好效果。销售部门指定专人在网络上联系客户，同时加强与各大网站的联系，推出自己的产品，网络销售在销售工作中占有很大的比例。外贸部门同时加强海外销售产品的追踪，随时在网上实行销售货物查询。

规范化、标准化是赤山集团一贯奉行的。在成立之初，赤山集团出台了《赤山集团经营管理规章制度》，对各企业、部门、各岗位规定了职责。多年来，经过不断的修改完善，其成为赤山集团干部员工所奉行的圭臬。根据行业性质的不同，各冷链物流单位成立之初便设立了质检部、销售部、生产部、收购部、外贸部等部门，实行本单位与赤山集团双重管理。部门人员设置合理，每人都有自己的岗位职责，确立了问责机制。根据业务需要，各部门牢固树立一盘棋思想，既相互独立，又相互配合，对操作流程中出现的违规现象，任何部门都有权制止，避免了推诿扯皮现象，有效地保证了工作的开展。

针对市场不断拓展、业务范围不断扩大、新员工不断增多的实际情况，各单位加强了业务培训力度。每年制订出详细的培训计划，新员工上岗之初，分岗位集中进行培训，由人力资源部组织实施，培训实行点名制，确保全员培训。经过2～3 天的初步培训后进行考核，考核合格者方可上岗，不合格者辞退。在工作中实行“传、帮、带”，老员工与新员工结对子，在工作中进行指导、帮助，使其尽快熟悉岗位及职责；同时单位每个月对所用员工进行培训、考核，考核结果直接与个人当月工资挂钩，极大地促进了员工的积极性。同时，各单位还积极委派人员参加上级部门举办的相关培训，邀请专业人士到厂举办培训，员工的素质进一步得到了提高。各企业还广泛与国际接轨，积极申办各种质量认证，有三家单位通过了 ISO 9001、ISO 14001、OHSAS 18001 认证，有两家企业通过了 BRC 认证、伊斯兰清真认证、HACCP 认证。

由于是仓储式冷库，客户自带车辆前来拉货居多，赤山集团专门为客户进入库房看货准备了棉衣，库房人员耐心陪客户到库房中看货，并出示样板(图 6-21和图 6-22)。在装运过程中，库房人员认真陪同客户做好抽查，对客户不满意的鱼货随时无条件进行更换，为客户提供出库、装车等服务，对客户车辆配备不足的情况，赤山集团还主动为客户联系运输车辆。装运完毕后，为客户办理各种手续，并留下客户联系方式，直至客户满意而去。针对客户的来电咨询，认真答复，对没有现货，应承诺在限定日期内配齐，同时以销定收，针对市场需要进行收购加

图 6-21　物料堆放处

图 6-22　装卸区作业场景

工。对一些市场畅销的时令经济鱼类，销售人员主动打电话与客户沟通，讲明规格、价格、库存情况，对客户的要求与车间密切沟通，按客户要求进行加工，进一步拓展了市场，稳固老客户，发展新客户。

(三) 点评

赤山集团作为涵盖海洋捕捞、水产品加工、机械制造、旅游餐饮、建筑房地产、金融服务业六大产业的国家级大型企业集团，以市场为导向，在成立之后的 30 年内快速发展，先后荣获“农业产业化国家重点龙头企业”等荣誉称号。

水产品加工业及冷链物流是赤山集团的传统产业，深耕市场，推行加工储存销售，海洋捕捞与水产品加工、冷链物流一体化运作方式，制定海洋捕捞及冷链物流方面的“大、名、强”战略发展模式。针对水产品近年来资源匮乏的实际情况，赤山集团及时改变思路，在大量收购加工水产品的基础上，以鱿鱼精深加工为主，将外贸作为主要市场。同时，赤山集团重组了四大冷链物流单位，树立一盘棋，抱团闯市场模式。

针对赤山集团迅速发展，新员工大量涌入的态势，公司推行“传、帮、带”的培训体系，并积极开展 ISO9001、HACCP 等质量管理认证，保障公司规范化标准化运营，以此不断提升服务水平，拓宽市场。

第四节　平台温控供应链型案例

一、央联万贸：食品产业生态化公共服务平台

我国是一个食品消费大国，山东省是食品产业大省，央联万贸历经七年论证和实践，自主研发设计食品产业+产业互联网+金融+品牌集群构建的“食品产业生态

化公共服务平台”(以下简称央联万贸平台)抓住城乡产业融合推动中国经济腾飞的历史机遇，将乡村振兴战略作为新时代“三农”工作总抓手，运用央联万贸新经济平台优势，解决历史上产业升级过程中遇到的瓶颈问题，积极推动城乡融合产业升级，为政府构建食品安全管理平台，为社会建立食品安全屏障，推进大健康事业，为山东省从产业大省向经济强省跨越发展，创造弯道超车的大好机遇。

(一) 央联万贸项目助力山东成为中国食品产业新高地的重大创新工程

央联万贸平台以解决国内粮食安全和食品安全为初心，以“新生态经济运行商业模式”为核心，顺应我国食品产业发展的迫切需要，有效解决了产业供应链上下游信息不对称、商流不畅通、物流成本高、资金不融通、标准不统一、安全品质无保障等问题。同时，以消费升级、健康消费为契机，通过需求侧带动供给侧，聚焦重点产业，聚集资源要素，加快构建现代食品产业体系，实现“创新六产、融合六产”，城乡融合发展，居民消费升级，使山东成为中国食品产业重大创新工程的新高地。

央联万贸平台是由巴龙国际集团发起，联合香港招商局集团、荣氏投资集团、央联食品保障会形成的混合所有制企业。该平台为上下游企业提供完善的产业互联网综合管理体系，央联万贸平台设立“三大服务平台”：国际贸易服务平台、城市食品中央集配平台、城市食品全渠道服务平台。“三大服务中心”：互联网服务中心、金融服务中心、品牌服务中心。为进出口企业、大型供应链、食品加工厂、中央厨房、贸易商、经销商等平台上下游企业客户打造全品类、全链条、全产业一站式公共服务的生态圈。央联万贸平台为企业提供完整的管理运营综合解决方案，为企业增值、提效、赋能。

(二) 央联万贸平台提供优质可靠金融闭环生态圈服务

金融是企业的血液，央联万贸平台是一个科技金融、多产融合、资金融通、安全闭环的生态金融平台。央联万贸平台拥有优质可靠的金融服务资源，聚集多家央企的强大金融资源，与荣氏投资集团战略合作，央联万贸平台以大股东身份投资多家金融机构，这些金融机构拥有 6000 亿元金融资产，为平台上下游优质企业提供全产业链生态化金融服务，着力构建安全高效的闭环供应链金融生态圈，为产融结合、创新六产、融合六产提供有力的供应链金融支持。

(三) 央联万贸平台聚集国内最优质客户资源

央联万贸与央联食品保障会深度合作，为 60 余家央企 2200 万员工、6600 万家庭会员客户和巴龙国际集团 28 年经营过程中积累的 1000 万优质会员客户，以及中烹协优质餐饮机构渠道、企事业单位等辐射 2.3 亿中产阶层的优质会员客户提供安全、可靠、高品质的食品供应。为平台客户提供有效需求、有效供给和精准服务，推动优质消费、健康消费。

央联万贸平台积极落实国家战略。未来 15 年，中国进口商品和服务将超过 40 万亿美元，通过大量进口农副产品倒逼中国农业产业转型升级。央联万贸平台在中国青岛保税港区总投资100多亿建设并运营拥有128个进出口查验通关月台，年查验能力超千万吨，技术装备最先进、自动化程度最高的青岛前湾港保税港区国际冷链食品进出口查验、通关一体化集散中心，得到国家海关总署的高度评价，填补了全国保税冷链食品行业全品类、全链条、全产业无间断温控的历史空白，搭建了“一带一路”国际国内双向贸易的“桥头堡”，为国内企业建设了“离岸库”，为境外企业建设了“海外仓”，成为国家“一带一路”、中日韩贸易、东北亚经济圈出入境速度最快、价格最优、服务最好的一站式进出口保税查验通关公共服务平台。

央联万贸在青岛保税港区投资建成全球规模最大、最先进的国际食品展示交易中心，聚集了全球五大洲“九大品类”上万种绿色冷链食品、国内新特优食品及农副产品。链动世界、汇通五洲，通过资源共享、货源直供，进行零差价联合透明采购，提供备货式、预订式、供需互动式、现货、期货交易服务，打造国际国内双向贸易交流、信息发布、展示交易、品牌发布一站式生态化公共服务平台。

2019年6月26日至28日，央联万贸联合中物联、全球冷链联盟主办了2019(第十一届)全球冷链峰会，来自全球二十多个国家、国内三十多个省市的600余家企业，1200余名政府、协会领导、科研院所专家、冷链上下游企业代表参加了本次会议。会议以“一带一路”贸易与冷链合作为主旨展开高峰论坛。会议期间，与会专家与企业代表参观央联万贸平台。他们认为，央联万贸项目令人非常震撼，称赞央联万贸平台达到新经济模式的新高度，央联万贸产业互联网综合管理平台可支持 23 种语言，覆盖全球 95%以上的国家，形成了无国界互联网，创造数字经济时代的制高点，改变国际食品产业的历史版图，与会企业纷纷要求对接平台，寻求合作共赢。

(四) 央联万贸“四大认证体系”，推动产业转型升级，打造可持续发展生态圈

央联万贸平台与“四大认证体系”深度合作，提升产业规模及服务质量，打造区域农产品集散枢纽和产业高地，构建安全食品的大市场，创赋能产业链升级。央联万贸平台供应链品牌集群将打造区域优质农产品基地，通过城市供给侧推动产业供给侧发展，打造六产融和可持续发展生态化新型城市，推动新经济区域空间价值和品牌再造。央联万贸平台与当地政府共建食品安全品牌城市、城乡融合

示范城市和可持续发展生态化新型城市。

(五) 央联万贸创立“品牌中国(国际)品牌研究孵化中心”，全力推进中国企业走进世界品牌之林

21 世纪是一个品牌消费的时代、一个平台经济的时代。金融是企业的血液，互联网是企业的氧气，品牌是企业的生命力，质量管理体系是发展的保障。未来的品牌是企业的身份证，是国际市场的通行证。央联万贸实施以数据支撑标准、以标准支撑品牌、以品牌集群支撑平台，形成创新六产、融合六产全产业链品牌集群，推动优质消费、健康消费，引领品质数据消费的 3.0 时代的消费升级。央联万贸与品牌中国深度合作，共同成立“品牌中国(国际)品牌研究孵化中心”。将“国际品牌峰会”永久性会址确立在青岛上合峰会会址，实施品牌大数据发布、品牌无形资产评估和国际品牌孵化等六大职能。“中国品牌国际化，国际品牌中国化”为中国企业提供 0～1 和 1～N 的全程品牌孵化服务，全力推进中国企业走进世界品牌之林。

(六) 点评

央联万贸平台是一个超前布局，极具前瞻性的科技与产业完整生态体系，为“跨界配置食品产业要素，促进产业深度交叉融合”聚集了产业生态体系所需要的全要素资源，历经七年，构建了“食品产业–产业互联网+金融+品牌集群”的“食品产业生态化公共服务平台”。央联万贸平台将“产品、客户、互联网、金融、品牌”五大服务功能优势融为一体，平台生态体系必将为行业解决以往产业转型过程中所不能解决的问题，对保障食品安全、实现消费升级和区域时空价值再造起到积极的推动和引领作用，有望成为我国食品产业平台经济新生态体系构建的领军者。

二、睿库：在线管理系统的行业应用典型

睿库冷库智能管理与云服务平台(以下简称睿库平台)，是由物联网、制冷、物流、食品等行业专家组成，依托中国物流与采购联合会冷链物流专业委员会行业资源，以及国家商用制冷设备质量监督检测中心的技术支持，打造集评估、认证、追溯、运行管理为一体的冷库管理平台。

(一) 睿库平台建设情况介绍

睿库平台基于软件即服务应用的冷库运行管理和能效在线系统，是针对广大冷链客户开发的订制化产品，具有功能强大、模块化设计、易于使用、界面友好、

可拓展性强等特点。它的目标是实现冷库温度追溯、一键式智能管理、安全预警、维护服务全程跟踪、多维度可视化管理、7×24多方位不间断监控等功能，服务方向之一是冷库能耗管理与评估。

1. 满足多需求

睿库平台根据不同客户需求，提供了不同类型的前台交互界面和功能。

(1) 温度版：睿库温度版的推出是为了适应广大冷库货主出于对储存货物的安全而对冷库提出温度全程监控的要求。睿库系统对归集到睿库平台上的冷库进行全面可视化管理，通过温度监控、预警管理等实施手段，保证冷库运行中的库温处于可控的安全范围内，给最终客户一个满意的体验，给广大食品用户营造放心的冷库环境，保障消费者食品安全。

(2) 聪慧版：睿库聪慧版的推出是为了满足广大冷库业主对冷库所有主要项目进行全面全程监控的要求。睿库系统对归集到睿库平台上的冷库进行全面可视化管理，对温度、运管、系统运行进行实时监控；提供分析、数据查询、报表查询、报表导出、月度报告、维护服务等功能。通过监控、分析、维护服务等功能，为客户接收平台的智能版提供依据。

(3) 智能版：睿库智能版是为了对冷库全程运行进行全面监控和管理。睿库系统对归集到睿库平台上的冷库进行全方位实时监控；提供各种分析、服务等功能。睿库智能版的推出是为了给广大冷链客户提供全面的网络平台，对冷库进行服务，能够根据实时情况和环境信息反馈对冷库系统进行各种指令操作。

2. 实现多功能

(1) 多维度监测。存储系统支持大规模水平扩展，性能强大，有效保证数据采集频率、采集质量和用户数据访问速度。

(2) 数据分析。多领域专家参与研发，系统构架、数据库设计及数据分析可支持冷库运行阶段性及全生命周期评估与分析。

(3) 安全预警。平台提供温度、湿度、电耗等数据的实时监测，并进行系统运行的数据分析，可实现冷库运行安全预警，将隐患消灭在萌芽之中。

(4) 在线维护与保养。平台报警、报修数据打通，维修更及时；维修服务流程在线化，维修质量透明化；实现报警列表，表单处理，自我维护日志，记录备案可查。

(5) 能耗管理。通过监测分析实现冷库全部数据可视化、原因量化，展示出每项产生能耗成本的可能性，进而提出相应的解决方案，通过改善运维管理，可有效节省冷库电费20%以上。

(二) 点评

睿库平台是一个物联网集成技术应用于冷链物流行业的专业管控平台，通过该平台，使用者可清楚地知道冷库使用中，哪些能效设施能降低货物的流转成本，设施提供者可清楚地认识到该向哪些方向研发新的能效设施，能效评估者可很容易地获得冷库能效设施的相关数据。最终在食品冷库的建设中形成一个良性的、行之有效的建设链，并最终形成对我国食品冷库市场可行的能效评估体系，促进我国食品冷链体系的良性发展。未来，伴随着冷库认证工作的开展，该平台将成为可靠的第三方检测评估平台。

三、云通科技：冷链物流监控平台的应用与拓展

威海云通信息科技有限公司(以下简称云通科技)成立于2016年，是一家通过网络集结服务向社会各界提供全方位冷链物流信息服务的公司。云通科技为进一步完善我市城市冷链物流配送服务能力，结合自有城市物流配送网络以及多年的冷链物流管理经验，积极整合社会资源，打造一个面向社会的以冷链一体化物流服务为特色的冷链物流公共信息服务平台。

(一) 威海冷链物流公共信息服务平台

威海冷链物流公共信息服务平台是威海市商务局在冷链物流示范城市建设的项目。借助中央专项资金引导扶持，采取市场化运作手段，在家家悦集团股份有限公司(以下简称家家悦集团)原有的内部车辆调度平台的基础上，对接家家悦集团物流运输管理系统，整合家家悦集团自有货源、车源、库源，同时与外部的车源方、库源方签订合作协议，制定准入标准，规定责任划分。引入第三方保险公司机制，对货物安全提供第三方保险服务。组建专业的系统技术、业务管理团队，并通过平台实现冷链资源共享化、智能化、精确化，高效匹配整合车、货、库资源，有效地减少冷链资源闲置，提升资源使用效率，真正做到线上+线下+物流一体化全新模式冷链物流信息服务平台。

平台的主要功能：一是信息服务功能。信息服务功能是货运网络平台的基本功能，也是核心功能。信息服务功能主要表现为对各类物流信息提供录入、组织、维护、发布、查询、交流等服务，如发货信息、车源信息、监控冷库、车辆运输、冷柜温度等。二是交易撮合功能。根据北斗定位系统并结合物联网技术，在线撮合车货、库货匹配，提高全市物流资源利用效率。

本平台的硬件设备主要分为两大类：冷库、冷柜温湿度采集设备和冷藏车卫星定位温度采集设备。

1. 冷库、冷柜温湿度采集设备

冷库、冷柜温湿度采集设备分为主机和温湿度采集器两个部分，温湿度采集器将数据采集后通过电缆传送至主机，主机通过GPRS无线网络将数据上传至冷链平台。云通科技通过计算机网页或者手机客户端即可查看和操作。

该设备的基础功能为远程采集温湿度数据和温湿度超限邮件报警。通过计算机网页和手机客户端，可以随时获取自己冷库、冷柜温湿度信息，并可在温湿度超限的第一时间得到邮件报警，最大限度地节省人工，减少因制冷设备故障造成的货损。

2. 冷藏车卫星定位温度采集设备

(1) 车辆跟踪监控。监控中心可以随时掌握车辆状态，迅速下达调度命令，还可以为车辆提供服务信息，有多种监控方式可供选择。

(2) 实时信息查询，历史轨迹回放。工作人员可以在监控中心实时查询车辆位置信息和行驶数据信息，包括经纬度、行驶时间、速度、方向、车厢内温度、设备故障信息，并可对车辆行驶历史轨迹和速度进行回放。

(3) 货物温度查询。GPS 车载终端能够将车厢内温度及时传给运输企业、司机和货主，以及时调整冷链车辆的车厢内温度。

(4) 超温报警。可预先在系统内设定车厢内温度上限值，如果实际车厢内温度超过预定义的上限值，则系统会自动将超温车的温度、车牌、时间等信息记入数据库，并在监控地图上实时弹出半透明对话框提示，同时车载终端也会发出报警，提示驾驶员。

(5) 车辆厢体门监测及报警。在运输过程中实时检测载货箱体门的状态，若在运输过程中检测到载货箱体门非法开启，则立即向监控中心报警。

(6) 超速报警。监控中心可以预先设定限制速度，当车辆的行驶速度超过规定的阈值时，将自动发出报警信息，以便监控中心采取措施进行控制，提醒驾驶员注意速度或者要求驾驶员汇报情况。

(7) 偏移路线报警。为了加强调度管理，一般要求车辆行驶在固定路线或者只能在特定区域活动。在系统中为任务车辆预先设置行车路线，在任务开始时，车辆行走路线及状态开始被监控及记录，如果车辆未按预设行驶路线行驶或者驶出设定区域，系统将会自动报警，监控中心可以根据实际情况采取措施。

(二) 发展规划

云通科技将大力开展冷链物流标准化建设的推广复制，优化冷链配送各环节管控，加大信息系统的提升优化，其中，包括建设零售终端的统一订货平台、建设采购供应链系统、建设生鲜配送中心 WMS 等。

(三) 点评

面对当前冷链物流行业信息化程度低、资源分散、车辆个体化、集约化程度低、运输效率低、运输成本高等问题，威海冷链物流公共信息平台实现了调度管理平台化、车货匹配自动化、作业单据无纸化、运费核算系统化、任务通知移动化等功能，具备了企业物流平台向社会公共平台发展的基础。

第五节　生鲜冷链供应链型案例

众客食品：定制化冷链物流服务保障客户之需

(一) 企业基本情况介绍

山东众客食品有限公司(以下简称众客食品)是一家集肉禽屠宰加工、饲料生产与销售、种禽饲养与孵化、商品禽养殖、熟食深加工等于一体的农牧企业。众客食品于 2014 年 9 月在泰安市新泰注册成立，初始注册资金 5000 万元，于 2015 年 9 月 17 日增资至 1 亿元。

目前，众客食品是国内肉禽产业链最完整、综合规模第二大的肉禽生产企业，2017 年度销售收入 37516 万元，净利润 166 万元。其冷链业务类型为综合型，实现各类保鲜、查验、预冷、冷藏、冷冻、运输等冷链物流基础运作模式，更好地服务客户，为客户提供新鲜的高质量食品。

(二) 企业标准化、信息化情况介绍

众客食品现有低温冷藏车 25 台，制冷设备 125 台，冷库面积 3416m^2，其中速冻库 780m^2，冷藏库 2636m^2，总容量 2 万 m^3，折合 3400t，1500m^2 仓库一座，5132m^2 产品处理区一座，500m^2 发货中心一座和 300m^2 检测室一座，4000m^2 的交易场所；并且拥有 4 套链式输送机，1 组仓储托盘及货架，液压叉车 20 台，冷库交接货通道、月台等装卸、包装设施齐全；同时拥有冷链监控、数据应用服务器等信息化软件设备 55 台。

(三) 冷链业务组织情况

众客食品根据冷链物流行业需求，设置质量管理部门，严格按照国家食品质量标准筛选出不合格产品，严禁不合格产品进入消费市场，实行责任问责制，落实到个人，若产生食品质量安全问题，则追究其法律责任，为消费者提供安全放心、质量有保障的食品。

根据冷链业务需求，众客食品冷链业务包含低温冷藏库、仓储包装、销售服务和第三方冷链配送服务四个方面。

(四) 近期冷链从业人员的培训计划与实施

冷链物流的运作管理涉及多门类学科知识，包括食品学、物流供应链、冷冻工艺学、物流运输与配送、包装技术等，冷链物流企业的发展离不开具有这些专业知识的人才。面对冷链物流的发展需求，首先要在人才市场招聘高质量人才；其次要定期为员工组织培训，不断学习理论知识并应用到工厂实际业务中，同时

企业为员工提供良好的学习环境与工作条件。

(五) 冷链物流中心

众客食品设有冷链物流中心，其基本作业有入库作业、搬运作业、出库作业、盘点作业、补货作业、退货作业、配送作业。其具体的作业流程如图 6-23 所示。

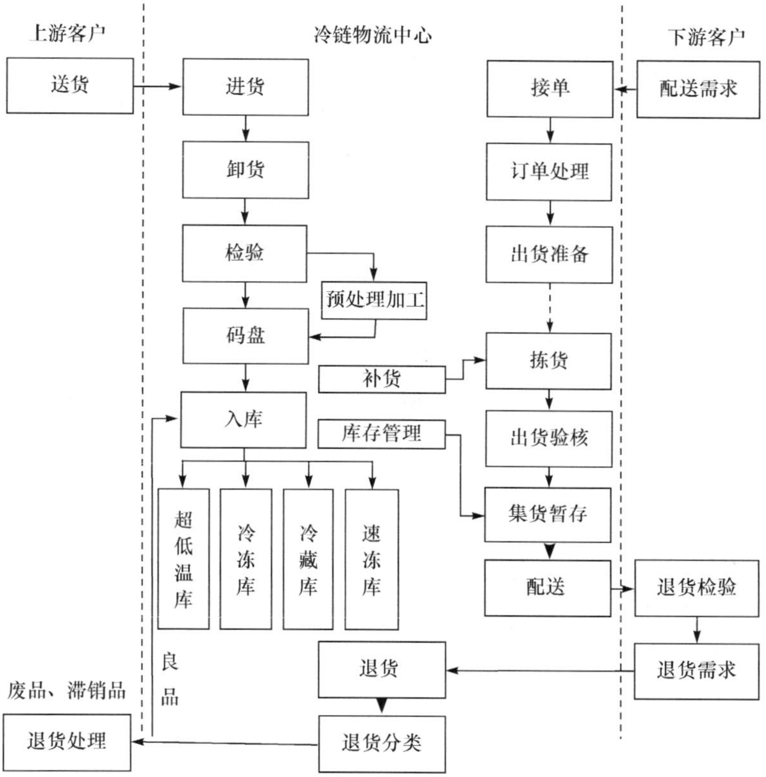

图 6-23 物流中心作业流程图

众客食品的速冻禽肉食品是麦当劳、肯德基等大型快餐业的固定供应商，同时与雨润、金锣、众品、双汇等国内 12 家大中型熟食企业建立了原料供应关系，连续三年产销率保持在 98%以上。为此众客食品制订了专门的冷链服务方案，具体如下：

首先，要选用上好的肉鸡进行原材料加工。

其次，制定严格的运输操作规程。众客食品规定冷藏车装载货物前，必须由专人检查各项设施是否完好，并将车厢内温度预冷到−10℃以下；冷却片肉类运输使用行规悬挂，酮体之间的距离保持在 3～5cm，运输冷冻分割禽肉等冻结商品，厢体内温度保持在−18℃以下。冷却肉类商品厢体内温度应保持在 0～4℃，在运输过程中保持均衡制冷。在卸货过程中，尽量保持车门随开随关。

最后，为全程监控运输车辆厢体温度，冷藏车车厢外部设有能直接观察的测温仪、自动测温仪。测温记录应在货物交接时，提供给接货人员。在配送人员返回之前，检查配送车辆是否存在问题，并及时反馈给相关维修人员，确保其发挥最大的利用价值。

(六) 经验模式与主要成效

为推动解决冷链物流冷库智能化信息管理、全程冷链链条、“最先一公里”、“最后一公里”和“断链”等问题，众客食品制定了一系列针对性措施，实现产品来源可查、去向可追、责任可究，探索形成能在全省复制推广的模式和经验。

冷藏库用于存放在冷冻冷藏情况下没有品质变化的商品，根据存放数量和存放时间收取一定的费用，一般按库位号进行存放。通过控制仓库结构、仓库量、仓库时间和仓库网点，使得企业仓库投资减少，服务水平提高，保证企业有效经营。强化对物资的管理，通过 ABC、保质期、立体库位等手段进行智能化管理，缩短物资流通周期，加速仓库的周转率，实现利润最大化。

该系统主要包括客户管理、仓库管理、资源优化、基本信息维护等四大功能模块。

现以猪肉制品类为例，其可追溯总体技术路线遵循“饲养-屠宰-加工-消费者”这样一条完整供应链。在动物饲养场所通过用装有电子标签的耳标标识每一头牲畜，建立牲畜养殖档案，通过射频掌上电脑将数据汇总至服务器中心；在屠宰场通过称重平台和为生肉佩戴钩型标签记录整个屠宰过程并将各种数据传送至中央服务器；在加工分割肉的工作中，通过标签打印机打印移动类型的条码标识分割肉制品，建立相关的信息追踪系统，以此详细记录分割肉的生产过程及各种数据并汇总到中央服务器；最后在无线网络可通过移动标签或者序列号对肉产品进行查询，以此建立牲畜养殖及肉制品生产、销售全套管理系统。冷库智能化信息管理工艺流程图如图 6-24 所示。

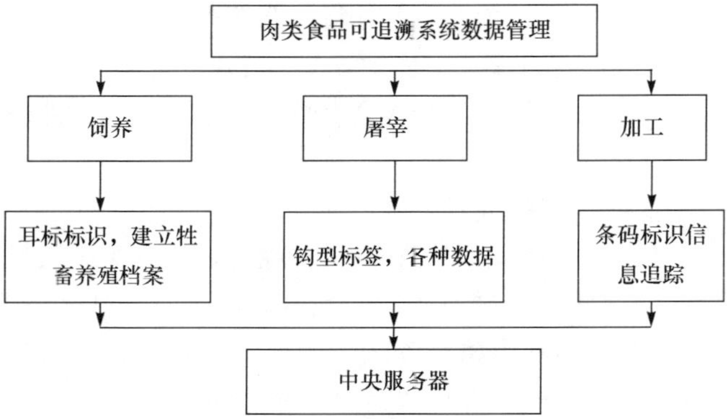

图 6-24　冷库智能化信息管理工艺流程图

目前，众客食品首先在食品包装和冷藏环节进行了第一层保护，为进一步提升运输商品的冷冻性和新鲜性，提高运输效率，采用了以下一些更先进的技术。

(1) 先进的冷却、冷藏技术。在制冷工艺系统采用氟氨结合工艺，降低能耗及提高制冷效率、冷库安全性和库温稳定性的性能突出，电耗可比传统工艺降低30%。

(2) 先进的变温库冷冻技术。变温库温度为−30～−15℃，库温范围广，与恒定−18℃的传统低温库相比，可满足各类商品的特殊贮藏要求，竞争能力强。

(3) 先进的温度控制系统技术。应用 TesTo 全程温度记录仪、温度报警卫星跟踪定位系统，严格监控肉类贮藏、运输、加工、包装等过程的环境温度，全面进行物流调配和产品质量管理，保证产品性能稳定，品质始终如一。

(4) 先进的冷藏运输和配送技术。冷藏运输车辆采用美国开利冷冻机组和德国的专业玻璃钢厢体板片，采用全封闭三明治式结构的高分子复合保温材料；采用多层间隔型高库位的技术方案。

通过上述各项措施，实现了“最先一公里”“最后一公里”良好的生鲜管控，通过全面进行物流调配和产品质量管理，并且采用严格的工作人员管理制度，责任到个人，保证了食品的安全与质量，确保食品在运输过程中不会出现断链的情况。

(七) 点评

作为国内肉禽产业链最完整、综合规模第二大的肉禽生产企业，众客食品以其“益客”、“众客”牌产品和“益客多”调理品及“爱鸭”熟食等禽肉产品畅销全国各主要省区市；其定制化的冷链物流服务使其成为麦当劳、肯德基等大型快餐业所需速冻禽肉食品和双汇等国内 12 家大中型熟食企业所需原料的固定供应商。众客食品为推动解决冷链物流冷库智能化信息管理、全程冷链链条、“最先一公里”、“最后一公里”和“断链”等问题，制定了一系列相对应的措施，可以实现产品来源可查、去向可追、责任可究。

第六节　商贸流通型案例

一、家家悦集团：农超型冷链供应链综合服务商

(一) 企业概况

家家悦集团是以超市连锁为主业，集物流配送、农产品加工、快餐连锁于一体的大型连锁企业集团。家家悦集团按照“发展连锁，物流先行”的战略，自 2000 年开始，累计投资 16 亿元，先后在山东威海、烟台、高密、莱芜等地自建了 3 处常温物流中心、5 处生鲜配送中心及 1 处中央厨房，总仓储配送面积

15 万 m^2，配送车辆近 500 部，日均商品吞吐量 11300t，构建了跨区域、高水准的物流配送网络体系，形成了覆盖全省的物流格局，对区域内连锁门店形成了山东省内 2.5h 配送圈，保证了物流对覆盖门店的高效配送服务。

自 1997 年公司开始在超市内自营生鲜农产品以来，目前所有连锁门店至少 30%以上的面积经营生鲜农产品，生鲜农产品销售占比超过 40%，生鲜农产品已成为公司的核心竞争优势。通过建立农副产品基地，引导订单农业生产，形成了从生产基地→生鲜配送→超市的一条龙产业链，在国内首创“基地+超市”的“农超对接”模式，目前与全国 200 多个合作社及养殖场建立了直接合作关系，超过 80%的生鲜商品都采取了基地直采的模式，农产品年采购规模约 60 亿元。通过多年沉淀的生鲜农产品类管理经验、全程监控的冷链体系、高频物流配送体系、经验丰富的采购团队、全国厂商直采网络、基地合作模式等构建生鲜农产品的领先优势。

(二) 冷链物流标准化发展情况

1. 冷链物流基础设施

家家悦集团各生鲜物流中心除按标准建设冷库等冷链设施以外，还对冷库、冷藏展示柜等冷链设备设施建立了严格的管理制度，并建立了温度监控体系，由专人定时对温度进行检查。每个物流中心都建有检测中心，配备专门的检测设备和人员，建立农产品收货及质量检测标准，产品检测结果利用 LED 屏进行公开，未达到检测标准的农产品无法验收。

为了提高物流的标准化，根据生鲜农产品的特点，公司对生鲜农产品的配送载具实行了标准化，除从荷兰人创办的批发零售连锁公司引进了笼车、托盘外，还自行设计了水果周转筐、蔬菜周转筐、肉禽周转筐等针对不同品类的标准化配送载具，从生产基地到配送中心收货、储存、出货全部采用标准化配送载具，提高了配送效率，降低了农产品的损耗。

2. 冷链物流信息化建设

家家悦集团各冷链物流中心配备了信息平台系统，实现了对商品采购、加工、储存、配送等环节的全程信息化管理，并与门店及总部管理系统对接，对商品的配送过程进行实时管理，与总部、门店之间实现实时数据交换，商品从收货、入库、分拣、出库全程采用射频扫描设备进行处理，实现无纸化作业，在确保低碳工作的同时提高了商品配送效率。目前，各配送中心配备服务器 7 台、计算机终端 110 台、射频终端 300 多台、射频扫描设备 51 台。

目前，生鲜物流中心已投入使用的其他信息系统包括 TMS、生鲜可追溯系统。利用 TMS，物流中心现已实现对车辆调度、车辆定位、行驶时间、车厢温度等环节的实时监控跟踪，保障了商品在运输环节的安全。

2015年，家家悦集团开发使用了生鲜可追溯系统，在商品销售后，可随时查询生鲜农产品的产地、农户等相关信息，保障生鲜农产品的质量可追溯。

3. 冷链物流的预冷及加工能力

目前，已投入运营的山东威海宋村计算机中心、中央厨房，总面积约4万m^2，主要是对水果、蔬菜、肉禽、海产等各类产品进行初加工、深加工，这两处加工中心均建有预冷设施、恒温加工车间、低温仓储设施，采购配置先进的馒头生产线、自动包子生产线、米饭生产线、螺旋升降机、切菜机等各种农产品加工及配套设备，约547台。

4. 全程冷链一体化

家家悦集团建立了农产品从基地→生鲜物流→冷链运输→超市的全程冷链体系，车辆安装保温层及制冷机，冷藏制冷机制冷效果要达到 0℃，冷冻制冷机制冷效果要达到–18℃，全程系统温度监控，全程采用标准化配送，并建立了农产品的可追溯体系，有效降低商品损耗，从源头上保证了商品的品质。农产品的收货、上架、集货、出货进行全程智能化管理，同时对农产品的生产基地及相关信息进行自动记录，在销售环节可查询农产品的产地、农户等相关信息。

(三) 冷链物流创新业务

家家悦集团积极响应国家号召，根据国家相关的产业政策积极推行冷链物流标准化，通过实施标准化载具及运输设施将信息系统与设备设施标准化更好地结合，从物流配送的各环节入手，降低流通环节的成本，提高运输效率。同时，家家悦集团积极推进威海市物流公共服务信息平台，促进信息资源的互联互通、合理配置，提高物流配送系统的效率，配备标准化的信息系统及 GPS、北斗定位系统，降低商品运输过程的损耗，着力打造全国冷链物流标准化标杆企业，具体如下。

1. 加强信息化建设，发展商品可追溯体系

家家悦集团积极发挥企业主体作用、注重产品追溯实效、建立科学推进模式等基本原则，从追溯管理体制、标准体系、信息服务、数据共享交换、互联互通和通查通识、应急管理等方面提出了建设目标。家家悦集团积极引进先进的管理系统，通过关键点管控，提高生产效率，减少商品的损耗。

2. 推行带板运输

家家悦集团推行带板运输，降低成本；提升装卸效率和车辆流转效率；提高仓库及装卸码头的利用率；加快货物流通速度；降低产品破损风险，减少产品损耗。

3. 建立威海市物流公共服务信息平台

家家悦集团在发展过程中一直非常重视信息化建设，按照“物流先行，信息支撑”的原则，坚持以电子商务为平台，以现代化的信息物流为支撑，努力打造

信息化、网络化、高效率、低成本的现代化流通产业。目前，已建立了网络化的信息平台，所有的超市与总部、物流中心等实现了跨区域计算机实时联网，实现了信息流、资金流、物流的跨区域一体化实时运作和无纸化办公，高效的信息网络平台成为支持企业快速发展的重要保障。

为进一步提高城市物流配送服务能力，结合家家悦集团物流配送网络及多年的物流管理经验，积极整合社会资源，打造一个以面向社会的一体化物流服务为特色的物流公共服务信息平台。家家悦集团专门成立云通科技，注册资本金 500 万元，将威海的全部车辆、仓库资源放到该平台上，实现信息的互联互通，参照滴滴打车模式，有效减少了车辆、仓库的闲置，提升了资源使用效率，同时能更好地保证商品的品质。

云通科技对物流平台进行独立管理运营及推广；对接物流运输管理系统，整合自有货源、车源、库源，同时与外部的车源方、库源方签订合作协议，制定准入标准，规定责任划分；引入第三方保险公司机制，对货物安全提供第三方保险服务；组建专业的系统技术、业务管理团队，由专业推广人员进行业务宣传。

(四) 冷链物流标准化实施的效果

家家悦集团具有成熟的物流基础设施建设及运营管理经验，有效地适应集团商品配送的经营规模扩大及满足全省社会化服务的需要，打造从商品采购到物流配送再到门店收货的全程配送标准化，让农民、企业、社会等多方受益，产生了良好的经济效益和社会效益。

1. 带动项目周边农产品基地发展

作为产地型物流集散中心，将带动威海、烟台及青岛周边及全省其他各地农产品基地的发展和升级，进一步发展订单农业，推动基地+物流+超市模式进一步完善，带动 5000 户以上农户实现增收，每年直接或间接带动农产品采购额增加 20 亿元以上。

2. 打造公共服务信息平台标杆项目

云通科技将精准定位聚焦于物流领域，打造精细化全程物流服务；打造高端互联网平台，科学利用(北斗定位系统、温控传感器等)物联网技术，建设国内领先水准物流服务信息平台；积极推广(载具等)行业标准化应用，建立健全物流服务行业标准；提高车辆司机收入，预计年增收 5000 元/人；有效降低商品损耗 20% 以上；带动周边农户扩大种植基地，带动农民每年增收 3000 元。

3. 全程冷链配送标准化，提升市民消费品质

本项目建立了农产品从基地→生鲜物流→车辆运输→超市的全程冷链标准化配送体系，并建立了农产品的可追溯体系，有效降低了商品损耗，从源头上保证了商品的品质。

4. 显著提高经济效益

冷链物流标准化的实施将直接或间接带动就业人口 1200 人,同时带动农产品种植、物流配送、餐饮等配套服务业的发展。通过供应链标准化的实施，卸货效率较原来提高了 90%，拣货效率较原来提升了 20%，差错率下降了 37.5%，损耗率下降了 23%。

5. 注重冷链物流人才培养

家家悦集团重视物流人才培养，定期对员工在物流信息技术、标准化、业务操作等方面进行培训，每年下拨对该项目物流人才培训的经费不低于 120 万元。家家悦集团内部不定期组织技能比赛,对表现优秀的人员进行表彰,并组织外出学习等。

(五) 点评

家家悦集团是以超市连锁为主业，以区域一体化物流为支撑，以发展现代农业生产基地和食品加工产业链为保障，以经营生鲜农产品为特色的全供应链、多业态的综合性零售渠道商。

按照“物流先行，信息支撑”的原则，构建了东西结合、布局合理的配送体系，形成了山东省内 2.5h 配送圈，保证了物流对覆盖门店的高效配送服务。家家悦集团通过建立农副产品基地，引导订单农业生产，形成了从生产基地→生鲜配送→超市的一条龙产业链，在国内首创“基地+超市”的“农超对接”模式，集全程监控的冷链体系、高频物流配送体系、经验丰富的采购团队、全国厂商直采网络、基地合作模式等于一体构建生鲜产品的领先优势。

家家悦集团根据国家相关的产业政策，积极推行冷链物流标准化，通过实施标准化的载具及运输设施，将信息系统与设备设施标准化更好的结合，从物流配送的各环节入手，降低流通环节的成本，提高运输效率。

二、新星集团：鲜度管理模式

(一) 企业基本情况介绍

山东新星集团有限公司(以下简称新星集团)成立于 1990 年 9 月 17 日，注册资本 1.2 亿元，位于山东省淄博市，是一家集分销物流、商品零售、金融服务、餐饮服务、专业市场和电子商务为一体的省级重点企业，现拥有员工 8237 人，直属子公司 33 家，核心经销商突破一万家，销售网点遍布全省、辐射全国。新星集团先后荣获“全国商业百强企业”、“全国 5A 级物流企业”、“国家级服务业标准化示范单位”、“国家级国民经济动员中心”等荣誉称号。

2017 年，新星集团被确定为全国两家党建标准化试点企业之一，积极推进物流标准化成为全国先进典型，通过淄博市首家全国绿色商场评审验收，建成省级企业技术中心，新开办 30 家社区智慧连锁店；在与海尔集团合资 37 亿元开工建设占地 1000 亩的海尔新星物流公路港的基础上，准备再和海尔集团合作，投资建设 5200 亩的“日日顺建陶产业园、海尔 COSMO 建陶产业示范基地”项目，目前已正式签约；在经济发展的新常态下，新星集团实现销售 627916 万元，利润 7000 万元。

多年来，为确保物流畅通和农产品的质量安全，新星集团通过改造冷链基础设施、加强标准化建设、实施电商运营，以及坚持原产地直采、优化农产品销售渠道、完善冷链物流网络等，使生鲜商品从存储、配送到销售等各方面的能力得到全面提升。

(二) 企业标准化、信息化情况介绍

新星集团现有 10000m³的现代化冷库 1 个，该冷库采用先进的装配式结构和加厚内保温层，包括冷冻层(−20～18℃)、冷藏层(−4～4℃)。冷库内货架采用贯通式货架与标准化托盘，便于运输，节约人力、物力。在满足多种商品配送的基础上，确保运输环节的安全性，新星集团购置冷藏配送车辆 8 台，在各销售网点购置终端冷藏冷冻设备 800 余套，完善了冷链的硬件条件。为做好农产品的质量检测工作，新星集团还在农产品配送中心、各生产基地购置配备了农药残留快速检测等设备，对每批农产品进行即时检测，确保了农产品的质量。同时，新星集团采用标准周转筐实现生鲜农产品从基地到门店的不倒筐周转，并把标准化建设与生鲜追溯结合起来，实现生鲜农产品追溯的标准化、电子化。

新星集团在冷库、冰箱、冰柜、冷藏车等冷链储运设备中配备温度自动监测系统，对生鲜农产品储存、运输、销售过程的温度状况进行实时自动监测和记录，可有效防范储存、运输、销售过程中可能发生的影响生鲜农产品质量安全的风险，确保生鲜农产品质量安全，系统由温度传感器、监控主机及相关软件等组成。各温度传感器能够对周边环境温度进行数据的实时采集和传送；监控主机能够对各温度传感器监测的数据进行收集、处理和记录，并具备发生异常情况时的报警管理功能，并对设备开关门状态、地理位置进行采集和上传。系统温度测量设备的最大允许误差符合以下要求：测量在−40～60℃，温度的最大允许误差为±0.5℃。

在满足行业规范的同时，本系统围绕冷链可视化、智慧化，依托物联网和传感器技术，利用 GPRS 网络、GPS 和单片机技术，构建对生鲜农产品的生产、流通、储存、消费全过程进行监控的硬件体系，从而构建适合监管部门、企业和消费者三方的冷链全程 5S(WMS、TMS、LBS、SAFETY、SERVICE)管理系统，其中，LBS 为基于位置服务(Location based service)Safety 为安全，Service 为服务，实现对关键点、风险点、偏差点、瓶颈点的信息化管理和精确化监控，并对数据进行挖掘和整合，进行模式、流程、资源的改造甚至重构，实现提效降耗和价值创造。本系统包括冷链监控硬件、冷链 5S 云平台，手机客户端(冷链卫士 APP)

三部分，不仅稳定、可靠、实用，还具有足够的升级空间；不仅满足当前的需要，还能满足未来冷链全程管理的发展需要。

(三) 冷链业务组织情况

为扩大冷链物流的配送范围，同时缩小配送半径，新星集团大力发展连锁经营，编织跨区域、跨行业、多业态的终端网络。1999 年，新星集团开设了第一个农家店。目前，新星集团共发展各类超市门店 486 家，其中 80%以上的超市是农家店，淄川乡镇、中心村市场覆盖率达 100%。特别是近年来，新星集团借助“农超对接”的发展平台，大力开办“生鲜店中店”，逐步推进生鲜自营全覆盖，以丰富的生鲜果蔬品种、优惠的价格，让居民享受到便利消费、绿色消费和满意消费，为打通城乡冷链物流配送体系，更好地解决生鲜产品“最后一公里”配送难题构建起了一座高架桥。但是，如何在规定的温度环境下把生鲜商品安全、及时、准确地配送到新星集团各连锁门店，让消费者吃上放心的生鲜食品，新星集团开出自己的“药方”。

首先，严格组织架构设置。成立以新星集团总经理为组长，连锁超市负责人为副组长，超市各门店店长为成员的冷链物流全过程质量管理小组，负责指导、监督各单位冷链物流全过程，并本着“有功就奖，有过必罚，奖罚分明”的原则，对出现问题的单位负责人给予问责和处罚。

其次，狠抓基地建设。新星集团着力建设农产品基地，并积极尝试“公司+基地+农户”的经营方式，通过统一管理、统一收购、统一加工、统一销售来保证生鲜商品的质量安全，在为消费者提供“保新鲜、保质量、保方便、保低价”的“四保”绿色食品的同时，有效解决了农户“提着菜篮子找市场”的难题。

再次，流程标准化。新星集团对所有连锁门店实行冷链物流“三统一”管理模式。“统一采购”，由物流配送中心负责，降低采购成本、确保质量安全；“统一配送”，所有生鲜商品由专业配送部门用标准化运输车辆进行配送，目前直营门店配送率达 100%，加盟店配送率达 80%以上；“统一管理”，新星集团对超市的人、财、物实行统一管理，对店容店貌及营业员的仪容着装、岗位职责等统一要求，有效加强了食品安全，提高了物流效率，解决了农村消费的不安全、不经济、不方便等难题。

最后，严控库存管理。各门店提前预估销量，从而有序地进行预售和备货，尽可能避免生鲜商品积压，保障每位消费者买到的都是新鲜的产品。这一方面可以确保新星集团在降低库存持有成本的同时不断货；另一方面可以确保商品更加新鲜。

(四) 冷链从业人员培训计划与实施

新星集团高度重视员工的素质提升工程，通过开展培训、实操等活动，达到提升员工专业水平和技能的目的。新星集团每年举办两次以上冷链物流培训专题会，制定管理技能、通用技能、专业技能等各方面的培训课程，重点对温湿度监测系统的使用方法、偏差和风险，以及形成的标准操作流程进行培训和考核；同时，建立人才引进机制，将优秀的管理人员吸引到新星集团冷链物流管理中心来工作；积极组织员工参与省(市、区)商务主管部门组织的各类专业培训，让员工开阔眼界、增长知识、提高工作实践能力。

(五) 客户服务方案介绍

基于食品安全的冷链物流管理就是围绕食品安全，以供应链管理思想和系统化管理思想为核心，以效率优先为指导原则，在危害分析及关键控制点确定的基础上，通过组织重组和业务流程再造，综合应用现代管理方法、现代信息技术、节能技术、温度监控技术，对冷链食品原材料采购、生产加工、运输配送，一直到上柜销售等供应链各环节进行全程安全管理与监控，实现投入产出比最优、作业质量和效率最佳、作业成本最低的冷链物流管理效果，最终形成连锁门店具有核心竞争力的冷链食品管理优势。

新星集团全过程冷链物流管理流程(图 6-25)：集团从淄博嘉香蔬菜专业合作社、微山县鲁南湖产食品有限公司、山东得利斯食品股份有限公司、潍坊市潍城区高里镇东星村、潍坊市青州市益都镇核桃园村、沂源县南鲁山镇松仙岭村等 50 多个公司或者基地采购蔬菜、水果、鲜肉类、鲜活水产品、部分副食品等，并全部采用冷藏车运输至新星集团物流中心冷库存储，然后由冷藏车配送至新星集团各连锁门店，放入门店冷库存储或者放入冷柜进行展售。不管是冷藏车、物流中心冷库，还是各连锁门店的冷库、冷柜，全部配备了温度传感器。

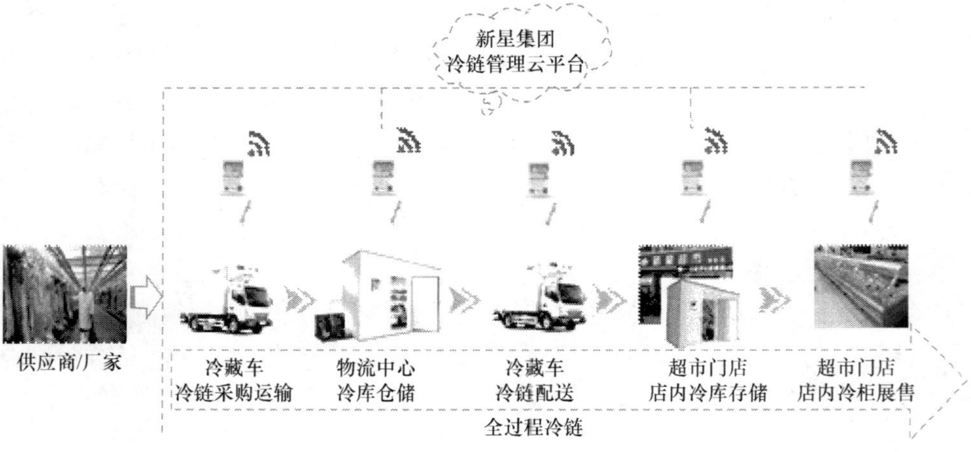

图 6-25　新星集团全过程冷链物流管理流程

其中，安装在冷藏车、保温箱、冷藏箱等冷链运输设备中的温度记录仪负责对运输环节的温度进行监测、收集、记录和传输，同时，移动设备采用 GPS(或LBS)定位功能对运输过程的进度、轨迹、状态进行实时追踪。

安装在库区明显位置或车辆驾驶室的管理主机负责对各监测终端的数据进行收集、记录、暂存和上传，并具备发生异常情况的报警管理功能，异常情况包括但不限于：超温、断电、故障、掉线(断链)，报警的方式包括指定地点的声光报警和远程的短信报警。

安装在冷库、冰箱、冷柜中的温(湿)度记录仪，负责对储存过程的冷链温(湿)度进行采集、记录、传输、现场显示及现场报警。

工作人员利用冷链 5S 云平台、手机客户端即可随时监控、调控生鲜产品存储、运输过程中的温度数据，从而使产品始终处于规定的温度环境中，全程温控的方法实现了冷链食品质量稳定、货源稳定、物流效率最高的效果。

(六) 点评

新星集团通过对企业物流系统的整体优化和不断改进，不仅大大降低了物流成本，而且帮助改善了供货商的生产环境条件，同时全程参与冷链食品供应商的原材料采购供应、加工包装、配送运输等物流活动，快速、高效的协作链条达到保证食品安全、提高效率与效益的目标，以此推动冷链食品产业链的高质量、高效率发展。

信息的处理是物流管理的基本内容，信息化是灵魂，作为企业管理的重要组成部分，在物流系统中被誉为企业的“神经系统”，新星集团的信息系统为企业物流的各环节奠定了基础。

新星集团通过扩大直送比例，鲜度管理模式，严控库存管理，避免生鲜商品积压，降低库存成本的同时不断货，确保商品更加新鲜，同时提高了企业经济效益最大化。

三、雨润集团：用心打造最大农产品冷链物流平台

(一) 企业基本情况介绍

江苏雨润肉食品有限公司是雨润集团旗下子公司，成立于 2010 年 1 月，注册资金 100000 万元，创建了一条从源头到终端的食品安全追溯系统，覆盖种植、饲料、育种、养殖、屠宰、精深加工、冷链贮运、生物制药等各个环节，形成了冷鲜肉、冷冻肉、低温肉制品、高温肉制品等多个大类、上千个品种的全系列产品阵容，拥有三个中国驰名商标(雨润、旺润、哈肉联)和一个中华百年老字号(哈肉联)。

农副产品物流产业是雨润集团依托食品主业，着力发展的支柱产业之一。目前，雨润集团拥有华东地区最大的果品批发电子交易平台(南京)、中部地区最大的肉类油脂交易平台(长沙)、东北最先进的食品物流交易平台(哈尔滨)。以上述平

台为运营实体，以肉制品和副食品、农产品流通为三条物流主线，雨润集团建立了由覆盖整个中国内地的200多家种养、生产加工企业(基地)和5000余家直销点所构建的农副产品物流网络，年流通量约280万t，流通货值约370亿元。

(二) 企业冷链业务标准化、信息化情况介绍

雨润集团通过雨润农产品物流项目,已在全国15个重要物流节点城市进行自营冷库的建设工作，冷库总容量超过100万t，形成了由冷藏库、冷藏车和冷藏柜组成的完整的冷链系统，通过冷链物流和冷链储藏紧密结合的方式，打造具有雨润集团特色的冷链，确保食品新鲜、安全。同时，雨润集团也注重与第三方的合作，整合冷链资源，提高冷链物流响应能力。

雨润集团在国内已经自行采购了400余辆各种型号的全自动控制冷藏车，所有冷藏车辆全部采用进口制冷设备，可以根据产品的需要先行设定温度，保障产品在运输过程中达到恒温标准。同时，为了有效监督送货途中的运行状况，所有冷藏车都安装了行驶温度记录仪，行驶温度记录仪能够实时反馈运输数据，对产品的在途温度控制实行全程监控。同时，在物流ERP系统、车辆GPS的协助下实现冷链物流科学管理和冷藏车辆实时控制，实现全程卫星定位导航和24h 0～4℃自动控温，通过遍布各地的基地网络，坚持300km半径的有效冷链覆盖，实现产地和市场的有效对接，全方位保持产品的安全和新鲜。

雨润集团目前拥有制冷压缩机等29套冷藏设备，52辆低温冷藏车、10辆电动叉车及20辆手动叉车等运输设备，服务器等3301套信息设备，连续包装机等90台套包装设备，3套环保设备，3套消防设备，4套监控设备和14台电梯。

信息系统是整个冷链配送中心的核心。冷链配送中心将建立一套连接上游生产部门和下游客户的冷链信息系统，对冷链上的各环节进行协调和控制，提高配送反应速度。系统还将结合配送数据对资源进行优化整合，提高资源利用效率，降低配送成本。

信息系统按照开放性、可扩展性、安全性、协同性、快速反应、信息集成性、支持远程处理等要求，依据管理制度化、制度流程化、流程表单化、表单计算机化、计算机网络化的原则构筑。系统内部基于内联网，实现采购、仓储、检测、配送、财务等服务一体化实时在线管理。系统外部基于互联网实现与供货商、二级分销市场及销售超市的B2B交易。

(三) 冷链业务组织情况

整个冷链配送中心采用先进的信息系统，以加强与上游生产部门和下游客户的信息整合，确保整个配送过程中各环节之间的协调和统一，提高配送反应速度，同时，中心将引进一系列机械化设备和相应的控制系统，实现自动化操作。在运

营管理上，该配送中心引入雨润集团在冷链配送上的先进管理经验，成立了专门的品技部，负责原辅材料入库、出库质量把关及人员、车辆温度、卫生等的监督，并配置了 25 名品控人员，实施 6S 现场管理和危害分析关键控制点控制，以降低配送成本，保证肉食品在配送过程中的安全和质量。

操作流程：冷链配送中心将建立产品条形码系统，为所有产品标识唯一的条形码，以加强对产品信息的收集，增强对产品的回溯管理。工作人员可以通过手提射频设备在产品入库、出库、盘点时将产品信息收集到 WMS 内，实现无纸化办公，提高数字准确率和工作效率。同时，为加强对车辆的在途冷链控制，冷链配送中心将为所有车辆的冷藏厢内加载温度记录仪，并为车辆安装 GPS，将车辆在途信息全部传送到冷链配送中心的 TMS 内。

配送作业始于信息中心发送的订单环节，终于配送完毕后回访销单环节，中间环节由分单、排线、提货、送货、在途控制、交付、回访、销单、统计核算等系列环节组成。

雨润集团冷链物流系统的建设在国内发展较早，已经形成了一套先进的管理制度和管理理念，该配送中心未来将从雨润集团引进这一套成熟的管理方式，以加强该配送中心的运营管理。雨润集团先后出台了《物流安全管理制度》、《物流车辆冷链操作规范》、《车辆清楚消毒卫生管理制度》、《物流仓储中心管理规定》和《物流从业人员管理制度》、车辆在途管理规定和仓库数字管理规定等，以及质量一票否决制、首问负责制、保密原则等一系列企业经营、管理原则。

(四) 主要服务客户及主要服务内容、服务方案与流程

雨润集团投入资金、人力、物力，建立专业物流团队 200 人，充分利用集团自有及社会物流资源，专门为雨润食品提供运输、仓储、配送、车辆维修、物流咨询一体化、一整套的物流服务。

经过雨润集团物流团队长期的操作运营，目前已形成一套成熟、完整的操作流程，为雨润食品提供优质的物流服务，以保障市场服务。其具体操作流程如图 6-26 所示，物流团队负责安排车辆从生产厂家运输产品到物流中心，经物流中心分拣后，根据线路规划，利用集团自有或社会车辆运输至各城市办事处，办事处收到货物后再次分拣，将产品由安排市配车辆送至客户手中。

物流服务中运输为最主要的内容之一，根据运输资源来源划分，有雨润集团自有车辆及社会车辆两种类型。针对雨润集团自有车辆，集团建立了一套完整的运营管理方案《集团自有车辆管理制度》，其中，包括车辆油耗管理、在途维护管理、内部报修管理、自有车辆外修管理、自有车辆里程管理等内容，对自有车辆相关参数都做了详细的规定。

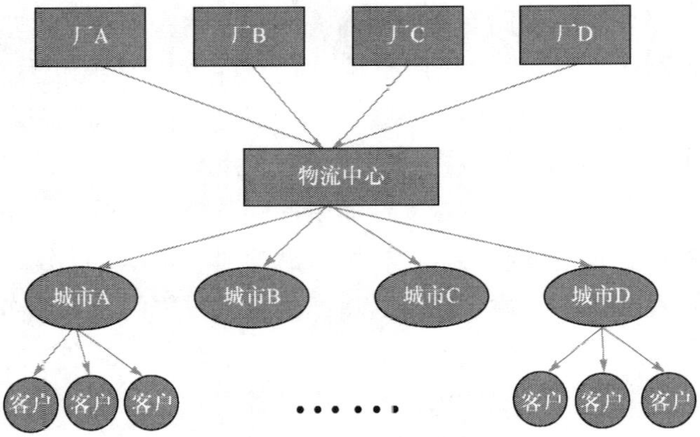

图 6-26　雨润产品具体操作流程

针对自身车辆服务不到位的地方,物流团队还充分利用社会优势资源及车辆,以便为雨润集团更好地提供运输服务。针对社会车辆的管理，公司出台了《集团租运车辆管理制度》，对外租车辆所有人的资质证件及车辆车龄、投保额、使用年限等车辆参数等都做了严格要求。在车辆使用过程中，对车辆证件、车辆操作细节等环节进行明确规定。

根据雨润集团要求，物流服务要实现零库存战略，仓储分拣环节是最能体现这一点的地方，每天从各工厂发来的货，在物流分拣中心及各办事处经入库、分拣、出库、装车等环节，将客户的订单全部发走，实现账实统一，数字 100%正确率，确保无一件库存在仓库内滞留。

雨润集团十分重视信息化管理，早在 2008 年就对自有车辆全面安装 GPS，以帮助管理者更加有效地管理车辆；经雨润集团不断努力，先后上线使用 GPS、WMS、SAP、第四方物流平台、移动 APP 等信息化管理及交流平台。同时，为有效管理外租车辆，雨润集团正与易流科技公司合作，目前正处于试点阶段，计划建立一整套覆盖车辆、冷库等设备完整的信息化管理方案。

(五) 企业经验模式或主要成效

首先，企业能发展出这样优秀的成果，离不开雨润集团领导的长足眼光及战略布局，雨润集团从原来的一家食品厂，发展成一家集食品、物流、商业、旅游、房地产、金融和建设等七大产业于一体的民营企业集团，企业创始人的引领与布局至关重要，同时在集团领导的带领下，由全体雨润人的忘我奋斗，才有了今天公司的成就。

其次，非常重视人才，发展人才战略。引入社会优秀人才为公司谋篇布局，同时，从大学招聘优秀毕业生，让他们从车间做起，掌握公司各环节操作流程，为公司培养中高级管理人才奠定基础。

最后，企业要成功的运营发展，就需要有合理的规章制度保障，公司编制了《基本制度汇编》《行业管理制度汇编》等公司制度，相当于雨润人的行为准则。优秀的公司文化制度可以给员工安全保障，员工可全身心投入到工作中，为公司发展做出更大的贡献。

(六) 点评

雨润集团，以食品产业起家的民营企业。近几年，雨润集团顺应国家发展大势，又重点发展农产品物流产业。目前，雨润集团在成都、西安、沈阳等区域中心的十余个全球采购中心都已开业，形成了规模巨大的物流基地。雨润集团拥有的华东地区最大果品批发电子交易平台(南京)、中部地区最大肉类油脂交易平台(长沙)、东北最先进的食品物流交易平台(哈尔滨)，以肉制品和副食品、农产品流通为三条物流主线，雨润集团建立了由覆盖整个中国内地的 200 多家种养、生产加工企业(基地)和 5000 余家直销点所构建的农副产品物流网络，基本形成了“买全球，卖全球”的贸易格局。

雨润集团通过雨润农产品物流项目,已在全国 15 个重要物流节点城市进行自营冷库的建设工作，冷库总容量超过 100 万 t，集团在国内已经自行采购了 400 余辆各种型号的全自动控制冷藏车，所有冷藏车辆全部采用进口制冷设备，可以根据产品的需要先行设定温度，保障产品在运输过程中达到恒温的标准。同时，在物流 ERP 系统、车辆 GPS 的协助下实现冷链物流科学管理和冷藏车辆实时控制，实现全程卫星定位导航和 24h 0～4℃自动控温，通过遍布各地的基地网络，坚持 300km 半径的有效冷链覆盖，实现产地和市场的有效对接，全方位保持产品的安全和新鲜。

第七节　肉类加工流通型案例

一、喜旺公司：“喜旺模式”迅速发展的关键点

(一) 公司基本情况

烟台市喜旺食品工业发展有限公司(以下简称喜旺公司)成立于 1999 年 8 月，主要从事低温肉制品的研发、加工及销售，注册资本 1500 万元，是全国最大的中式传统酱卤类肉制品生产企业。喜旺公司属于综合型冷链服务企业，在研发技术水平上也得到国家和相关部门的高度认可，被国家五部委授予“国家级企业技术中心”，其科研中心被评为“国家级认可实验室”。同时，喜旺公司承担了国家“十一五”、“十二五”和“十三五”科技支撑计划重大项目、国家星火计划、农业部 948 项目等国家科技项目，申请国家专利数十项，其中两项国家专利转化技

术成果被鉴定为“国际先进”和“国内领先”。基于在肉类行业的先进管理经验，喜旺公司被国家相关部门确立为国家行业法规标准的修定单位。近几年，喜旺公司参与标准制定 14 项，其中，国际标准 1 项，国家标准 9 项，行业标准 4 项。

喜旺公司秉承“振兴民族食品工业，树立喜旺国际品牌”理念，通过不断汲取国内外先进经验，学习行业最前沿创新理念，率先创立了集低温加工、冷链(0～4℃)运输、直营连锁冷柜销售为一体的“喜旺模式”全程冷链。

(二) 标准化、信息化工作情况

喜旺公司肉品冷链物流高度重视冷链业务标准化、信息化建设，通过完善、健全冷链流通标准体系、高标准、严规范的冷链操作管理及全覆盖的冷链流通监管体系，在各方面的工作取得了显著成绩，为企业发展、行业提升起到了引领示范作用。

1. 体系健全、行业领先的冷链流通标准体系

喜旺公司根据国家《食品质量安全管理手册》制定了《喜旺公司冷链要求控制规范》，对全过程各环节涉及的多部门均做出详细规范，围绕《喜旺公司冷链要求控制规范》先后制定了《中式原料采购质量标准》、《西式原料采购质量标准》、《采购物料检验控制程序》、《关键质量问题控制制度》、《产品存放时间规定》、《质量安全监督把关规定》、《车队 GPS 管理制度》、《车辆途中异常情况应急预案》、《车队信息反馈操作规定》、《各地办事处冷藏车发货及到货时间规定》和《散装产品运输、销售、储藏食品安全控制规范》等制度，建立了从原材料采购、贮存、生产加工、产品运输到销售终端整个冷链系统的运行、检查、应急、追溯机制，健全了符合低温肉制品冷链流通要求的管理体系文件，最终形成行业标准，作为指导和规范企业的依据。

2. 标准化、现代化的硬件设施设备应用

喜旺公司实现了冷库、冷藏车辆标准化，并根据生产实际，完成了对叉车、货架、月台等设备设施的标准化改造，逐步形成了相互配套、有机结合、互为支撑的标准化设备设施体系。

(1) 仓储环节。喜旺公司自有冷库占地面积约 2241m^2，总库容量约 2350t，库内温度常年保持低于–18℃，冷库不同方位均配有检测温度的温度探头，实时记录和监测冷库温度；喜旺公司根据生产实际，创新采制标准化垫板和自制标准货架，标准化垫板主要用于储存包装规格统一的原料，自制标准货架用于储存规格不规范统一的猪头等原料，有效解决了公司原料储存的规范性和出入库的效率问题。

(2) 生产环节。喜旺公司斥巨资先后从德国、丹麦、荷兰、奥地利等国家引

进大批先进生产设备(图 6-27)，建立国内一流的全封闭式恒温生产厂房，配备先进的车间温度实时采集系统，保证生产加工各环节全过程始终保持在恒定的温度范围之内；根据工艺需要，统一配备周转车、周转架、周转箱等标准化器具，有效规范了现场产品的流转，极大提高了生产效率。

图 6-27　生产设备

(3) 运输环节。喜旺公司成功研发了“车辆 GPS 温度监控系统”，实时收集、监控各点温度，发现异常及时处理；配备 120 余辆冷藏车，所有车辆标准统一，均为日本庆铃、车厢为中集保温厢、车辆制冷机组为美国冷王，确保物流运输过程中的冷链质量，实现厢式冷藏车在干线和支线配送的无缝覆盖；所有冷藏车均安装了先进的温度监控仪及精密的北斗定位系统，并与易流科技、通行科技等第三方监测平台合作，确保产品运输中的温度达标率、监控率和在线率能达到 100%。

(4) 销售环节。目前喜旺公司全省拥有直营连锁店近 2500 家，全部实现终端冷链销售。所有连锁店均需配备统一标准的冷柜，制冷温度为 0～4℃。

3. 相关案例

在肉类冷链物流方面，喜旺公司率先创立了集冷冻贮存、低温加工、冷链(0～4℃)、直营连锁专柜销售为一体的经营模式。特别是运输环节的温度控制，喜旺公司使用国内最先进的冷王制冷机组，带导流槽的挂式冷藏车能够保证全程 0～4℃温度，在这样的温度条件下，微生物几乎不能繁殖，同时能有效地保留喜旺美食的原有风味与食材营养。为了保证冷链的高效运作，除了先进的冷藏设施和技术外，喜旺公司还成功开发了温度采集系统和自动报警系统，实时手机监控各点温度，发现异常及时处理。喜旺公司以先进的冷链信息系统技术为支撑，通过冷链物流的有效管理建立了全流程的质量控制体系，实现产品从原料到成品的全过程正向可控、逆向可追溯。

(1) 高标准、严规范的冷链操作管理。喜旺公司结合低温肉制品的具体特点，在运输、出入库的温度变化区间和操作时间等环节制定科学、严格、系统的操作管理规范和标准，重点强化仓储、运输及各环节交接过程的温度管控能力。健全现代化企业管理制度，建立完善的内部管理、责任分工及人员培训制度，明确各环节操作人员验收职责，定期对从事低温肉制品冷链流通的工作人员进行培训。

(2) 明确的责任分工。食品安全部负责从原料采购、存储、生产加工、产品运输到销售终端整个冷链系统运行情况的监控、检查和评估，统筹推进冷链系统存在问题的解决；采购部负责对原料供应商的考察、维护及原料采购，确保原料运输过程中的温度可控；仓储部负责对冷库运行情况的实时监控管理，确保原料批次、存储时间、温度可控；生产部负责对加工过程中原料、产品温度进行实时监控管理，确保加工过程中原料与产品的批次、加工时间、卫生、温度可控；车队负责对产品运输过程中的时间、温度控制，确保运输过程中时间、温度可控；销售部负责待售产品的批次、时间、温度及卫生等方面的监控管理，确保产品销售终端各项指标可控；动力部负责冷库和车间温度的实时监控，保障制冷系统的正常运行，保证车间、冷库温度达到标准要求；检测中心负责公司所有温度检测探头的定期校准，出具检测报告。

(3) 制度化的员工生产培训。喜旺公司注重对低温肉制品冷链流通管理方面的培训，所有从事冷链流通环节的工作人员均需进行冷链控制环节的知识和技能培训，经考核合格后，方可持证上岗。人力资源部及职业安全部会统筹制订总的学习方案，从工作人员新入厂的周培训到入厂后的月培训都有明确的培训方案；食品安全部也会有对相关部门人员每年 30 次，总学时不低于 40h 的培训课程；各责任部门内部还会有不定期的自主培训，每月不少于 2 次，特种作业岗位每年进行学习及考试。

4. 高效务、全覆盖的冷链流通监管体系

喜旺公司建立了“车间温度实时采集系统”、“车辆 GPS 温度监控系统”及“冷柜温度实时上传、报警系统”等温度监控预警系统，以此为技术支撑，打造了实时可视化的监控管理平台，建立了全流程的质量控制体系，完善了冷链流通数据采集存储系统，确保数据完整、准确、可查，满足企业内部管理及外部监控需求，实现了产品从原料到成品的全过程正向可控、逆向可追溯。

(1) 冷库温度实时监控系统。冷库温度探头可实时记录和监测冷库温度，当低于设定温度时，制冷系统将报警并自动运行，保证冷库的温度。仓储部每日定期进行温度的实际测量、记录，并与系统温度记录进行核对，确保冷库温度控制准确，保障温度达标率、监控率及在线率能达到 100%。

(2) 车间温度实时采集系统。车间温度实时采集系统可将各车间温度上传至制冷机房、食品安全部，并在系统中保存备查，制冷系统操作人员 24h 不间断关注和监控车间温度是否达标,生产过程中品控人员定时抽查各车间各环节的温度，与各区域显示温度、系统记录温度进行比对，验证温度探头正常测量，确保区域温度达标；食品安全部根据系统反馈，专人负责对系统数据进行分析，实现对车间温度的有效管控。

(3) 车辆 GPS 温度监控系统。物流中心通过车辆温度监控系统对整个物流环节的每辆冷藏车进行温度的实时监控与数据回传，并通过调度中心的显示屏进行展示，出现异常时系统自动报警提醒，由调度人员及时跟进处理和解决。

(4) 冷柜温度实时上传、报警系统。该系统实时收集、监控各点温度，发现异常及时处置。连锁店每天需对冷柜温度拍照上传至公司销售系统，专员负责监测异常数据，保证温度的达标率、冷柜的监控率能达到 100%；办事处周转冷库均安装了温度实时监控系统，实现各地冷库温度的实时监控，当温度超出设定值时，监控系统将报警并自动启动运行，确保冷库温度达标率、监控率和在线率能达到 100%。

(三) 点评

喜旺公司建立了高标准、严规范的冷链操作管理标准体系：喜旺公司肉品冷链物流高度重视冷链业务标准化建设，建立健全高于现行国家及行业标准的操作管理规范，打造了从原料采购、贮存、生产加工、产品运输到销售终端整个冷链系统的运行、检查、应急、追溯机制，并在行业内率先实现了对冷库、冷藏车辆标准化，完成了对叉车、货架、月台等设备设施的标准化改造。

喜旺公司建立了高效率、全覆盖的冷链流通监管体系：通过建立“实时采集系统”、“车辆 GPS 温度监控系统”及“冷柜温度实时上传、报警系统”等温度监控预警系统，打造了实时可视化的监控管理平台，建立了全流程的质量控制体系，实现了产品从原料到成品的全过程正向可控、逆向可追溯。

完善的全员培训和考核机制，严格、科学的关键绩效指标考核指标体系，搭建了喜旺公司优越的人才梯队。在营销模式上通过连锁直营分销系统实现了对分销商、代理商、散货零售点的渠道管控，大大提升了喜旺公司的分销铺市率，从而达到了提升终端销量的目的。

作为肉制品生产加工标准的主导企业，喜旺公司多次参与行业的国家标准制定，走在了行业前沿。在农产品冷链流通标准化示范工作中，喜旺公司一如既往地勇于开拓，认真研究国家物流标准化中长期发展规划，加快完善企业内部冷链流通标准体系，力争“喜旺模式”成为“地方标准”“团队标准”，在农产品冷链流通标准化工作中继续引领行业，走在前列。喜旺公司以“持续改进，满足顾客需求”为质量理念，以高标准的质量管理体系来组织生产，建立起了标准化作业，通过多举措、多手段推动了质量的持续提升。

二、广富公司：鸿安清真食品冷链物流中心

(一) 企业基本情况介绍

山东省阳信广富畜产品有限公司(以下简称广富公司)成立于2002年，注册资本1.3亿元，其“鸿安”牌产品于2007年获得“中国名牌”荣誉称号，是国家行业知名、省内规模最大的集“粮改饲”饲草种植、肉牛饲料研制、高档肉牛繁育、养殖粪污高质化利用、标准化育肥屠宰、精细化分割、牛肉及其副产品熟食深加工、线上线下销售、冷链物流、皮革生产加工及餐饮连锁加盟服务于一体的肉牛全产业链企业。广富公司作为全国守合同重信用单位、山东省农业产业化重点龙头企业、山东省电子商务示范企业和山东省商贸流通先进企业，2017年年度销售收入14.65亿元，净利润1.18亿元。广富公司以全县牛肉产业为基础，已构建“加工基地+冷链物流中心+服务”为特征的现代化肉类产品流通体系和现代化低温冷链配送中心，并配套先进的信息化管理平台和冷链配送系统，实现市场需求和冷链资源之间的高效匹配对接，提高冷链资源综合利用率，形成了完善的以大型牛肉加工企业为主导的“产供销一体化”的综合型自营冷链物流模式，使“最后一公里”配送真正的落地。

(二) 企业冷链业务信息化情况

在现行手工追溯的基础上，与国内软件公司合作，积极建设物联网可追溯体系，实现生产加工和冷链物流中心配送的全过程信息监控，构建“产品+冷链设施+服务”信息平台，实现市场需求和冷链资源之间的高效匹配对接，提高冷链资源综合利用率。通过物流配送管理平台，建立物流订单管理系统、仓储管理系统、分拣配送管理系统、信息分析查询系统。以信息流为载体，实现物流和商流的分离，满足供需双方用户交易需要；通过信息发布系统，多重渠道发布信息，能够及时地将物流及交易信息发布给客户；通过综合管理系统，实现鲜冻牛肉产品配送的人、财、物集成化管理，提高了工作质量和工作效率；通过信息基础平台，建立网络系统的安全架构、网络管理及网络基础设施的建设；通过GPS在线追踪平台，实现对物流运输车辆的全天候追踪管理。

(三) 冷链业务组织、标准化情况

广富公司下设三个国家标准化肉牛养殖基地(图6-28)，总投资1.8亿元，总占地400余亩，按照国家标准和肉牛生活习性合理规划布局，确保肉牛有一个合理的生活环境，以繁育、养殖、育肥鲁西黄牛和渤海黑牛为主，年出栏能力20000余头，是农业部批准的国家级“肉牛标准化示范场”“全国适度规模化母牛养殖示范企业”，也是中国农业大学“十二五科技计划”的研发示范基地。在这里，

鸿安肉牛从牛犊出生到育肥出栏，均按照不同月龄、不同营养需求，采用先进的饲养管理技术给予不同的饲养方式，严格的控制投入品的质量，主要的饲料均来自鸿安种植基地，其生长环境、饮用水等都按照“三品一标”的各项标准严格执行，并实时填写“肉牛养殖档案”，使肉牛的调入调出、饲喂、用药等日常管理有据可查、有源可溯。在精心饲养和严格的管理下，造就了鸿安有机肉牛。

图 6-28　国家标准化肉牛养殖基地实景图

加工物流园区主占地面积 120 余亩，投资 3 亿元，引进德国 BANSS 生产线及荷兰制冷相关配套设备，主要生产“鸿安”牌鲜冻分割牛肉、调理品及熟制品等系列产品。广富公司屠宰的肉牛都来自本公司的养殖基地。在肉牛的运输环节，合理规划车辆运送的密度，确保车辆内的牲畜禽类可以正常活动。车辆在运输前必须进行严格的消毒，防止由车辆不卫生造成动物患病的情况发生。屠宰肉牛前，将其“空养”24h，使其最大限度地完成新陈代谢，并在此期间由专人进行宰前检疫。屠宰车间每天每个班次按照食品卫生有关规定严格消毒，员工按照规定洗手消毒并穿着消毒后的工作服上岗。屠宰过程按照伊斯兰教教规，以“养身益性，清洁卫生，合乎教规”为标准，由阿訇诵经进行屠宰，再经过一系列工序后进入排酸间，使代谢产物最大限度地分解和排出，提高牛肉的营养价值。胴体排酸完成后，将其输送至恒温 10～12℃的分割车间，在严格的产品质量与环境要求下，严格按照国家标准进行部位分割。分割完成后真空封装，包装的环境和材料必须严格按照国家食品安全规定进行；包装完成后对其进行检查，再将产品放置于–35℃的速冻库 36h，使产品中心温度达到–18℃，最大限度地减少产品中微生物生命活动和营养成分发生变化所必需的液态水分，保留食品原有的天然品质。速冻结束后，将产品分门别类地放置于–18℃的冷藏库内，离地、离墙，极度减缓其代谢过程，以保持食品的外观、风味和营养价值。

在运输过程中，必须由冷藏车在低温下进行，根据肉类产品的不同需求自动调节运输车辆的温湿度，更加有效地控制其质量安全；用前需进行消毒，避免交叉感染，并保证充足的制冷量，确保其不会中途制冷中断。搬运装车的过程中配备专业的物流人员和合理的搬运装车设备，以确保搬运过程中包装的完整。车辆必须配有专业的运输人员，应兼具车辆驾驶技能和冷链知识，合理设置其运输路线，控制运输时间，当发生紧急情况时，可以合理地采取解决措施，减少运输过程中的损失。运输车辆应随时与公司保持联系，公司可以通过信息系统控制其运输过程中的各种操作和运输信息，并可以及时合理地处置紧急情况。

鸿安餐饮现已发展成全国性的专业化餐饮连锁机构，拥有直营店 6 家，加盟店 21 家。“民以食为天”，餐饮行业的食品安全直接关系着千万人的生命健康，“鸿安牛肉，安心中国，营养世界”则成为广富公司义不容辞的责任。在餐饮的食品质量安全上，广富公司主要从管理方式和质量管控入手。广富公司秉承“诚信为本，以德兴业”的理念，明确企业的社会责任，推动各方力量积极融入社会监督，并加强对人员的法律法规、食品安全宣传及培训，着重强调员工职业道德；餐饮公司所有肉类原料产品集中采购，统一配发，中央厨房对其他原辅料及其供应商设定严格的评价、遴选制度，对辅料索证索票、检验、记录、制作、销售等每个环节，都要层层把关。鸿安冷链物流中心专业厢式货车保证鸿安牛肉及其原辅料、半成品无周转环节贮运，屏蔽了渠道感染的可能，提高了食品的保鲜度，确保了品质安全；建立统一的《餐饮服务食品安全操作规范》，统一加工制作标准，建立规范的餐饮具、工器具清洁和消毒等制度，控制食品加工操作这一餐饮服务环节中的风险点。

目前，广富公司与中国农业大学、山东农业大学等高等院校或科研院所建立了广泛的产学研关系，在冷链物流基地建立了质量安全控制功能实验室 800 多平方米，并购进了原子吸收分光光度计、液相色谱仪等实验及检测设备 20 多台(套)，具备了关键性指标检测技术和能力，从原辅料到生产，从入库冷藏到出库运输，环环把控，直至将安全、健康的产品送至客户。

(四) 近期冷链业务从业人员的培训计划与实施情况

广富公司着力提升冷链物流从业人员专业知识和业务技能，安排具有一定专业基础和冷链物流管理经验的从业人员外出学习、考察，切实提高物流从业人员的知识结构和实际操作水平，使其成为既熟悉物流管理技术，又懂储存、运输、装卸等方面专业的操作手段，更能够掌握生鲜农产品的供应链流程、熟练运用电子商务技术和信息技术系统，借助科技手段提高物流工作水平的冷链物流人才。

(五) 点评

广富公司，主营产品是“鸿安”牌鲜冻分割牛肉系列产品，是一家集专业化饲草种植，标准化肉牛养殖、屠宰，精细化分割加工，多元化批发、电商与专营店销售，连锁加盟餐饮服务，冷链物流，皮革加工于一体的产业化综合性集团企业；广富公司以其优质的品质和独特的伊斯兰文化，近年来先后被评为山东名牌产品、中国名牌产品、山东省清真食品行业十大品牌和中国绿色食品；广富公司遵循“民族信仰，诚信经营，食品安全”的宗旨，始终致力于打造“客户满意，肉品安全，价格合理，物流快捷，品牌服务”的良心道德型食品全链条安全企业。

三、德州扒鸡：全程冷链 安全直供

(一) 企业基本情况

山东德州扒鸡股份有限公司(以下简称德州扒鸡)于 2010 年 8 月由山东德州扒鸡集团有限公司发起设立，是一家以生产经营德州扒鸡为主的企业，主要产品有德州扒鸡及其系列绿色产品、系列肉蛋制品等 6 大类 50 多个品种。“德州”牌商标被认定为“中国驰名商标”，产品通过了中国绿色食品发展中心认证、ISO 9001 质量管理体系认证、ISO 22000 食品安全管理体系认证和 HACCP 质量安全体系认证。以本公司为主起草的《扒鸡》行业标准(SB/T 10611)宣布实施。

(二) 企业冷链物流建设情况

德州扒鸡坚持“扒鸡每日送，新鲜每一天”的销售理念，自购多辆冷藏运输车，配备进口制冷机组，建立起完善的全程冷链配送体系。所有自运车辆都安装 GPS，对在途车辆调度达到实时化操作，保障了产品由储存仓库到全国销售终端的全程冷链。并在各销售终端第一时间置于冷藏柜中进行销售，实现全面鲜度管理，保障了产品的色香味形俱佳。另外，车队每天都要对冷藏车进行清洗，确保运输过程无污染。本公司以连锁店、超市店中店为主渠道，每日为消费者提供正宗、新鲜、绿色的“德州”牌扒鸡。

同时，德州扒鸡所有连锁、专柜的店面操作严格执行公司规范。部分店面配制消毒柜，根据不同材质的工器具采取不同形式的消毒方式，确保工器具卫生、减少微生物，连锁店营业员着装规范，要求每个营业员必须佩戴帽子、口罩、头花避免异物落入产品。所有产品到达连锁店后必须 30min 内上柜冷藏，禁止违规常温销售。

正是在这种完善的全程冷链物流运输和严格的卫生管控体系之下(图 6-29)，德州扒鸡最大限度上保证了产品的新鲜度，也保证了产品的质量，让广大消费者真正享受到安全、新鲜的扒鸡食品。

1. 产品的透明化运输

从 2017 年年初至今，我公司新改建 12 个可升降式月台，以便实现对标准化托盘的带托搬运；新购进 5 辆标准化冷藏车，以便实现对标准化托盘的带托运输；

图 6-29　配送体系

新购进 7 辆手动叉车、5 辆电动托盘车、4 辆平衡重叉车，新租用标准化托盘 350 个，以便旺季时带托运输减轻运输压力；德州扒鸡与深圳市易流科技有限公司合作，接受其专业的运输过程透明管理，从开始的 26 辆车安装温度监控定位仪到目前的 31 辆冷藏车安装其专业的设备，公司的运输过程管理逐渐加强，正在逐步实现运输过程的透明化。

2. 温度动态追踪

在产品装车前，驾驶员需提前 10min 打开车辆制冷机为车厢预冷，当车厢内温度达到 15℃以下时才可装车；为保证扒鸡品质，在运输过程中车厢内温度要始终保持在 15℃以下，通过易流终端可实时监控车厢内温度，并观察温度变化曲线。

3. 行驶轨迹追踪

为确保运输过程中的安全性和及时性，在车辆行驶过程中，通过易流监控平台管理者可实时监控车辆位置，并查看车辆行驶轨迹，观察车辆到达客户门店的时间，送货是否及时。

4. 开门异常报警

通过易流监控平台，查看送货过程中车门开关情况，车门的频繁开关会引起车厢内温度上升。德州扒鸡每条配送线路每天配送的客户门店是比较固定的，除到达门店之后开关车门，其余的开关车门次数应该被严格控制。

5. 油量查询功能

通过安装电容油尺，在易流监控平台上可实时监控到每个车辆的耗油量，查看运输过程中油耗是否存在异常。

(三) 冷链物流作业流程

(1) 作业流程简易图，见图 6-30。

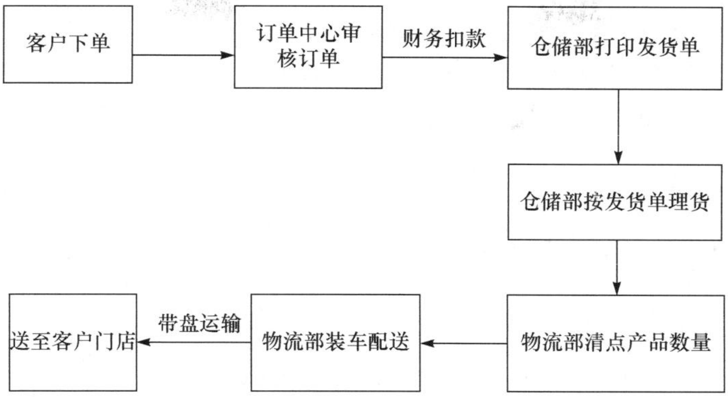

图 6-30　作业流程简易图

(2) 物流发货流程。目前，物流部有 23 条配送线路，配送网络覆盖山东、北京、天津、石家庄、衡水等地区。德州扒鸡按照每个配送线路距离长短安排不同的发货时间，仓储部在每条配送线路出车前 1h 根据发货单理货到相应线路货位。理货完毕后，物流部根据发货单清点产品数量，核对无误后在发货单上签字确认，然后装车并按规定的出厂时间出厂，及时将产品送至客户门店。

(四) 点评

德州扒鸡以“全程冷链+安全直供”的模式实现了“扒鸡每日送，新鲜每一天”的目标，建立了完善的冷链配送体系，通过 GPS 定位、温度报警、温度动态追踪、行驶轨迹追踪、门异常报警和油量查询等手段，实现了冷链透明化，保障了产品由储存仓库到全国销售终端的全程冷链。

德州扒鸡重视冷链物流的运行管理，制定了严格的管控体系，建立了合理的冷链物流作业流程，成立了冷链项目领导小组，制定了完善的冷链数据管理制度、财务管理制度，完善的制度和流程为冷链物流的正常有序运行提供了保障。

四、郓城华宝：冷链品控 人才先行

(一) 企业基本情况介绍

山东郓城华宝食品有限公司(以下简称公司)是一家集生猪屠宰、肉品深加工、冻品储备交易、农产品检测、冷链物流配送为一体的大型食品企业，系山东农业大学教学科研基地、山东省农业产业化重点龙头企业、全国就业扶贫基地。公司成立于 2010 年，注册资金 6000 万元，是国家 A 级定点屠宰场，坐落于郓城县工业园区，占地 61213m^2，项目总投资 1.85 亿元，年屠宰加工生猪 100 万头，是鲁西南规模最大、设备最先进的生猪屠宰加工企业。

公司通过建设低温冷藏库、冷藏车等仓储配送设施，以及现代化信息交易平台和肉类检测设备，打造了集猪肉生鲜产品及副产品的包装、仓储、装卸、搬运、配送、销售为一体的一条龙服务的综合性企业。

(二) 企业标准化、信息化情况介绍

公司在国家政策的支持下现已实现冷链物流标准化作业，公司现有冷藏车 38 辆、冷柜 31 台、标准化冷库容量 11680m³。

1. 标准化建设情况

(1) 在管理体系中设施管理、设备操作流程规范、温度监测要求、安全使用准则、故障预警管理等制度在 2016 年前标准化制度管理文件有 1 套，2017 年新增或修定标准化管理文件 3 套，2017 年已制定标准化管理文件包括各种标准表格 4 份。

(2) 公司将 2016 年前的 1680m² 冷库按《冷库管理规范》(GB/T 30134—2013)进行了升级改造，2016～2017 年已建设的 2680m² 冷库完全按标准建设。

(3) 公司将 2016 年前的 3 辆冷藏车按《道路运输易腐食品与生物制品 冷藏车要求及试验方法》(GB 29753—2013)相关要求进行了改造，2016～2017 年新增的 35 辆冷藏车完全是购置的标准化冷藏车。

(4) 包括 2016 年公司的 5 个冷柜和 2016～2017 年新增的 26 个冷柜都完全符合《商用冷柜 第 2 部分：分类、要求和试验条件》(SBT 10794.2—2012)相关要求。2016～2017 年新增标准化冷柜数量是 26 台。

(5)2016～2017 年公司升级改造封闭式月台共计 510m²，并配备了电动月台调节板、车辆尾门防撞设置，同时公司增加托盘 2000 个、周转筐 10000 个、堆垛车 2 台、叉车 2 台、货架 500 个。

2. 信息化建设情况

(1) 公司 2016 年前原有冷库监控设备 3 套，2016～2017 年新增冷库监控设备 15 套。

(2) 公司 2016 年前原有冷藏车监控设备 3 套，2016～2017 年新增冷藏车监控设备 38 套。

(3) 公司 2016 年前原有冷柜监控设备 0 套，2016～2017 年新增冷柜监控设备 31 套。

(4) 公司与省级平台对接接口已于 2016 年 6 月 14 日开发完成，并且冷藏车、冷库和冷柜已开始上传数据。

(5) 公司就温控系统、仓库管理系统、运输管理系统、订单管理系统、供应链管理系统、电子订单系统等六大信息系统进行了改造和升级，以更适应企业的运营。

(三) 冷链业务组织情况

随着现代物流和供应链管理的发展，传统的管理指标已不再是衡量物流企业的标准，要适应市场的变化，适应少批量、多品种、周转快的商品技术参数的要求，目前公司引用先进的管理技术，特别是在管理上体现出更深层次的服务，减少人为性、随意性，为商户提供一个良好的物流平台。本工程的物流信息系统采用当前国内专门用于物流园区(含专业市场、物流中心)的大型综合物流管理系统，系统利用基于互联网的网络平台，不受地域、时间的限制，将物流的人工管理完全转变为信息化的管理，以物流业务为主线，实现了对物流操作全过程的管理及跟踪，包括接计划、接单、调度、装卸、出入库跟踪、回单、代收款、结算和质控等功能，同时提供完善的单据报表，采用严格的权限控制，从而保证了物流操作的严格、有序、高效。

在经营中建立了保障制度，提高了服务质量。始终坚持做到“四个安全”，即切实保证经营户和消费者的人身安全、货物安全、车辆安全、钱财安全，实行统一调度、统一结账付款、统一装卸服务。

为保障万吨猪肉冷链物流工作顺利开展,公司不断加强管理力度和综合水平，确保冷链物流全程监控，无断链情况出现，公司成立了以董事长和总经理为核心成员的万吨猪肉冷链物流监督领导小组，并明确了监督领导小组的职责。监督领导小组主要职责如下：负责冷链业务运作过程中的一切决策事物；负责冷链业务工作目标的监督检查；负责冷链业务运作全过程的组织管理、财务管理、监督管理工作。

另外，公司始终坚持打造百姓舌尖上的放心产品，在获得群众赞扬的同时也在不断严格管控自身，不断完善公司品控管理。

公司在原有品控部的基础上不断建立健全管理范围，在冷链业务运作过程中，品控监管覆盖到各节点，从产品入库前的瘦肉精、寄生虫等全方位检测，到储存周期监控、储存环境监控、出库产品检测，再到运输环境监控、销售环境监控、在销产品抽检等。公司还建立了严格的问责机制，在冷链业务中实行谁入库谁负责、谁监管谁负责、谁出库谁负责、谁运输谁负责、谁销售谁负责，公司根据建立的可追溯系统，严格管控各环节，哪个环节出现问题，哪个环节负责人负责制。

(四) 近期冷链从业人员培训计划与实施

公司自成立至今一直注重人才的培养，目前公司作为一家处于高速发展期的企业，现有人才的缺口及后备人才的储备问题是迫不及待的，员工新老交替、逐步成熟和完善是公司的必经阶段，公司实行传帮带的战略思路，让老员工走出去，让新员工走进来，公司定期组织业务骨干外出学习，回来后将所学到的先进技术经验，手把手地传授给新员工，以星火燎原之势，迅速传播先进技艺。同时，公司还不断邀请行业专家到场传授经验，让全体员工上下齐心，实行共同标准，打造健康品牌。

1. 培训目标

实现公司发展与个人成长双赢；提高员工的工作绩效和业务技能；培养员工的冷链物流学习意识，转换思路，逐步改变“要我学”为“我要学”；把培训塑造成一种企业文化。

2. 培训指导

(1) 力求培训形式多样化，激发员工的学习兴趣，在学习中找到快乐，在快乐中提升自我。

(2) 部门经理是培训的主角，部门培训是部门经理日常工作的重要内容之一，必要时在部门经理的岗位职责中加以规定，并纳入绩效考核。

(3) 部门经理充当培训师，利用自身经验优势和业务特长，传授部门员工技术经验，提高部门整体业务水平。部门经理作为培训师不是要看他们讲得好不好，更重要的是要在企业提倡、培养这种意识和氛围，让传帮带成为企业文化的一部分。

(4) 采用多种激励方式，积极引导各级员工投入到学习的热潮中，为创建学习型组织打下坚实基础。

3. 培训准则

(1) 以公司的发展战略为导向，与公司业务发展方向、年度经营目标保持一致，与公司发展实力、经济基础相结合，确保培训质量，降低培训成本。

(2) 全员培训与重点培养相结合，缺什么就培训什么，提高培训内容的针对性。

(3) 理论与实践相结合、组织培训与自我学习相结合，采用多种培训方式。

(4) 以培训调查为依据，充分听取各层领导的意见，力求培训符合生产发展需求，满足员工的需要。

4. 培训效果评估

为确保员工全身心投入培训，提高培训的有效性，公司可推行“有培必考”制度，每次培训针对培训内容设题让参培人员作答，并将答题成绩记入个人培训档案，作为员工考核依据。

(五) 重点客户服务方案介绍

1. 公司简介

公司冷链物流中心位于山东省菏泽市郓城县工业园区，总占地面积20亩。厂区平整、基础设施齐全、交通便利、地理位置优越，公司为客户提供覆盖整个供应链的一站式服务，以点对点专业方案及“传送承诺”的服务方针为客户解除所有物流方面的烦忧。

2. 公司业务主要流程

自营生产车间冷链产品和客户产品，经过统一质量检测进入公司冷库，再通过公司信息平台对外发布销售信息，接到采购客户订单后由冷链配送车运送到各经销商、商超、餐饮、自营肉庄(集批发零售于一体的功能性门店)、终端连锁店等(图 6-31)。

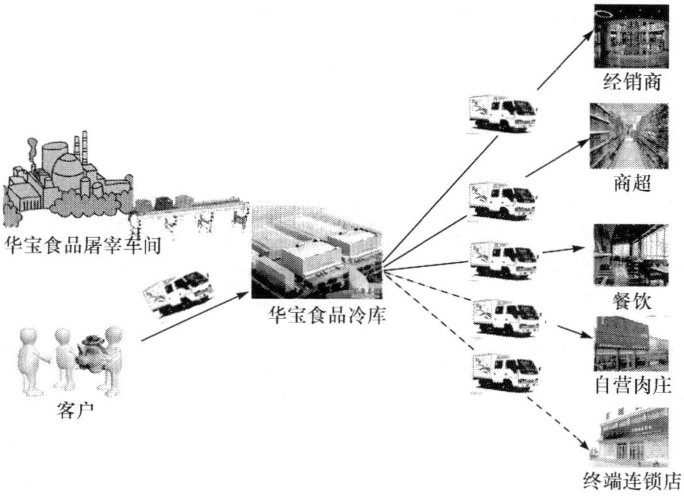

图 6-31 客户服务方案

3. 公司冷链业务合作模式

运营模式：运营中分工很明确，首先在以公司屠宰经营为中心的基础上，满足自身冷链需求；其次公司作为第三方物流商，主要负责仓储管理与配送作业，然后进行贸易业务。

配送模式：按单配送，只要客户下了订单，公司就会每天配送。在对产品的需求上，由于终端客户(零售商)需求量的大小不同，形成了配送过程中大小车配送模式。

(六) 经验模式与成效

自 2010 年以来，冷鲜肉店在全国如星火燎原之势迅速开展，当时相对落后的我市也如雨后春笋般大街小巷随处可见冷鲜肉的招牌，随着人民对食品安全的意识越来越强，不少冷鲜肉卖家都打起了排酸肉、全程冷链、安全放心的广告语。2015 年，公司开设了首家专卖店，开设前公司安排专人走访市场，考察学习相关企业运作模式时发现，绝大部分的专卖店喊出的全程冷链并非其意。通常冷鲜肉店的供应商基本上都是通过冷藏车配送到店(供应商是否做到无断链暂且不去考究，部分冷鲜肉店存在采取普通车辆自提货品情况)，往往冷藏车配送到店后，店主基本上都是将货品直接堆放到地上，短则几个小时，长则半天到一天，最后销售到客户手中的肉品脱离冷链已经很久，根本就不能再称为全程冷链。通常在日常经营中冷鲜肉店为了节约成本或是因为店面空间有限，所配备的制冷设施基本上是一台冰箱，一台保鲜柜，往往当天所进货品都大于冷藏量，所以造成所到货品只能堆放在外。

为了解决这一问题，公司不断探索新模式，2016 年，公司首家华宝肉庄开业。肉庄可能在众人眼中只是个普通的店铺名字，然而这是公司探索出的新模式，华宝肉庄均设立在各连锁店中心位置，表面上华宝肉庄只是比普通的连锁店大了许多，其实每个华宝肉庄都设置了可容纳至少 3t 货品的冷库，同时配备皮条轨道、小型冷藏车等。华宝肉庄建立之后，公司要求每个终端连锁店单次进货量不得大于店内冷藏储量，同时要求华宝肉庄备好周边连锁店常售货品，周边连锁店在销售过程中随时向华宝肉庄下达需求订单，然后通过华宝肉庄的小型冷藏车以最短的时间配送到连锁店。

在冷链业务中，华宝肉庄除了担当正常经营销售的功能外，还作为连锁店的中转站，华宝肉庄随时配备周边连锁店销售所需商品，在经营过程中通过小型冷藏车随时为连锁店补充缺货，这样首先可以避免连锁店因存储空间有限造成的断链情况，其次可以避免大型冷藏车多次长距离送货的浪费情况，另外小型冷藏车还可以直接面向客户配送，这样还解决了“最后一公里”冷链断链问题。

目前，公司在连锁店开设 32 家基础下开设华宝肉庄 2 家，已基本满足连锁店服务需求，未来公司仍计划设立连锁店 500 家，配套服务华宝肉庄 50 家，届时可让更多人吃上全程冷链，无缝衔接的安全、放心、健康猪肉。

(七) 点评

公司严格按照相关标准建立冷链设施设备和管理制度，已实现冷链物流标准化作业；建立了先进的物流信息管理系统，实现了物流操作的严格、有序、高效。公司在冷链标准化、信息化方面走在了同类企业的前面，为企业冷链物流的运行提供了有力保障。

公司注重科学化的冷链业务组织管理，对入库、储存、出库、运输、销售等节点进行全面的品控监管，并实行严格的问责机制，有利于安全责任事故的降低。公司不断探索创新模式，通过开设肉庄，配备小型冷库、冷藏车，实现冷鲜肉的连锁经营与冷链配送，解决了“最后一公里”冷链断链问题。

公司注重人才培养和人才梯队建设，充分发挥老员工的作用，通过传帮带作用使新员工迅速成长；建立了完善的培训制度与实施方案，保证了冷链从业人员的培训效果。

第八节　冷链国际化进出口型案例

一、海派冷链：高效冷链物流服务体系标杆企业

(一) 企业基本情况介绍

山东海派冷链物流有限公司(以下简称公司)成立于2011年8月，占地面积108亩，坐落于山东省日照市东港区两城镇工业园内，公司注册资金2000万元，拥有20万 m^3 的冷链仓储设施。公司主要为从事集冷链物流、水产品冷冻、冷藏、加工、销售于一体的综合性生产服务行业。

2013年，公司申请并通过山东检验检疫局备案的进口水产品存储库，成为日照地区最大的进口水产品备案库；2016年，公司抢抓日照市实施“开放活市”战略机遇，主动配合中澳自贸区建设，按照国家商检局的规划设计标准，建设中澳自贸区商检查验仓储一体化平台项目；积极参与“进口肉制品指定口岸”的申报工作，成为日照港石臼港区肉制品指定口岸的配套冷链设施。

2017年度公司销售收入为5000万元，净利润为500万元。公司冷链物流的服务对象为进口水产品、进口肉类、冰鲜水产、水果等需要查验、报检、加工、配送、储存的客户及零散客户。

(二) 企业标准化、信息化情况介绍

标准化建设：制定企业冷链物流及冷库管理标准化管理体系，对1个封闭式交接通道、2个封闭式月台进行标准化改造，升级12套月台调节板、保温电动气囊门、风幕、月台车辆尾门防撞设施，制冷设备2套，保温装置1套，新增标准化货架6000个，标准化叉车5台(图6-32)。

图6-32　标准化叉车

信息化建设：对现有低温冷库和恒温储藏库进行信息化装备和改造，冷库温

度管理系统2套，针对冷库安装温度传感器及温度记录仪22套，冷库管理追溯系统1套，冷库在线监控系统1套，冷链物流信息化管理系统1套，服务器及储存设备1套，电子自动化计量系统1套。

公司建有不同温度的独立库房22个，库容量约20万m^3，其中0～5℃恒温库3个、−22℃低温库13个、−33℃速冻库5个、常温库1个，可满足各类产品对温度的需求；平台采用计算机温度数控仪进行温度监控，保证24h实时监控，满足各类货物不同的温度需求；加大条码、智能标签、无线射频识别等自动识别技术的应用力度，实现商品来源可追溯、去向可查证、流程可跟踪、动态可视化。

公司制定企业冷链物流及冷库管理标准体系，对1个封闭式交接通道、2个封闭式月台进行标准化建设及改造。封闭式交接通道、封闭式月台内安装制冷系统，温度保持在4～8℃，保证满足货物在查验、等待入库期间的温度要求；月台装卸口周围安装标准化车辆防撞设施，保证了货车与月台之间的有效距离；装卸口安装保温气囊门与月台高度调节板，设备更加的标准化；公司共有标准化货架7000个，标准化托盘6000个、标准化叉车10台。

(三) 冷链业务操作流程情况

1. 冷藏集装箱航运途径监控

通过航运公司和集装箱公司的网站，及时掌握肉类集装箱航运途中的相关信息，并视具体情况采取对应措施。到港后，通过车载GPS和路途监控系统与日照港信息中心平台对接，实时监控冷藏集装箱车辆运输情况，保证冷藏箱始终处于可控状态。

2. 受理报检

进口肉类收货人或其代理人在货物进境前或进境时至联检大楼办事大厅办理报检手续。

(1) 单证的审核与核销。核对检疫许可证信息，确认检疫许可证真实有效，并及时登录核销系统进行核销。

(2) 卫生证书的审核。核对官方卫生证书原件的格式、内容、印章及签名；确认卫生证书上的收货人、贸易合同的签约方应与检疫许可证上的申请单位一致；进口的肉类品种、输出国家(地区)、境外生产企业应列入最新公布的肉类检验检疫准入名单，并允许其进口。

(3) 其他报检资料的审核。

3. 非介入式快速查验通道普查

所有冷藏集装箱均通过日照口岸集中查验中心的非介入式快速查验通道，逐一通过FS 6000集装箱快速查验系统、自动数显计重系统、集装箱通道式快速消毒系统、放射性检测系统，分别进行货物查验、称重、箱体消毒、放射性检测的检验工作。相关视频及数据信息将通过信息中心传递至查验现场，一线工作人员根据上述信息进行判定，并决定后续开箱及掏箱查验工作内容。

4. 现场查验

(1) 集装箱运输过程监控。从集中查验中心运往冷链查验场的冷藏集装箱，通过车载 GPS 和路途监控系统对接日照港信息中心，实施车辆的全程监控，一旦发现行驶路线、运行时间等情况出现异常，系统将发出警报提醒，并第一时间发送异常情况报告至监管人员的移动执∈法端，查验人员第一时间到现场进行处置。

(2) 运输设备查验。检查集装箱和封识是否完好，集装箱号、封识号是否与官方卫生证书所列一致；检查集装箱的温度记录装置是否正常工作，所显示温度是否符合要求。

(3) 批批实施现场查验，100%开箱。当进行全部卸货检查时，应随机选择感官检查点，确保检查到箱内及卫生证书标注的所有注册厂、所有品种的货物。注意检查集装箱的温度记录装置是否正常工作。

(4) 核对货、数(重)量、输出国家或地区、生产加工企业名称和注册号、包装、集装箱号、封识等是否相符；检查有无更换包装、瞒报和漏报等其他情况。

(5) 内、外包装查验。检查外包装是否清洁、坚固、干燥、无霉、无异味，外包装上必须有明显的中英文标识，标识内容应符合工作手册要求。使用的包装材料应无毒、无害，符合食品用包装材料的卫生要求，纸箱不得使用铁钉和铁卡。

(6) 感官抽查。在进行感官查验时，随机选择感官检查点。

(7) 规格检验。检验货物品种、规格等项目是否与卫生证书、合同、装箱单等报检资料相符；检查包装外标识是否与内容物一致。

(8) 现场查验记录。检验检疫人员应在冷链查验场施检，双人上岗，并在“进口肉类检验检疫原始记录单”中如实记录现场查验过程、查验内容和查验中发现的问题。

(9) 防疫消毒处理。在检验检疫机构的监督下，对装载容器、铺垫材料、场地、工器具、产品外包装等实施防疫消毒处理。

5. 采样送实验室检测及留样

根据国家质检总局、山东出入境检验检疫局(省局)发布的专项检测和风险监测任务、省局进口食品风险管理平台及 E-CIQ 系统的布控，并结合警示通报、风险预警信息等内容，确定抽样检验批次、抽样数量及检测项目。

抽样过程应符合进口肉类工作手册的操作规范要求，保证样品的卫生，并尽快送往实验室检验。

保证足够留样以备复查，并按照留样管理制度保管，见图 6-33。

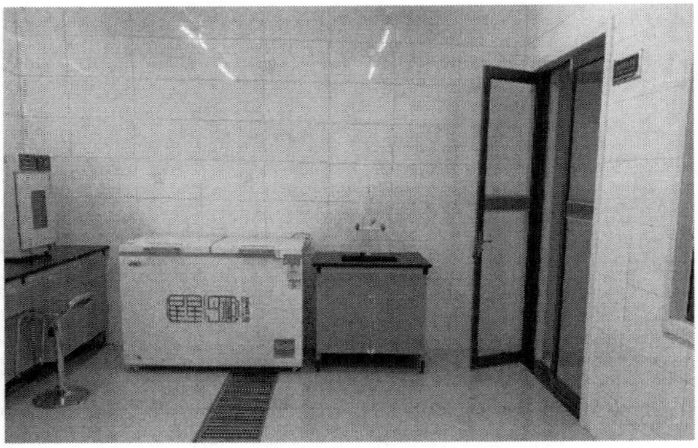

图 6-33　采样化验室

6. 检疫放行、出证，不合格情况处理、召回

(1) 合格产品出证放行。经检验检疫合格的，签发“入境货物检验检疫证明”，准予生产、加工、销售、使用。

(2) 不合格产品处理。经检验检疫不合格的，签发《检验检疫处理通知书》，按照不合格处置方案进行后续处理。

(3) 信息上报。检出不合格的，按照进口食品、化妆品检验检疫风险信息上报的规定，及时填报“进出口食品安全风险信息表”并上报相关资料，同时录入预警系统上报。需对外索赔的，视情况出具《兽医卫生证书》或《检验证书》。

(四) 点评

公司主要是从事集冷链物流、水产品冷冻、冷藏、加工销售于一体的综合性生产服务行业，是具有高效冷链物流服务体系的全省标杆企业。

一是该公司拥有 20 万 m^3的高标准冷链仓储设施，月台全部封闭式管理，具有较强的冷链仓储能力；二是公司的物流信息化程度高，对现有低温冷库和恒温储藏库进行信息化装备和改造，搭建了冷库温度管理系统、冷库管理追溯系统、冷库在线监控系统和冷链物流信息化管理系统；三是公司管理运营的标准化程度高，公司制定了企业冷链物流及冷库管理标准化管理体系。

二、美佳集团：品质保障 细节制胜

(一) 企业的基本情况介绍

山东美佳集团有限公司(以下简称美佳集团)于 2001 年成立于山东日照，在仓储冷链物流方面拥有领先的地位。美佳集团是现代化程度很高、管理完善的物流企业，主要面对的是注重品质的高端客户。美佳集团为京东、海底捞等提供高质量的供应链管理服务，其中也包括多温层食品物流服务。在过去几年中，美佳集团更将业务扩展到一流的连锁餐饮店铺及其他快餐连锁系统，主要面对的是注重品质的高端客户，包括采购、运输、信息共享、存货控制、质量监控等服务。

美佳集团业务主要流程(图 6-34)：XB(某合作伙伴代称)根据销售情况向供应商下单→信息共享美佳集团→美佳集团给供应商制订物流计划→将供应商货物送到 XB 全国分店。

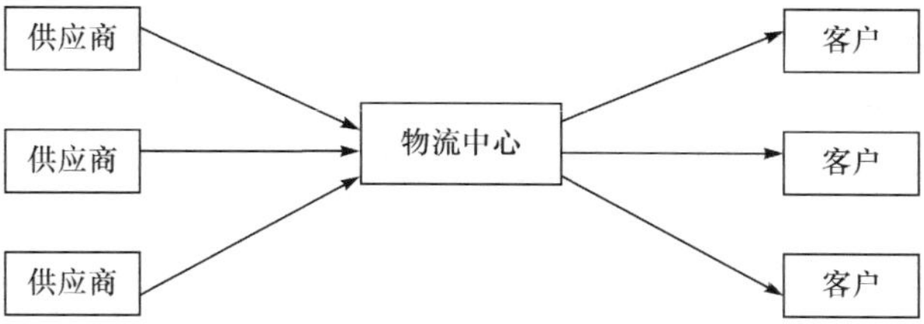

图 6-34 美佳集团业务主要流程

美佳集团应 XB 的企业需求，在日照地区投资 8000 多万元人民币，建立了一个占地面积达 5000m^2、拥有世界领先技术的多温度食品储藏中心，配备专业的冷藏运输车辆。在冷藏库和冷冻库之间均有一个隔离带，用自动门控制，以防止冷库的冷气互相干扰。该中心还配有先进的装卸、储存、冷藏设施，5～20 t 多种温度控制运输车 60 余辆，中心还配有计算机调控设施用以控制所规定的温度，检查每一批进货的温度。

(二) 信息化建设有力支撑美佳集团进出口业务

美佳集团的信息化建设应本着“整体规划，分步实施”的原则，建设具有美佳集团自身特点的信息化管理系统。

基于美佳集团目前已经应用致远办公自动化的办公平台，在办公自动化办公平台的基础上增加 U8+部分模块，满足美佳集团的信息化建设需求。

1. 采购(进口)、销售(出口)管理重点模块

(1) 盈亏测算。通过对成本、费用的预估，结合出口产品的数量及报价进行综合统计分析出口业务的盈利性和业务的执行效果。

(2) 单证管理。对进、出口各业务环节取得的业务单证从系统中进行集中反映记录，并可按照单证的类别进行归档，方便业务人员进行查询和使用。

(3) 进程管理。根据不同的业务模式制定不同的业务进程，将各进程环节的工作时间记录到系统内，并可以由系统根据要求进行提醒，以便于业务员进行订单进程查询和跟踪。

(4) 费用管理。在进出口业务中，各种费用项目特别多，因此也可以在系统内使用费用记录功能，予以归类反映，并最终反映到财务系统中，进行支付管理。

2. WMS 介绍

库存管理在水产品加工中是非常重要的。首先，库存管理的状况直接影响到在库产品的质量情况；其次，库存管理的准确性和数据的完整性直接影响企业的海关信息，如果出现库存与海关账不符的情况，将给企业带来较大的罚款等；最后，库存管理还是日常业务过程中操作最频繁、数据量最大的业务，因此库存管理将直接影响到企业的整体管理水平。

3. 库存管理重点

(1) 调拨管理。调拨管理用于在日常工作过程中处理原料、成品的转库业务，实现调拨申请、调拨单作业的功能。

(2) 挪料处理。根据生产订单系统挪料结果直接生成挪出生产订单的红字材料出库单和挪入生产订单的蓝字材料出库单。

(3) 批次存货流向查询。查询批次存货的被加工成其他半成品或者产成品的生产去向情况、质量情况、收发情况、库存情况，以及该批次和被加工成的半成品、成品批次，出库跟踪、入库跟踪方式的入库单号的销售流向情况。存货批次流向查询主要用于确定质量问题物料的去向和质量影响范围，保证产品的可追溯性，确保符合食品安全要求。

(4) 库存预警。设置物料的安全库存预警线，最高、最低库存预警线及保质期的预警线等，实时地由系统自动进行库存存货状态的预警提醒。

(5) 库存分析。根据设置的存货控制信息，对超储、短缺、呆滞、积压的存货进行储备分析。

4. 质量管理重点流程

(1) 来料检验。来料检验主要处理采购到货的质量检验，从采购环节杜绝不合格品的出现，保证原料质量，确保生产过程中不会因为原料质量问题而进行返工，从而达到降低成本，减少浪费的管理目标。

(2) 产成品检验。产成品检验主要处理生产加工完后的检验，包括产成品和半成品的检验。在对生产订单的报检过程中，可以处理返修返工后产品的检验，防止不合格产品流入下一个环节。

(3) 工序检验。工序检验主要处理工序间转移和在线工序的检验，确认上下工序中的工作责任，及时发现生产过程中产品的质量，减少浪费。

(4) 在库检验。在库检验主要处理库存中需要周期检验和接近有效期的存货的检验，尽可能避免造成质量损失。同时，如果发现在库产品发生质量变化，可以及时进行处理，避免产品流出后造成食品安全风险。

(5) 发货检验。发货检验是销售发货前进行的检验，有效防止质量不合格的产品流入最终市场。

(6) 货物入出库。对出入库发货单录入分以下三种模式：①条码扫描，通过每个出入库的成品或半成品进行标号形成二维码，通过标签条码，条码采集器对出入库的物品进行扫描，扫描数据自动上传 ERP 系统的库存管理记录。②平板电脑客户端，平板电脑通过无线连接到 ERP 系统，通过平板电脑客户端登录 ERP 系统库存开具出入库单据，连接网络打印机打印出入库单据，数据实时地上传库存模块。③计算机客户端，通过开票操作人员在计算机上直接登录 ERP 系统库存模块开具出入库单据，直接打印，根据开具的出入库单据库存数据实时地增加或减少。

5. 生产订单管理

(1) 计算生产出成率。生产过程中的管控除了对质量的要求外，就是对生产出成率的要求。生产出成率有两种应用途径：一是按照生产订单进行查询；二是按照存货进行查询。

(2) 产品复制加工管理。根据产品的不同，其复制加工的要求也不相同。同时，因为复制加工完成后，产品可能会发生较大的变化，并且可能会被用于其他订单的发货销售，所以也给产品的批次、质量追溯(图 6-35)等带来很多困难。这也就要求美佳集团能够借助系统对复制加工的产品和订单进行单独管理，以便于质量追溯体系的查询，保证业务的连贯性和可追溯性。

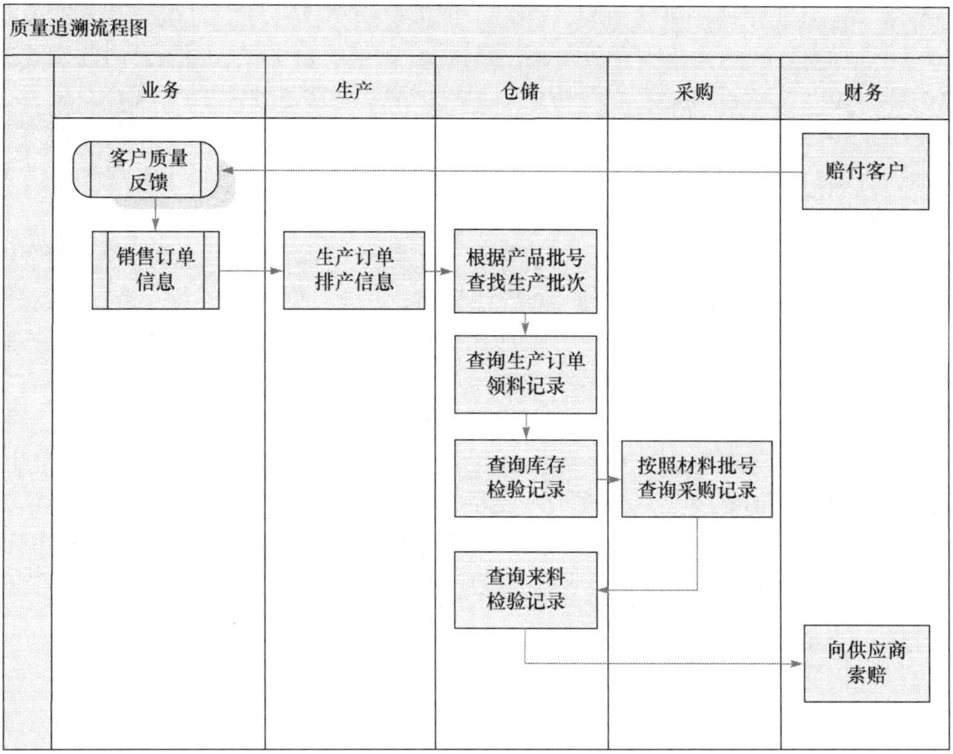

图 6-35　质量追溯流程图

(3) 批次合并管理。水产品在实际生产加工过程中容易出现多个批次产品混合的情况。例如，在泡药、清洗等工序环节，如果存在多个批次的原料同时加工，将无法区分真正的原料批次号。这就要求美佳集团通过系统追踪功能结合对加工企业的业务流程的优化来达到管理上的要求。

(三) 点评

美佳集团自 1979 年涉足水产品加工行业以来，以质量谋天下，秉承了日系公司的细节管理、5S 管理等模式，并付诸实际工作过程中，创新了“精细化”管理模式，单据管理、表格管理、系统管理、追溯管理等细微化管理模式无时无刻体现在各个生产、配送、工作过程中。美佳集团对生产作业、冷链作业的精细化管理和几近严苛的要求，是国内冷链物流行业企业学习的典范。

三、亚细亚公司：速冻有机蔬菜冷链物流行业典范

(一) 企业基本情况介绍

泰安泰山亚细亚食品有限公司(以下简称亚细亚公司)成立于 1994 年，公司注册资本 718 万元，是一家集研发、种植、加工、销售于一体的有机蔬菜全产业链公司，公司主要产品为速冻有机蔬菜。经过 20 多年的发展，亚细亚公司已发展成国内最早也是目前规模最大、运行质量最好的有机蔬菜企业。公司现有 6 个有机蔬菜加工厂，2.9 万亩标准化有机蔬菜种植基地。亚细亚公司 2017 年实现销售收入 1.5 亿元，出口创汇 1700 万美元，实现利税 1900 万元，取得了良好的经济效益和社会效益。

亚细亚公司主要产品是速冻有机蔬菜，产品出口到日本、美国、欧洲等国家和地区，同时销售到北京、上海、南京、苏州、广州、深圳、济南、青岛等城市。作为速冻有机蔬菜出口企业，亚细亚公司已经加入国外先进的低温冷链物流体系近 20 年，成为国外速冻有机蔬菜物流体系中十分重要的供货商。亚细亚公司建立了完善的低温冷冻体系，该体系包括蔬菜清洗处理-预冷、冷冻-冷库储存、冷藏运输几个环节，蔬菜前处理预冷系统是整个冷链物流系统的一个重要环节。为此，亚细亚公司不断加强蔬菜前处理预冷设备的升级改造，引进先进的蔬菜预冷加工设备和制冷设备，提高企业有机蔬菜的冷冻、冷藏、冷运能力，提高企业冷链物流的规范化、标准化水平，从而不断满足国内外消费者对高品质有机蔬菜的需求。

(二) 企业标准化、信息化情况

1. 高标准规划、高标准建设

有机蔬菜预冷加工车间和低温冷藏库按照《出口食品厂、库要求》建设，冷库满足《冷库管理规范》的相关要求，冷库制冷机组采用国内最先进的制冷设备设施，冷库能耗低、保温效果好、库容量大。预冷加工车间的设备设施均采购自

国内专业食品机械生产厂家，设备自动化程度高、人员需求少、加工运行能力强。

2. 冷库设施标准化

亚细亚公司现有冷库储存能力 2.5 万 t，全部为自用冷库(图 6-36)，年均周转 5 次，公司冷库全部为低温冷库，全封闭运行。冷库穿堂采用新型纳米材料有效避免了冷库墙壁和顶板结雾、滴水现象，减少细菌的滋生，确保产品质量安全。

图 6-36　封闭穿堂

3. 冷库月台标准化

冷库月台购置安装了防撞设施并进行了月台密封改造(图 6-37)，使运输车辆实现了与月台的无缝隙对接，改变了原来简单、粗放的装卸货模式，实现冷藏运输车与冷库月台的无缝隙对接，避免了外来热量冲击造成的冷库跑冷严重现象，减少了冷库的冷量消耗；购置安装了自动冷库门，实现冷库门自动快速开启、快速关闭，有效提高了工作人员的工作速度和工作效率，更重要的是可以提高冷库的保温性能，避免产品风干、变色现象的发生，确保产品质量安全。

图 6-37　封闭月台等仓储设施

4. 购置使用标准化货架、托盘

亚细亚公司冷库原来大堆堆放产品、随意码垛，损坏了产品和包装，而且码垛高度不到 3m，造成了冷库(图 6-38)容量利用严重不足。因此，亚细亚公司购置使用标准化货架后可以有效保护产品和包装，方便了产品追溯、查找和出入库，确保产品质量安全，更重要的是产品码垛高度可以达到6m，能提高冷库利用率1倍以上。同时，使用标准化货架，科学实现了产品的360°冷藏储存，既节省了冷库空间，有效提升了冷库容量，又保证了产品质量安全。

图6-38　购置使用标准化货架、托盘

5. 购置标准化叉车

亚细亚公司购置标准化叉车实现了及时、准确进出货物，避免了冷库跑冷，节省能源，保证库温(图6-39)。

图6-39　标准化叉车

6. 开展信息化建设

亚细亚公司购置安装冷库智能监控终端2台，数字温湿度探头8个，数字温度采集器2个，并实现了与市级监控平台和省级监控平台的数据传输。

(三) 加强冷链体系建设，构建四大标准体系

亚细亚公司在有机蔬菜冷链物流建设方面狠下功夫，加大建设力度，目前已经建立了四大标准体系。

1. 速冻有机蔬菜低温加工体系

为保证原材料的新鲜度和营养成分不流失，亚细亚公司有机蔬菜原料收获后必须在 3h 内运到亚细亚公司。为了保证这一原则，亚细亚公司将项目工厂建设在有机蔬菜原料基地的中心，原料从基地到公司距离半径不超过 100km，运输时间不超过 2h，最大限度地保证原料的新鲜和营养。原料到达亚细亚公司后，以最快的速度进入加工车间，车间温度保持在 1℃左右，达到保鲜蔬菜的温度要求；原料在 2h 内加工完毕；然后进入漂烫工序，根据原料的品种不同，制定不同的漂烫温度和漂烫时间，精确到秒，以最大限度地破坏表面的活性酶；产品进入速冻环节，制定最合理的速冻温度和时间，以达到最快冻结、冻透，在每个环节，都有对温度和时间的精确要求和控制，并形成标准和体系，以达到最好的效果。

2. 冷藏冷冻体系

速冻加工后的产品，被无缝对接地送到低温冷藏库，根据不同的产品确定不同的冷冻温度并保持该温度恒定，从而使产品在两年保质期内不会出现脱水、变色等品质改变，更为重要的是保证了产品的营养成分和口感。亚细亚公司的客户一直很认可该公司的产品，认为在世界范围内能和该公司产品相媲美的产品很少，深受客户好评。亚细亚公司还建立了库温实时监控系统，库温实时上传显示，使库温实时处在可控制的状态。

3. 低温运输体系

通过建设全封闭的冷库月台，集装箱、冷藏车等运输车辆实现了与冷库月台的无缝对接，避免了外来热量冲击造成的冷库跑冷严重现象，减少了冷库的冷量消耗，最主要的是保证产品一直处在低温中；产品运输过程全程使用冷冻集装箱，确保产品全程处于冷链运输中。

4. 质量可追溯体系

探索建立了完善的产品质量可追溯体系，实现了产品从基地到餐桌的全程质量可追溯，有力地确保了产品质量安全和全程可追溯。

在今后的发展过程中，亚细亚公司将通过社会冷链物流企业将公司速冻有机蔬菜产品销售到北京、上海、天津、南京、杭州、深圳等地，从而很好地开发和占领国内市场；再利用公司现有的国际市场资源，将产品出口到美国、加拿大及欧洲和日本市场。通过项目建设，将泰安市优质的有机蔬菜产品通过冷链物流配送体系输送到世界各地的市场，对泰安市冷链物流示范城市建设具有积极的推动作用。

（四）点评

亚细亚公司是国内最早也是目前规模最大、运行质量最好的有机蔬菜企业，成为国外速冻有机蔬菜物流体系中十分重要的供货商。企业发展推行高标准规划、高标准建设的理念。

(1) 冷库实施标准化，冷库穿堂采用新型纳米材料有效避免了冷库墙壁和顶板结雾、滴水现象，减少细菌的滋生，确保产品质量安全。

(2) 冷库月台标准化，购置安装了防撞设施并进行了月台密封改造，使运输车辆实现了与月台的无缝隙对接。

(3) 购置使用标准化货架、托盘，有效保护了产品和包装，方便了产品追溯、查找和出入库，确保产品质量安全，有效提升了冷库容量。

(4) 开展信息化建设，实现了与市级、省级监控平台的数据传输。

亚细亚公司在有机蔬菜冷链物流建设方面已经建立了四大标准体系：一是速冻有机蔬菜低温加工体系；二是冷藏冷冻体系；三是低温运输体系；四是质量可追溯体系。

四、中远海运：承载中国经济全球化使命

(一) 企业基本情况介绍

中国远洋海运集团有限公司(以下简称中远海运)由中国远洋运输(集团)总公司与中国海运(集团)总公司重组而成，总部设在上海，是中央直接管理的特大型国有企业。中远海运的物流产业集群包括工程物流、货运代理、仓储网络、多式联运、船舶代理、国际冷链等业务。其定位于全球领先的综合性第三方物流商，将成为中国企业走向海外市场优先选择的全球物流合作伙伴。

(二) 重点客户服务模式

佳农食品控股(集团)股份有限公司(以下简称佳农)业务始于 2002 年，致力于成为中国第一、世界一流的品牌果蔬食品配送服务商。目前，公司业务涵盖果蔬出口、进口、批发及冷链物流配送四大板块。为了更好地推动品牌化建设的步伐，佳农整合优势资源，构建以产品和客户为核心的导向服务，产品包含香蕉、菠萝、火龙果、苹果、大蒜、生姜等进出口果蔬，鉴于超市、连锁店、电商等品质要求较高的客户需求，专门成立了现代化的冷链物流和配送中心，并与华润万家、沃尔玛、百果园等达成战略合作。

1. 佳农的网络优势

佳农组建覆盖全国九大区域的配送中心，配送中心销售团队达 1000 余人，终端营销团队达 300 余人，在国内，率先采用国际领先的仓储管理系统，加强对产品托盘化、条码化、保质期、生产加工、配送管理的规范，保证每件产品产地追溯的完整，使佳农在国内生鲜行业中处于领先水平。佳农“保鲜港”项目正式落地开建运行，未来将全面覆盖华东区域配送中心。

2. 客户优势

佳农拥有国内外大型商超的合作伙伴，世界各地新鲜水果下船后，可以直接进入超市，摆上展台陈列。

3. 合作效果

中远海运从2002年佳农成立之初开始与之合作，至今已经同舟共济18年，尤其是2006年双方建立了战略合作关系后，订舱量以每年20%的速度递增，中远海运已成为佳农不可或缺的合作伙伴。重组后的中远海运，随着航线优化、船舶升级、舱位扩大、服务提升，合作的范围也越来越广，2016年，佳农将进口业务转向中远海运，箱量实现翻倍增长，从东南亚到南美，全球最新鲜的水果，正乘着我国的巨轮源源不断地运到国内，扭转了进口货物长期以来被外资班轮垄断的局面，增强了我国在国际市场上的竞争力。中远海运利用自身优势，为佳农提供增值服务，推出产品溯源，可帮助其在电商获得品质溯源的认可，通过物联网技术，具备获得全程冷藏集装箱运输轨迹、温度的能力。

近年来，中远海运大力开拓南美、东南亚航线，佳农进口业务也突飞猛进，香蕉、火龙果进口量国内第一，佳农经常说，中远海运航线开到哪里，我们的贸易就做到哪里。2017年，中远海运在佳农的海运份额占比稳居第一。中远海运为佳农制定了专属客户服务流程，在全球信息系统内标注KA标识，在各口岸设立专属客服代表，为客户提供VIP服务。佳农每年出口约1.3万个超高冷箱，青岛集运在提前开仓、舱位满足、用箱保障、协调全球代理优先中转等方面给予支持；所属网点菏泽分公司，设在当地，从订舱、签单、结算等给予现场支持，通过双方合作，佳农多个出口产品位居全国第一。

(三) 点评

中远海运承载中国经济全球化使命，整合优势资源，打造以航运、综合物流及相关金融服务为支柱，多产业集群、全球领先的综合性物流供应链服务体系。围绕“规模增长，盈利能力，抗周期性和全球公司”四个战略维度，中远海运着力布局航运、物流、金融、装备制造、航运服务、社会化产业和基于商业模式创新的“互联网+”相关业务“6+1”产业集群，进一步促进航运要素的整合，全力打造全球领先的综合物流供应链服务商。

第九节　农产品批发市场型案例

一、天津海吉星：北方农产品批发市场标杆和高端品牌

(一) 企业基本情况介绍

天津海吉星是深圳市农产品股份有限公司斥巨资打造的北方农产品批发市场标杆和高端品牌，项目位于静海县城新经济开发区北环工业园区，地处津沧高速静海出口处。

天津海吉星总投资约 150 亿元，占地 6000 亩，预计项目运营后年交易额近 1500 亿人民币，可容纳各类企业和商户 1 万余家，创造就业岗位约 10 万个，带动就业人员约 50 万人，各类税收总额每年均超过 15 亿元。

该项目分为二期建设，一期已正式开业运营。一期工程重点建成交易市场，包括批发交易区、展示区和管理服务区三大区域，重点建设水果、蔬菜、冻品、干货等农产品专业交易区。项目建成后将构筑京津冀地区农产品商贸、物流、加工和现代服务基地，成为环渤海经济圈农产品一级流通与交易的核心阵地和亚洲地区规模大、功能完善、配套齐全、辐射范围广的绿色、安全、高效的农产品现代化国际物流枢纽。

(二) 企业冷链业务标准化、信息化情况介绍

1. 标准化

天津海吉星农产品批发市场，将打造面积超过 10 万 m^2、容积达到 100 万 m^3、总存储量达到 20 万 t 现代化国际立体冷库，分布在交易市场内满足全程冷链交易的小型冷库，总库容量将达到 60 万 t。其中，包括温层覆盖−2～18℃的冷藏立体储存区、−25～−18℃的冷冻立体储存区，以及专门为精致水产品提供服务的−55℃的超低温深度冷冻立体储存区。现代化冷链物流中心采用高效率节约型存储系统，基于 RFID 技术的农产品冷链物流管理系统，以满足涉农类的多品类与快响应的运营需求，包括 26 个确保冷链不间断的卸货作业平台。

现代化冷链物流中心将依托广泛、高效的物流网络，先进的系统仓储管理模块，完善、专业的仓储设施和成熟的运作队伍，为客户提供包括仓储、搬运及装卸服务、货物分拨与条形码管理、系统库存管理与库存分析在内的全方位专业冷链物流服务，实现货物有效的分拨和在库管理，有效协助客户实现库存管理的精准化、降低存仓成本、缩短货物周转时间、缓解生产压力等最终多赢目标。

2. 信息化

1) 生鲜农产品线上销售渠道

依托母公司的全国“织网”及天津海吉星市场强大的硬软件设施，天津海吉星正从三方面推进电商运作：一是产地与商户对接；二是商户与商户对接；三是电商孵化基地。网上海吉星(包括手机 APP)成为天津海吉星市场“线上化”的第一个 B2B 平台，提供在线交易、大数据分析、仓储物流、金融服务、检验检疫等一体化服务。

2) 一体化电子结算系统

园区内建立了一个多元一体、联系线上线下的交易系统。天津海吉星在全国有超过 30 家线上和线下市场，一年的交易量超过 3000 万 t，交易额突破 2500 亿元，园区内交易采用电子化结算，每个进驻的商户都会配备一个与互联网连接的

结算器。同时，商户会领到一个“身份证”，每个商户的展厅前都会有一个交易系统，可以通过它查询交易当天的交易情况和交易金额。目前，结算系统已经投入正常使用中，市场电子结算覆盖率超过50%以上。

3) 滑轨肉电子交易中心

滑轨肉电子交易中心采用全封闭温控交易环境，运营后的中心将全力打造“放心肉”品牌，通过肉类电子滑轨创新交易模式，不仅能够实现安全高效的电子结算，更避免了传统猪肉交易模式中存在的食品安全、人工交易搬运二次污染猪肉等诸多弊端，保证肉类交易来有源头、去有追溯，切实担负起政府监管肉类安全交易的抓手，真正使京津冀地区市民享受到“安全便利买得起，全程追溯有保障”的放心肉，立足天津为京津冀和华北地区构筑一个放心肉类电子交易大平台。

(三) 冷链业务组织情况

在保障食品安全方面，天津海吉星与国家质检总局合作打造第三方检测平台，希望整个信息化的应用能够与县域、产区达成合作机制，实现从产地到批发市场、零售终端全程可追溯。天津海吉星在全国一共有37个批发市场，全国的检测数据已经实现共享，可以呈现出一个全国性的风险地图。如果哪个产地的产品出现了问题，可以同时向全国的批发市场进行发布，当前已建成2000m^{2}实验室，每日对园区内交易货物实施筹建和重点监测相结合，每日发布检测结果，保证市场农产品流通食品安全。

天津海吉星引导出入境检验检疫局和海关驻场办公，并与国家出入境检验检疫局合作建立第三方检测实验室，具有专业的食品质量管控能力，农产品进出口货物可在园区内实现一站式检验、通关，缩短时间，达到快速通关。天津海吉星有全国首家建设于农产品批发市场内的“无水港”，进出口的农产品经由海吉星静海项目周转，可降低往返的物流成本，提升周转速度，大大保障了农产品的新鲜度。这一直通报关模式将带动现代农业物流产业发展走向新的高度。园区内有查验平台入场，高品质冷库，所有的进口产品和出口产品在园区能够快速地完成通关的服务。目前，进口的水果进入天津港之后直接封存，然后进入园区，进行“一站式”报关查验，大大缩短了清关的时间。目前，已吸引来自欧洲、美洲、亚洲、大洋洲等20多个国家的1000多个商家主动与天津海吉星合作。随着北方地区对进口水果、进口冻品等进口食品的消费大幅提升，加上天津自贸区挂牌及京津冀协同发展的推进，未来这里将成为北方地区最大的农产品进出口贸易展销中心、北方农产品检验检疫中心和通关中心。

(四) 主要服务客户及主要服务内容、服务方案与流程

天津海吉星一期冷库库区面积18114m^2，冷库总库容仓储量2万t，冷库使用

率 70%，累计货物吞吐量超过 4 万 t；冷库入驻大小商户 15 家，主要以农产品仓储为主，品类包括苹果、板栗、柿子、桂圆、进口奇异果、进口肉类等。天津海吉星主要大客户包括佳农食品(上海)有限公司，存储进口奇异果 1000t，已经与客户达成长期合作协议，随着进口水果业务量的增加，仓储量将达到 2500t 以上。当前承担包括三全水饺、呷哺呷哺火锅连锁店、华润万家生鲜配送等配送业务，业务量超过 2000t。2016 年，天津海吉星冷链储运中心 3#、4#、5#冷库全面开工建设，包括 4 万 t 冷冻库、1.5 万 t 冷藏库。同时，市场内冻品、水果、菌菇经营商户档位内均建设满足展示和周转功能的小型冷库，园区内档位冷库共计建设 220 座，市场内冷链交易覆盖率超过 70%，全部冷库仓储能力超过 10 万 t，同时正在规划阶段的天津海吉星二期冷库将建成 20 万 t 冷库仓储能力。

天津海吉星引入顺丰冷运，依靠天津海吉星冷库和顺丰冷运的操作、车辆资源，搭建城市共同配送体系。依托市场众品冷鲜肉的商超配送能力和众品天津工厂的货源资源作为基础，众品冷鲜肉配送覆盖天津所有连锁超市和绝大部分区县的农贸市场。整合市场内商户天津市内下游市场的配送需求，进行合理的线路安排，实现天津海吉星市场运营初期的货物较少情况下的及时配送。

(五) 发展规划

天津海吉星是深圳市农产品股份有限公司斥巨资打造的北方农产品批发市场标杆和高端品牌，天津海吉星的建成标志着第四代农产品批发市场的崛起，更是我国农产品流通行业升级转型之路上的重要转折点。

天津海吉星将立足天津、服务京津冀、辐射三北地区及东北亚地区，打造成北方地区农产品自贸区，涵盖四大功能。

(1) 口岸功能，包括一体化通关查验、检验检疫、进出口贸易等；

(2) 三北地区农产品交易集散功能，包括农产品现货期货交易、线上线下交易、冷链仓储、加工配送、大宗物流等；

(3) 食品安全监管功能，包括检测、认证、标准制定及推广等；

(4) 国际农产品会展功能，包括国际会展、展览展销、贸易洽谈、美食体验、文化推广等。

未来，天津海吉星将深入打造高品质生鲜农产品冷链分拨中心，联合佳农、中和澳亚(北京)等企业，大力发展生鲜果蔬、生鲜肉品的进出口业务；在积极推进配送业务的同时，全心全意做好质量控制，加速推进生鲜农产品加工配送中心建设，利用天津海吉星市场提供的加工配送区域，引入包括沃尔玛、华润万家、人人乐、永辉超市的生鲜供应商，以此带动超市采购进入市场采购；促进连锁餐饮采购体系建设，发挥天津海吉星市场齐全的品类、单品选择性强、一级批发市场的价格优势，围绕连锁餐饮建设加工配送服务、冷链物流和配送体系，目前已与众美联、西贝莜面村、海底捞等企业建立业务联系。

推进温控淡水鱼交易中心建设，天津海吉星农产品物流园淡水鱼交易区将为天津和周边省市百姓餐桌提供物美价廉的淡水鱼产品，疏解北京市场压力，有效承接京津冀客户，配合京津冀一体化，建设水鱼交易区成为全国性大型的水产品集散地。

(六) 点评

农产品批发市场仍是我国农产品流通的主渠道。城镇居民 90%左右的农产品供应需要通过批发市场来实现，其本质是创造一个空间，使得上下游客户聚集于此进行买和卖，并提供管理和服务，使客户对市场产生黏合性，市场从中受益。

随着京津冀协调发展的加快，天津海吉星坚持以农产品批发零对接为主渠道，继续抓好农产品批发市场建设，作为北方一级农产品批发市场，天津海吉星国际农产品物流园正加快硬件设施的建设、软性服务的搭建，做好承接北京农产品流通产业的转移，随着北京非首都核心功能的对外疏解，天津海吉星将成为北京农产品批发市场向外转移很好的承接者。

二、维尔康集团："冷链物流+市场"的优秀典范

(一) 企业基本情况介绍

济南维尔康实业集团有限公司(以下简称维尔康集团)于 1956 年 8 月建厂，是集冷链物流及肉类水产批发市场、生猪养殖屠宰加工、熟肉制品深加工、出口食品加工及国际贸易、食品检测等五大产业为一体的大型企业集团。

维尔康集团总占地面积 42 万 m^2，建有年加工生产能力屠宰生猪 300 万头、生产熟肉制品 3 万 t、生产出口食品 3.6 万 t 的现代化食品加工基地。维尔康集团拥有 27 万 t 冷库群，冷藏储存能力位居全国同行业首位，是中央、省、市三级政府储备肉加工储备企业。维尔康集团是农业产业化国家重点龙头企业、商务部商贸流通重点监测企业、中国 5A 级物流企业、中国冷链物流百强企业、山东省商贸流通先进企业、山东冷链物流 20 强企业等。图 6-40 和 6-41 分别为交易大厅和维尔康集团专业运输团队。

由维尔康集团投资建设的济南维尔康肉类水产批发市场于 1997 年开业，经过多年稳健发展，公司营业面积达 20 余万 m^2，拥有三个商品交易大厅，入驻商户 1200 余家，市场从业人员 20000 余人。该市场经销全球猪牛羊禽肉类、各种水产品、速冻食品、调理食品、农产品、山珍海味干品达上万种，市场商品经营辐射全国各地。市场拥有冷链物流车 900 多辆，其中公司自有冷链配送车 300 余辆，冷链物流配送网点 500 多个，分布在我国华北、华东、华南、西北、东北等主要城市。每天进入市场配货的冷链配送车 2000 余辆。市场肉类水产冻品年交易量、

交易额连续多年在全国同行业排名首位，现已成为长江以北肉类、水产品物流中转、批发贸易的核心枢纽。

图 6-40　交易大厅

图 6-41　维尔康集团专业运输团队

(二) 企业标准化、信息化情况

标准化冷链物流配送中心安装标准货架，拥有标准化货位 42000 个，拥有 1200mm×1000mm×155mm 标准化托盘 40000 个，冷库专用堆高叉车 50 辆，电动运输车 300 辆，提高了作业速度，确保出入库方便快捷、准确无误，满足先进先出的需求。

冷链物流信息中心使用信息智能化管理系统——山经冷藏管理系统。该系统可以快速管理好货物进出量、账务数据等，轻松实现先开单再入库的规范化作业，可以一目了然地管理好商品数量、建立完备的出入库台账报表。客户可以方便地查询出入库及结存信息，可以提前预约出入库管理。能够方便快捷地管好账务，建立高效的对账和收款机制，提供仓位管理图，实现精确化货位管理，减少了冷库丢货、少货、不好找货现象。冷链温度数据采集系统采集冷库温度、冷链运输车辆温度、交易大厅零售冰柜温度，数据直接上传至山东省冷链物流公共信息服务平台，业户可以通过计算机或手机查看仓库、运输车辆及冰柜的实时温度，综合提高工作效率15%以上。图 6-42 为工作人员通过信息平台监控交易大厅及仓储工作。

图 6-42　通过信息平台管理冷库

(三) 冷链业务组织情况

1. 工作流程

1) 收货流程

货物到达公司入冷库前，必须先到搬运调度室办理入库前的各项手续。首先由第三方食品检测机构——康维食品检测公司和仓库保管人员仔细核对货物随行的各种凭据(商品生产单位的营业执照、产品出厂检验检疫报告等)，实物与送货单上的品名、规格、数量是否一致；由检测人员和仓库保管人员对货物进行查验，以判断是否符合国家标准和入库的要求。

查验合格后方可办理卸车入库单，先支付货物装卸费。仓库保管人员、叉车工、装卸工等相关人员必须 5min 之内全部到位。

在货物搬运过程中，若发现外包装存在破损、挤压、潮湿、发霉、有异味等情况，则暂停收货并拍照作为依据，同时联系第三方食品检测机构——康维食品检测公司对问题货品取样，进行强制检验，并及时通知领导和物主等待处理结果。

在确认货物无误并入库后，仓库保管人员计数并填写货物登记单，录入信息系统，注意货物摆放位置，每日将收货数量于下班前交予公司统计人员。

2) 发货流程

所有的货物出库必须有相应的单据作为发货依据；仓库保管人员、叉车工、装卸工等相关人员到位；仓库保管人员根据出库单，检查与实际出库货物数量是否相符，录入信息系统审核后签字。

2. 岗位职能

(1) 保管人员职能：负责货物的收、发、存、清点、计数、盘点、库内卫生、消毒、货物的合理摆放等，最大效率地利用库内空间，随时关闭冷库门，减少冷库跑冷。

(2) 制冷工职能：负责冷库降温工作，保证制冷系统安全、经济运行，按要求定期接受专业技能和安全培训，按期对设备、管道及附属装置(安全阀、压力表等)进行检验，定期进行应急预案培训和演练。

(3) 设备检修人员：负责库内所有设备，制冷设备、货架、托盘、地牛等的维修、维护和保养工作。

(4) 叉车工：负责货物的装、卸工作，协助保管人员合理摆放库内货物，负责叉车、穿梭车正常的维修、维护、保养。

(5) 后勤人员：负责每天收、发货物的统计、登记，物资的申请、管理、调配，协助科室负责人做好其他工作。

(6) 主管职能：负责出入库商品的开票及盖章，库内商品管理，出入库管理，库内温度控制；负责冷库制冷设备和其他设备的管理，提高设备完好率，确保安全运转，负责库内温度调控，保证冷库温度稳定，降低能源消耗；负责叉车调配工作。

(四) 重点客户服务方案

公司一直坚持以重点客户的需求为行动的主要导向，主要了解客户面临的问题及需求，并迅速加以解决。与客户分享信息，建立良好的合作关系。有针对、有计划地拜访客户，了解客户的动态、需求和对公司的意见与建议。例如，针对低温库重点客户山东鱼宝宝食品有限公司的冷冻商品量大、进出库频繁的特点，安排专人进行服务和管理，提前预留货位，接到进货、出货通知后提前安排装卸工及叉车工就位，保证车辆到达市场冷库 3h 内出入库完毕。

(五) 企业经验模式

维尔康集团冷链物流产业的发展是从 1997 年维尔康肉类水产批发市场开业后，冷藏仓储物流业务发展起步的。经过 20 多年的培育和发展，维尔康集团市场贸易的发展又带动了集团仓储物流业务的快速发展。目前，维尔康集团市场已成为集冷库仓储交易、冷链物流配送、农产品加工与检测、肉类水产批发于一体的综合性农产品冷链物流园区，市场商品辐射全国各地，形成了农产品跨区域的大流通。随着冷链物流规模的不断扩大，维尔康集团市场现已成为长江以北肉类、水产品物流中转及批发贸易的核心枢纽。

近五年来，维尔康集团投巨资对维尔康集团市场软、硬件设施进行了大规模提升改造，使市场配套功能更加完善，整个市场的形象得到极大改变：新建购物环境更加舒适、配套功能更加完善的三座现代化交易大厅；新建六座冷库及干品仓库，增加储藏能力 16 万 t，扩大了经营规模，增加了市场年交易量，推动了济南冷链物流业的快速发展。

发挥好 27 万 t 冷库群的冷储藏能力，公司冷库群均配备国内一流的制冷机组，交易大厅配置了中央空调和进排风设施、监控设施，可以保证进出库农产品的保鲜、仓储，为冷链物流提供完备的仓储、周转功能。

充分借助省商务厅建立的冷链公共监控平台，将相关信息及时分享，公司通过该监控平台能够把冷库温度监控数据及时传送给客户，让客户对库内温度进行监督，公开、透明地做好工作，让客户放心、满意。

综上所述，维尔康集团冷链物流以冷链车队为主体，以交易市场为枢纽，以冷库储运为依托，发挥好冷链监控平台的作用，以冷链物流带动相关业务板块的不断发展，其他业务板块做强后又不断促进冷链物流的转型升级，最终实现农产品全产业链的整体提升，实现优质优价、惠民利民。

(六) 发展规划

为响应济南市委、市政府提出的“打造四个中心，建设现代泉城”的号召，满足市场发展需求及消费者消费需求的转变，维尔康集团制定了加快冷链物流发展的战略规划：以冷链物流为主线打通整个上下游产业链，从而逐步实现冷链节点的无缝连接和业态资源的有效整合。

维尔康集团投资 2000 余万元，成立了国内首家为农产品批发市场配套服务的具有第三方食品检验检疫资质的机构——康维食品检测有限公司。康维食品检测有限公司每天对市场内客户的进货手续、检验检疫凭据、入库的产品等进行审核查验，不符合要求的产品不准入库，确保从源头上保障食品质量，杜绝了问题产品上市销售。康维食品检测有限公司的成立将进一步完善维尔康集团对食品质量安全检测及流通环节追溯系统的功能，为进入冷链的农产品品质保驾护航。

维尔康集团积极响应商务部“互联网+流通”的行动号召，正在研发自己的冷链物流信息平台——冰骏冷链物流供应链管理平台。该平台初期运营主要是为实现对冷链运输车辆的管理，方便客户与冷链物流车辆的对接及对车辆货物的追溯。后期随着客户数据的不断丰富，可以逐步搭建大数据平台，并运用大数据分析技术进行生鲜冷链宅配和冷链物流信息化，延伸精准营销，开启“从田园到餐桌，从源头到终端”的农产品全程冷链物流模式。

(七) 目前存在的问题

目前，维尔康集团正在积极探索农产品冷链物流资源整合与业务协同的路径及实现机制。同时，冷链物流业态的大发展、大融合还需政府加大扶持力度，鼓励企业提升农产品冷链物流配送水平，促进我省农产品冷链物流配送体系供给侧结构化改革做出积极的、有益的探索。

面向未来，维尔康集团将继续贯彻落实市委、市政府提出的“打造四个中心，建设现代泉城”的号召，把“保障食品安全，促进消费升级”作为冷链物流发展的方向和目标，做大做强冷链物流业，努力丰富冷链物流服务内容，提高服务水平，创建闻名全国的维尔康冷链物流品牌，在各级领导的大力支持和关心下，为山东省及济南市商贸流通的发展做出贡献。

(八) 点评

维尔康集团是我国现代化高效冷链物流园区的优秀典范。该企业是集冷链物流及肉类水产批发市场、生猪养殖屠宰加工、熟肉制品深加工、出口食品加工及国际贸易、食品检测等五大产业为一体的大型企业集团。

(1) 冷藏储存能力大。该公司拥有 27 万 t 冷库群，冷藏储存能力位居全国同行业首位。

(2) 冷链物流覆盖面积大。市场拥有冷链物流车 900 多辆，其中，公司自有冷链配送车 300 余辆，冷链物流配送网点 500 多个，分布在我国华北、华东、华南、西北、东北等主要城市。

(3) 肉类水产冻品交易量大。市场肉类水产冻品年交易量、交易额连续多年在全国同行业排名首位，现已成为长江以北肉类、水产品物流中转、批发贸易的核心枢纽。

(4) 标准化程度高。标准化冷链物流配送中心安装标准货架，拥有标准化货位 42000 个，拥有 1200mm×1000mm×155mm 标准托盘 40000 个，冷库专用堆高叉车 50 辆，电动运输车辆 300 辆。

第十节　中央厨房型案例

富世康公司：打造中国餐饮供应链与中央厨房的完美结合体

(一) 企业基本情况介绍

山东富世康工贸有限公司成立于 1958 年，2003 年改制成股份制公司，是一家以小麦制粉、餐饮经营、功能性食用油生产、物流配送和电子商务为一体的股份制企业，下设制粉、餐饮、物流、生物科技、电子商务五个子公司，是山东省老字号企业、山东省厚道鲁商示范企业。公司注册资本 2000 万元，2017 年实现销售收入 30092 万元，利润 643 万元。

山东富世康餐饮文化有限公司以下简称富世康公司是富世康工贸有限公司的下属子公司，也是市政府确立的“放心厨房工程”承办企业。近年来，富世康公司秉承“为耕者谋利，为食者造福”的企业使命，积极致力于食品的冷链物流加工、冷链配送的研究与运行，在产品质量、食品安全和产品创新上狠下功夫，坚持规模化、标准化发展，专业化、营养化经营，卫生、安全、方便、快捷，被市民誉为“居民的厨房，百姓的食堂”。富世康公司先后被评为“山东省消费者满意单位”，“富世康”商标被评为“山东省著名商标”和“中国驰名商标”。

近年来，富世康公司确立了“沿大众化餐饮转型升级”的发展道路，将发展的触角向学校食堂和企事业单位食堂延伸，在各网点也建立了冷藏库，服务领域越来越广，经营网点越来越多。为满足企业日益发展的需要，富世康公司致力于食品的统一加工和冷链配送研究，在主食加工和冷链配送上积累了一些经验，有力地促进了餐饮业的规模化发展。原山东省省长郭树清等领导亲临富世康公司调研指导工作，对我公司主食工业化生产、冷链物流加工配送的做法给予充分肯定和高度评价。

(二) 企业标准化、信息化现状

1. 标准化方面

富世康公司现有餐饮直营店 12 个，加盟店 12 个，承租、托管学校和企事业单位食堂 18 个，经营网点遍布肥城及其周边县市，点多面广。为满足企业日益发展的需要，进一步确保食品质量和食品安全，近年来，富世康公司推出了统一采购、统一加工、统一配送的经营模式，建立 11000m^2 的传统主食工业化生产车间，购置了馒头生产线、水饺生产线、元宵生产线等加工设备，建有速冻隧道和 3 座 600m^2 的速冻冷库，并在 15 个经营网点建设 15 座冷藏库。购入原材料验收合格后，再由传统主食工业化生产车间按照程序和流程进行粗精加工，加工后的食品由品控人员进行检验、化验后分类入库冷冻、灌袋(瓶)包装，用封闭的恒温和冷藏的专用配送车辆按配送计划配送到各网点冷藏库，进行简单的加工后出售，实现了冷链生产、冷链储存、冷藏配送。采购、加工、储藏、出库、配送、销售整个过程衔接严密，品控人员层层把关，再加上监控探头的作用，确保了食品安全和食品质量。目前，富世康公司现有冷藏车 2 辆，货架 60 个，托盘 100 个，叉车 2 个。

2. 信息化方面

(1) 投入资金进行厂区监控数字化改造，使生产过程监控更加彻底、规范，用硬件手段实现生产过程可控、可追溯。目前，富世康公司已铺设园区数字监控专用光纤 1000 余米，购置数字高清监控探头 60 余个，完成安装 22 个。

(2) 新上信息系统服务器，用软件手段实现流通环节的可控、可追溯。富世康公司与金蝶软件公司进行了充分的协商沟通，购置其服务器，开发了业务人员管理系统，实现业务人员的GPS行驶轨迹、客户远程下单、客户现场拍照上传等功能，从而实现了流通环节的可控、可追溯。

3. 冷链业务开展情况

食品安全是食品企业的重中之重。经营中富世康公司组建了严密的质量控制体系，建立了产品检验检测室，设立了品控部，健全了品控人员岗位职责和工作人员业务操作流程，公司与食品公司、食品公司与生产加工和业务人员层层签订了食品安全责任书，建立了严格的问责机制，出现食品安全问题，严格追究相关人员的责任，从制度上堵塞了食品安全的漏洞。

4. 近期冷链从业人员的培训计划与实施

2018年年底，富世康公司确立了新上冷链物流信息化、标准化建设项目，随着冷链物流信息化、标准化程度的提高，对从事冷流物流工作的人员的要求也随之提高，为此，今年初富世康公司制订了冷链物流从业人员培训计划，计划利用三个月对公司目前从事冷链物流工作的40多名员工分四批进行培训,培训采用理论联系实际的方式，培训结束后进行考试，颁发从业资格证书，考试不及格的不颁发从业资格证书，调离原岗位。目前，第一批培训已经结束，春节后，将陆续安排另外三批人员的培训。

5. 重点客户服务方案

目前，富世康公司冷链物流服务对象主要是公司现有的餐饮连锁店、学校食堂及商超。富世康公司推行统一采购、统一加工、统一配送的生产经营方式，面粉全部使用荣膺中国驰名商标和中国好粮油产品的“富世康”牌优质面粉，所有原材料全部由采购中心从厂家“索证”进货，从源头上保证了食品质量和安全。食品公司建有高标准的传统主食工业化生产车间和蔬菜粗加工车间、速冻隧道及三个大型冷冻库，所有食品全部由食品公司统一加工、速冻后，冷链储存在冷冻库内。按照各餐饮连锁店、便利店和学校食堂的订单需求，将速冻食品配送到各经营网点，各经营网点存放在各自的冷库中，进行简单的二次加工后再对外出售。采购中心购进蔬菜后，由菜品粗加工车间进行择洗、去皮、切制，然后配送到各餐饮店和学校食堂。目前，富世康公司的12个餐饮直营店和18个学校、企事业单位的食堂全部实行了冷链配送。本公司的做法，特别是放心食品进校园的经验得到了山东省关心下一代工作委员会领导的充分肯定。

为充分发挥传统主食工业化生产车间的作用，使冷链物流加工、冷链配送技术得到更好的推广，富世康公司不断拓展业务渠道，将速冻食品打入当地的商场和超市，为广大消费者提供更多的放心食品和更优质的服务。目前，肥城的泰安新合作生活广场、银座商城肥城店、信业商厦、银宝生鲜便利店等知名商场、超市、便利店都有富世康公司冷冻食品专柜，富世康水饺、汤圆、大包、馄饨等速冻食品成为受当地消费者欢迎的食品。

为了保障速冻食品的质量和安全，富世康公司充分发挥信息化的作用，建立了严格的产品可追溯体系。从原材料的购进到食品加工，再到食品入库、食品出库、食品运输全部按照流程操作，全部在监控之下，实现了食品在各环节的安全和质量控制。富世康公司推出的放心食品进校园模式是在推行冷链物流上取得的成功经验。

学校食堂经营历来是各级领导和学校、家长极为关注的一个问题。目前，学校食堂经营方式主要是由个体户承租或学校自主经营，缺乏实力和经验，卫生条件也达不到标准。在这种情况下，富世康公司推行的放心食品进校园模式较好地解决了这个问题。富世康公司有着近 20 年的食品加工和餐饮经营历史，具有专业技能和经验，更重要的是建有高标准的传统主食工业化生产车间，具有成熟的冷链物流加工、储存、配送技术，能够将食品源源不断地配送到经营的各个学校。粗菜加工车间将菜品择洗干净、机械化切好配送到各学校食堂，不但保证了菜品、食品的质量和安全，而且节省了很大的成本，可以把节省下来的成本让利给学生，让学生少花钱就能吃饱、吃好。

现在，富世康公司经营的食堂中，每个学生每天只需花十几元，就能吃上二十多种食物的营养套餐，不但吃得饱，而且吃得好，很受师生和学生家长的欢迎。从 2013 年富世康公司承租了边院中学第一个食堂起，通过不断的探索和完善，形成了一套成功的模式，并且把这种模式在各乡镇复制，目前，已成功地承租经营了 18 家学校和企事业单位的食堂，这种模式也得到了越来越多县市和学校的认可。

(三) 点评

富世康公司，从 20 世纪 50 年代发展到今天，不落伍，不掉队，紧跟时代潮流，顺应社会变化。富世康公司从生产经营、物流配送到当今的电子商务，实现了产-销-配一体化管理。从学校食堂到企事业单位食堂再到大中小型超市，服务千家万户，确保“入口”安全。该公司有着高瞻远瞩的大局观，首先从源头控制，在各种生产细节上规范操作、从严治理，既降低了商品生产成本，又能通过关键点监控、全程冷链配送等一系列保障措施，让消费者体验“一站式服务”，享受“在自己厨房做饭”的感觉，真正做到了让消费者安心。

参 考 文 献

[1] 中华人民共和国国家质量监督检验检疫总局 中国国家标准化管理委员会. 物流企业冷链服务要求与能力评估指标: GB/T 31086—2014[S]. 北京: 中国标准出版社, 2014.

[2] 中华人民共和国国家质量监督检验检疫总局 中国国家标准化管理委员会. 水产品冷链物流服务规范: GB/T 31080—2014[S]. 北京: 中国标准出版社, 2014.

[3] 国家市场监督管理总局 国家标准化管理委员会. 冷藏、冷冻食品物流包装、标志、运输和储存: GB/T 24616—2019[S]. 北京: 中国标准出版社, 2009.

[4] 中华人民共和国国家质量监督检验检疫总局 中国国家标准化管理委员会. 物流术语 : GB/T 18354—2006[S]. 北京: 中国标准出版社, 2006.

[5] 邱祝强. 基于冷藏链的生鲜农产品物流网络优化及其安全风险评价研究[D]. 长沙: 中南大学, 2007.

[6] 王强, 刘晓东. 实施蔬菜产地预冷, 完善低温冷藏链[J]. 制冷, 2001, (1): 40-44.

[7] 王育林, 陈洪国, 彭永宏. 果实采后变温生物学的研究进展[J]. 果树学报, 2001, (4): 234-238.

[8] 康方圆, 李锋, 张川, 等. 果蔬真空预冷机的使用性能检测研究[J]. 冷藏技术, 2019, 42(3): 56-60.

[9] 黄琛. 中央厨房冷、热链配送技术研究[D]. 上海: 上海交通大学, 2008.

[10] 林永艳. 典型叶类蔬菜低温冷藏工艺的研究[D]. 上海: 上海海洋大学, 2013.

[11] 彭丽霞. 我国冷链物流发展现状及对策研究[D]. 邯郸: 河北工程大学, 2011.

[12] 中华人民共和国国家发展和改革委员会. 肉与肉制品冷链物流作业规范: WB/T 1059—2016[S]. 北京: 中国标准出版社, 2016.

[13] 国家市场监督管理总局 国家标准化管理委员会. 冷藏、冷冻食品物流包装、标志、运输和储存: GB/T 24616—2019[S]. 北京:中国标准出版社, 2019.

[14] 国家卫生和计划生育委员会 国家食品药品监督管理总局. 食品安全国家标准肉和肉制品经营卫生规范: GB 20799—2016[S]. 北京: 中国标准出版社, 2008.

[15] 中华人民共和国国家质量监督检验检疫总局 中国国家标准化管理委员会. 冷链物流信息管理要求: GB/T 36088—2018[S]. 北京: 中国标准出版社, 2018.

[16] 中华人民共和国国家质量监督检验检疫总局 中国国家标准化管理委员会. 冷链物流分类与基本要求: GB/T 28577—2012[S]. 北京: 中国标准出版社, 2012.

[17] 中华人民共和国国家质量监督检验检疫总局 中国国家标准化管理委员会. 畜禽肉冷链运输管理技术规范: GB/T 28640—2012[S]. 北京: 中国标准出版社, 2012.

[18] 中华人民共和国国家质量监督检验检疫总局 中国国家标准化管理委员会. 水产品流通管理技术规范: GB/T 24861—2010[S]. 北京: 中国标准出版社, 2010.

[19] 中华人民共和国国家卫生和计划生育委员会. 食品安全国家标准 冷冻饮品和制作料: GB 2759—2015[S]. 北京:中国标准出版社, 2015.

[20] 中华人民共和国国家质量监督检验检疫总局 中国国家标准化管理委员会. 危害分析与关

键控制点(HACCP)体系 乳制品生产企业要求: GB/T 27342—2009[S]. 北京: 中国标准出版社, 2009.
[21] 中华人民共和国国家卫生健康委员会 国家市场监督管理总局. 食品安全国家标准 速冻食品生产和经营卫生规范: GB 31646—2018[S]. 北京: 中国标准出版社, 2018.
[22] 中华人民共和国国家卫生和计划生育委员会 国家食品药品监督管理总局. 食品安全国家标准 原粮储运卫生规范: GB 22508—2016[S]. 北京: 中国标准出版社, 2016.
[23] 中华人民共和国国家质量监督检验检疫总局 中国国家标准化管理委员会. 物流企业冷链服务要求与能力评估指标: GB/T 31086—2014[S]. 北京: 中国标准出版社, 2014.
[24] 中华人民共和国住房和城乡建设部 中华人民共和国国家质量监督检验检疫总局. 冷库设计规范: GB 50072—2010[S]. 北京: 中国标准出版社, 2010.
[25] 中华人民共和国国家质量监督检验检疫总局 中国国家标准化管理委员会. 农产品物流包装容器通用技术要求: GB/T 34343—2017[S]. 北京: 中国标准出版社, 2017.
[26] 中华人民共和国国家质量监督检验检疫总局 中国国家标准化管理委员会. 包装储运图示标志: GB/T 191—2008[S]. 北京: 中国标准出版社, 2008.
[27] 中国民用航空总局. 贵重物品航空运输标准: MH/T 1018—2005[S]. 北京: 中国标准出版社, 2005.
[28] 中华人民共和国国家质量监督检验检疫总局 中国国家标准化管理委员会. 药品冷链物流运作规范: GB/T 28842—2012[S]. 北京: 中国标准出版社, 2012.
[29] 王国利, 秦玉鸣, 张长峰. 分类农产品物流品控集成技术[M]. 北京: 科学出版社, 2017.
[30] 崔剑, 成龙. 冷链物流体系建设研究[M]. 武汉: 武汉大学出版社, 2016.
[31] 靳兰香, 李明泉. 现代物流理论与实践研究[M]. 北京: 中国商业出版社, 2008.
[32] 匡勇, 张晨. 国内外冷链物流的发展现状比较研究[J]. 科技和产业, 2008, 8(8): 47-52.
[33] 付雄新, 周受钦, 谢小鹏. 农产品物流运输装备智能监测与跟踪技术[J]. 农机化研究, 2010, 32(8): 166-169.
[34] 孙传恒, 刘学馨, 丁永军, 等. 基于嵌入式Linux技术的农产品流通追溯系统设计与实现[J]. 农业工程学报, 2010, 26(4): 208-214.
[35] 李军民, 朱有志, 唐浩. 国外农业产业链运作经验对中国的启示[J]. 世界农业, 2007, (2): 22-24.
[36] 王凯. 中国农业产业链管理的理论与实践研究[M]. 北京: 中国农业出版社, 2004.